Applied Translation Theory and Practice Series

应用翻译理论与实务丛书

TRANSLATION OF GLOBALIZED BUSINESS

全球化商务翻译

吕和发 任林静 等○著

外文出版社
FOREIGN LANGUAGES PRESS

图书在版编目（CIP）数据

全球化商务翻译／吕和发等编著．—北京：外文出版社，2011
ISBN 978－7－119－07232－6

Ⅰ．①全… Ⅱ．①吕… Ⅲ．①商务—英语—翻译 Ⅳ．H315.9

中国版本图书馆 CIP 数据核字（2011）第 177096 号

责任编辑　王　蕊　夏伟兰
装帧设计　柏拉图
印刷监制　韩少乙

（应用翻译理论与实务丛书）
全球化商务翻译
主　　编　吕和发　任林静　等著

出版发行	外文出版社有限责任公司		
地　　址	中国北京西城区百万庄大街24号	邮政编码	100037
网　　址	http://www.flp.com.cn		
电　　话	008610-68320579（总编室）		
	008610-68995875/0283（编辑部）		
	008610-68995852（发行部）		
	008610-68996183（投稿部）		
印　　刷	北京君升印刷有限公司		
经　　销	新华书店/外文书店		
开　　本	1/16		
印　　张	15.75		
装　　别	平		
版　　次	2011年11月第1版第1次印刷		
书　　号	ISBN 978－7－119－07232－6		
定　　价	35.00元		

版权所有　侵权必究　如有印装问题本社负责调换（电话：68995852）

前言

全球化首先是经济的全球化，而经济的全球化实际是市场的全球化、营销的全球化。全球化对于应用翻译的影响，尤其是对商务翻译研究与实践的影响是显而易见的。然而，商务翻译研究与实践在一段时间内缺乏整合研究，缺乏对宏观语境发生巨大变化条件下理论和技巧的精确、深刻探讨和分析，导致商务翻译难以满足国家、企业拓展海外市场，参与国际竞争需求，也不能适应翻译专业对高端应用翻译人才的殷切期待。

商务翻译顺应时代和市场发展需求，内涵和外延逐渐扩大，由属于应用翻译的广告翻译、品牌翻译、说明书翻译、外销翻译，扩展到促销推广、公共关系、消费者服务等领域，以及为特定行业推广进行的跨文化信息转换和交际传播的方方面面。

本书的重点在于探讨如何将我国企事业机构的商务文本实现最有效跨文化转换的理论与方法。借鉴跨文化交际和整合营销传播理论，对商务管理、商务传播过程中各参与要素的功能与特点进行探讨，对消费者，即信息接受者的心理和行为特点进行深入研究；对影响信息传播有效性的宏观与微观"文化"因素进行细化分析；导入调查研究方法，依据科学的调研和分析方法获得的定性、定量的数据和信息确定翻译的"动态"标准、文本的定位、语言风格选择、语句词汇采用；对文本在国际商务和目标市场信息传播过程各阶段的功能进行细分，将功能理论和目的论置于跨文化交际的动态环境中理解；变翻译在跨文化商务传播实践中被动运作的传统模式为跨文化交际者、咨询者、实现者的主动模式；在商务翻译教学中推荐跨文化精确传播理论，大众媒体传播理论，使跨文化商务翻译适应全球化、本土化、全球本土化传播和交际形式变化；力争在商务翻译理论和实践研究方面实现重大突破，推动国内商务翻译理论与实践研究向更适应我国社会、经济、文化发展，符合经济全球化跨文化交际实际的方向发展。

本书商务翻译实践专题主要涉及商务翻译中的品牌翻译、广告翻译、包装翻译、商场翻译、宣传册翻译、简介翻译、文化产业翻译、会展翻译、公关翻译、旅游休闲翻译、商务规约翻译、商务翻译质量管理等，力图从一个新的视角给读者一个近距离接触商务翻译实际的机会。

首届全国商务翻译研讨会在上海的成功举办也将进一步推动商务翻译研究的开展，促进商务翻译研究与教学分工的细化，密切商务翻译教学与翻译实践的联系，支持商务翻译产业的改革和产业化拓展。

参加本书写作的有吕和发、任林静（第一章、第二章）、王卫红（第三章 品牌翻译）、徐庆（第四章 广告翻译）、王佳灵（第五章 包装翻译）、满颖（第六章 商场翻译）、王丽美、杨新朋（第七章 宣传册翻译）、胡学锋（第八章 简介翻译）、邹彦群、程尽能（第九章 文化产业翻译）、张宝敏（第十章 会展翻译）、任林静、吕文珍（第十一章 公关翻译）、邹艳群、孟艳梅、程尽能（第十二章 旅游休闲翻译）、王同军、周剑波、吕和发（第十三章 商务规约翻译）、袁连荣（第十四章 商务翻译质量管理）。

北京第二外国语学院美国专家杜大卫教授审校了本书部分章节，并对部分范文进行了润色、修订。在此特致谢意。

本书适用于翻译本科、翻译硕士、翻译研究人员、翻译教学人员；国际营销、促销传播专业学生、商务英语专业学生、国际贸易专业学生；专职译员、企业国际营销与促销管理人员等阅读参考。

吕和发

2011 年夏于北京第二外国语学院

目 录

第一章 翻译与商务翻译 ································ 1
　1.1 翻译的定义 ······································ 1
　1.2 商务翻译 ·· 2
　1.3 商务翻译标准 ···································· 3
　1.4 商务翻译的地位与角色 ···························· 4
　1.5 商务翻译与精准传播 ······························ 5

第二章 商务翻译调研 ································ 7
　2.1 国际品牌的本土化过程 ···························· 7
　2.2 商务翻译研究的实证方法 ·························· 14
　2.3 商务翻译调研的作用 ······························ 16
　2.4 商务翻译调研的类别 ······························ 18
　2.5 商务翻译调研的实施步骤 ·························· 19
　2.6 商务翻译调研的信息搜集渠道与方式 ················ 19
　2.7 商务翻译调研数据资料的整理与分析 ················ 23
　2.8 调查报告 ·· 24

第三章 品牌翻译 ···································· 26
　3.1 品牌的概念 ······································ 26
　3.2 品牌的命名方法和规则 ···························· 27
　3.3 品牌翻译方法探究 ································ 31
　3.4 品牌翻译应关注的几个问题 ························ 33

第四章 广告翻译 ···································· 37
　4.1 广告的类型 ······································ 37
　4.2 广告的语言风格 ·································· 38
　4.3 广告翻译的原则 ·································· 41
　4.4 广告翻译的策略 ·································· 41

· Ⅲ ·

  4.5 影视广告翻译 ……………………………………………………… 45

第五章 包装翻译 …………………………………………………………… 53
  5.1 食品包装翻译 ……………………………………………………… 53
  5.2 饮料和茶包装翻译 ………………………………………………… 55
  5.3 化妆品包装翻译 …………………………………………………… 60
  5.4 电器产品的包装翻译 ……………………………………………… 63

第六章 商场翻译 …………………………………………………………… 67
  6.1 购物场所公示语信息的营销与社会功能 ………………………… 67
  6.2 购物场所名称的翻译 ……………………………………………… 69
  6.3 餐饮机构名称的翻译 ……………………………………………… 70
  6.4 美容美发行业的翻译 ……………………………………………… 71
  6.5 经营服务信息的翻译 ……………………………………………… 73
  6.6 价格信息的翻译 …………………………………………………… 74
  6.7 促销语的翻译 ……………………………………………………… 75

第七章 宣传册翻译 ………………………………………………………… 77
  7.1 信息性宣传册的翻译 ……………………………………………… 77
  7.2 促销性宣传册的翻译 ……………………………………………… 82

第八章 简介翻译 …………………………………………………………… 85
  8.1 企业简介的翻译 …………………………………………………… 85
  8.2 学校简介的翻译 …………………………………………………… 97

第九章 文化产业翻译 ……………………………………………………… 102
  9.1 传统与新派文化活动翻译 ………………………………………… 103
  9.2 剧情介绍翻译 ……………………………………………………… 113
  9.3 节目单的翻译 ……………………………………………………… 115

第十章 会展翻译 …………………………………………………………… 120
  10.1 会展推广的翻译 ………………………………………………… 120
  10.2 会展服务类信息的翻译 ………………………………………… 131
  10.3 会展报告的翻译 ………………………………………………… 143

第十一章 公关翻译 ………………………………………………… 146
11.1 新闻稿翻译 ……………………………………………… 147
11.2 公司简介翻译 …………………………………………… 151
11.3 演讲稿翻译 ……………………………………………… 162

第十二章 旅游休闲翻译 ………………………………………… 169
12.1 旅游翻译 ………………………………………………… 169
12.2 休闲翻译 ………………………………………………… 176

第十三章 商务规约翻译 ………………………………………… 187
13.1 购票须知与"注意事项" ……………………………… 187
13.2 收款、收费、罚款规定 ………………………………… 198
13.3 停车规定 ………………………………………………… 201
13.4 机场安检 ………………………………………………… 205
13.5 客运与行李 ……………………………………………… 208
13.6 公交规定 ………………………………………………… 211
13.7 短规约 …………………………………………………… 215
13.8 优惠与有奖促销规约 …………………………………… 217
13.9 保修服务规定 …………………………………………… 219

第十四章 商务翻译质量管理 …………………………………… 222
14.1 翻译服务的国家标准和行业标准 ……………………… 222
14.2 翻译的过程管理 ………………………………………… 225
14.3 翻译人员的资质评定与考核 …………………………… 233
14.4 翻译服务的行业、地方和国家管理 …………………… 234

参考文献 …………………………………………………………… 237

第一章
翻译与商务翻译

《21st Century 英语教育周刊》不久前发表了《调查显示：美国民众对中国认知程度低》的新闻报道。据这则消息介绍，为配合蓝海电视在美国的开办，向美国和西方主流社会介绍中国，美国专业调查机构受委托进行了一项题为"美国人眼中的中国"的调查。问卷中"美国人知道的中国品牌"一题的答案显示受访者对中国品牌了解程度最低，接近一半的受访者无法正确说出任何中国品牌。而被提到的中国"名牌"不是韩国品牌就是日本品牌。（田文，2008：A5）"产品品牌国际化的程度事实上体现着一个国家的科技水平、管理水平、市场营销水平、国家和企业的形象认知水平。"（吕和发，1999：82）也是商务翻译研究和实践水平的重要体现。

全球化实际是市场的全球化，经济的全球化，营销的全球化。全球范围大规模的信息、物资、人员、资金交流使得翻译的角色显得比以往任何时候都更为重要。人类社会发展程度越高，对翻译的依赖就越强。

1.1 翻译的定义

前苏联翻译理论家巴尔胡达罗夫说："翻译是把一种语言的言语产物，在保持内容也就是意义不变的情况下，改变为另一种语言产物的过程"。

当代美国翻译理论家奈达说："所谓翻译，是指从语义到文体在译语中用最切近而又最自然的对等语再现原语的信息"。现在，我们尝试给翻译下一个比较完备的定义：翻译是两个语言社会（language-community）之间的交际过程和交际工具，它的目的是要促进本语言社会的政治、经济和文化进步，它的任务是要把原作品中包含的现实世界的逻辑映象或艺术映象完好无损地从一种语言中移注到另一种语言中去。（中国网，2008）

著名翻译家吕俊教授认为"翻译"其实是一种信息的传播或交际活动，即 Communication，是一种跨文化语际的信息传播和交际活动。其原则是在过程中保持信息的内容和功能不变……因翻译的目的不同，译文的读者对象不同，译文文

本产生的时代的不同，译者审美情趣不同等都会导致翻译活动产生相应的变化。(2001：2)

　　随着社会、文化、经济、政治、科技的发展，翻译概念的内涵越来越丰富。翻译不仅仅是由人直接参与的口译或笔译；而且包括各种数字代码的互译、光电编码器信号的转换、人机互译、机器翻译等。于是，在自动化数据处理中，翻译又被定义为："将计算机信息从一种语言转换成另一种语言，或将字符从一种表示转换成另一种表示。"（中国网，2008）

　　经济的全球化带来语境的全球化，各界对翻译质量的要求不断提高，对译者的期待更殷切，对读者/受众的关注也更强烈，对传播媒介的使用也更为普遍。翻译的定义也不断更新，口译和笔译，文学、经典与应用、科技翻译特殊规律的探讨研究导致特定领域翻译规律的认识不断加深，翻译实践新领域的不断拓展。

1.2　商务翻译

　　"商务翻译就是指与商务活动有关的翻译。一般说来，这些活动都是国际性的，涉及两个或两个以上国家的企业或代理商，内容涉及技术引进、对外商业宣传、对外贸易、招商引资、对外劳务承包、商业保险、国际投资、国际运输等各个方面。

　　商务翻译包括商务口译和商务笔译。商务笔译涉及的内容包括"商务报章杂志、商标词、商务广告、商业宣传资料、产品说明书、商务信函、商务协议或合同等，当然还包括商务备忘录、商务会议纪要、商务通知以及各种相关的商务票据、表格等。"（彭萍，2009：2）

　　翁凤翔教授把商务翻译从学科和理论角度进行了界定，他指出：商务翻译学是研究商务翻译的科学。商务翻译学揭示商务翻译过程中各种现象的活动规律。商务翻译学作为翻译学的一个学科分支，它与科学翻译、文化翻译学、文艺翻译学等并列。商务翻译学以国际商务活动中的译者和语言翻译为研究对象。（翁凤翔，2007：45）

　　方梦之教授在为翁凤翔教授所著《当代国际商务英语翻译》一书的序中指出：商务英语文体是跨类的，正式程度（formality）的跨度大。它涉及对外宣传、社会生活、生产领域、商业交际、法律法规等方方面面。文本中有侧重信息性（informativity），为读者提供真实的、可验证的信息，如产品说明书、企业简介等；有的侧重于劝导性（persuasiveness），如商业广告、产品推介等；有的是严肃的法律语言，如外贸合同、产品标准等；有的要求语言生动活泼，有的要用刻

板的套语和格式。(方梦之,2006)

在中国,商务翻译与商务英语有着千丝万缕的联系。目前国内从事商务翻译研究与教学的专家多数都在从事商务英语研究与教学。正因如此,商务翻译在现今中国仍然在诸多方面保留了商务英语的"影子",而商务英语又脱胎于国际贸易英语,所以目前的商务翻译研究中与国际贸易相关文本的翻译研究仍为重点、热点。

从目前国际商务实践需求和研究实际来看,商务翻译理论研究应探讨商务翻译学的理论依托,揭示商务翻译过程中各种现象的活动规律;求索商务翻译教学、商务翻译产业管理过程中各种现象的活动规律;发现商务翻译与全球化、多元文化、本土化等文化语境的关系等。

商务翻译应用研究应包括商务英语研究所涵盖的领域,亦应包括国际商务传播、国际工商管理、国际市场营销、国际广告、国际公共关系、国际金融、国际税务、国际物流、国际商法、国际会计、国际支付、国际投资、商品检验检疫、国际旅游、国际服务贸易、国际文化贸易、国际商业服务、国际经济、国际商务组织、国际商务人才交流等。

另外还应包括商务翻译的科学研究、实践技术与语料库开发、研究等。

商务翻译研究还应关注与商务管理与商务传播相关的宏观语境、中观语境、微观语境现状与变化研究,关注国家商务拓展、区域经济等理论与实践研究课题。

商务翻译是交际翻译,是以译语读者(target readership)为中心,注重最佳信息传播效果的一种翻译方法。商务翻译不排斥以源语文本为中心,侧重文本意义(meaning)传达的语义翻译(semantic)。为了实现商务信息最佳传播效果,商务翻译甚至不怕冒极端功能主义的指责。走进这个领域,接近这个系统,商务翻译研究和翻译实践都会柳暗花明,路转峰回。

商务翻译与跨文化交际、传播学、心理学、社会学等学科,与文学翻译、时政翻译、外事翻译、科技翻译、法律翻译等翻译研究有着天然的联系。为此,在探讨商务翻译研究与实践特殊规律的同时,完全有必要借鉴功能目的论和交际法,同时从营销学、传播学、以及构成对商务传播支撑的社会学、行为学、心理学、信息工程、实证研究、管理学等学科领域获取启发和借鉴方法。

1.3 商务翻译标准

方梦之教授最近撰文提出了"达旨·循规·喻人——应用翻译三原则",从理论层面深入研究应用翻译的原则和标准,是近几年来应用翻译理论研究的一大进步。方教授受到以上研究和严复翻译思想的启示，提出应用翻译的"达旨—循规—喻人"三原则，"以在更大范围上提高对应用翻译实践和研究适用性，提高理论的概括力和解释力，达旨——达到目的，传达要旨；循规——遵循译入语规范；喻人——使人明白畅晓。三者各有侧重，互为因果。"（方梦之，2007）

方教授提出应用翻译的"达旨—循规—喻人"三原则把目前翻译实践和翻译教学所应关照的几大要素聚合在一起，"三者各有侧重，互为因果。"实际就是动态管理翻译实践和质量的基本原则。

商务翻译实践的多样性，翻译人员背景的多样性，商务传播目标的多样性、交际传播效果的精确性、国际市场的多变性要求商务翻译不仅要有原则性的翻译标准，还需要可操作性的实施标准。商务翻译实践不同于单一的文学翻译，或科技翻译，或时政翻译，或外事翻译，译文质量因委托方期待高低，资金投入多寡，时间周期长短，译者资历深浅，管理水平高低，支持条件优劣，受众特点变化等要素决定翻译的质量检验标准是动态的，是与市场的实际发展水平相适应的。

另外，值得认真思考的是应用于翻译教学和翻译研究的翻译标准可以是理想的、相对恒定的、划一的；而商务翻译实践中，现实中采用的翻译标准则是动态的，可操作的，定性定量的，以客户/委托者或受众/消费者满意度为评估尺度的。

1.4 商务翻译的地位与角色

既然何谓"翻译"的辩论仍在进行，那么"商务翻译"的地位和角色自然也会是仁者见仁，智者见智。

"商务翻译"完全可以同文学翻译一样继续其"自由职业"的生涯。"商务翻译"也可以占据一隅，在经营机构中接受上司的安排、差遣，在本族语——外族语，外族语——本族语，译出语/译出文本和译入语/译入文本间继续笔耕口播。"商务翻译"还可以受雇于专门翻译服务公司，直接服务于特定企业或机构。

商务翻译人员的业态可以是"自己说了算"，但是在全球化经济条件下，他们实际都在不同地点、不同时间、不同方式服务于一个系统——商务信息系统。这个系统因参与者个人的素质、企业管理水平、国家发达程度不同而效率不同。负责任的翻译不仅在这个大系统中从字句、篇章层面进行具体的文本转换，还从全球市场格局、国家和企业发展目标、产品生命周期、消费者认知和消费特点、不同形式的商务信息的互补协调角度审时度势，进行跨文化商务传播。

"商务翻译"的理想业态应是商务信息服务和管理团队的核心成员之一，应当参与到国际商务传播从策划提出，到评估总结的每一步运作和实践。"委托人"聘请翻译人员进行"商务翻译"完全是基于自己对异域文化、语境、消费群体的了解有限，对"形象目标"和"利润目标"最优化的追求，为此并不刻意要求翻译人员"转达"或"阐释"他们的只言片语。商务翻译人员要为企业的"形象目标"、"利润目标"最优化的追求和消费者的最大满足尽心竭力，传播沟通，建立两者的和谐合作。

功能翻译理论强调翻译是一种"目的性行为"，一种"交际互动"和"跨文化活动"，一种涉及翻译发起人（或委托人）、译者、译文使用者、译文接受者等多方专业人士"集体参与的整体复杂行为"（a whole complex of actions involving team-work among experts）（Snell-Hornby，2001：47）。在这一行为过程中，委托人对翻译的具体要求、文本的特殊功能和目的、目的语读者对译文的期待等是翻译活动中务必考虑的要素。因此，它要求译者根据翻译发起人的翻译目的和"翻译要求"，结合文本的交际功能和译文读者的期盼，尽量考虑一切可能的相关因素，从而决定最适合的行为方式，来决定源语文本信息的选择、翻译策略的运用以及译文的表现形式，顺利完成翻译的跨文化转换和交际。（贾文波，2007）尽管功能翻译理论在实现"目的"的手段上还没有给出科学客观的方法，对于属于应用翻译重要门类的商务翻译的启发意义却是重大的，不可替代的。

1.5　商务翻译与精准传播

不论是"信、达、雅"，还是"神似"和"化境"；不论是"动态对等"，还是"功能对等"都是翻译研究者对译文相对主观的"艺术标准"评价，都不是经科学方法验证的现代意义的精准传播评估标准。商务翻译传播或受众面广，或投入巨大，或市场期待殷切，使得委托者、受众都高度关注信息转换、传播的精准性。商务翻译传播惟有在一整套与时俱进、切实可行的科学理论与方法支持下，在训练有素、经验丰富的商务翻译人员运作下，在必要的高效管理和程序保障下，在现代大众和小众、传统与电子媒体辅佐下，方可实现精准传播。

商务翻译实现跨文化精准传播的关键首先是对翻译实践本质的认识。商务翻译研究采百家之长，兼收并蓄。既承认"等值"追求的合理性，也接纳最极端功能派的现实意义。翻译界也是一个由"多元文化"构成的小世界，达到和谐、发展，就应尊重不同理论，不同流派，站在前人的肩上，进而领略翻译的"全象"。

然而，令人遗憾的是目前在翻译服务和实践中所占比例超过95%的应用翻译却在翻译研究中所占比例严重"倒挂"；更令人遗憾的就是大部分翻译人员将文学翻译理论生搬硬套到应用翻译实践中来。在中国对外翻译出版公司主办的一次翻译本科专业教材编写论证会上，北京外国语大学高级翻译学院院长王立弟教授高度赞扬了我国应用翻译研究的代表人物方梦之教授。王教授指出：应用翻译研究不在年龄，方梦之教授的应用翻译探索实事求是，与时俱进，是年轻翻译学者的榜样。我们的应用翻译研究在学习中外学者的理论成果的同时，更要学习他们的坚实求索、勇于创新的可贵精神。应用翻译作为翻译的专门研究历史不长，其中的科技翻译、外贸翻译、新闻翻译等理论成果都比较丰厚。商务翻译、旅游翻译、文化创意产业翻译等领域的研究相对薄弱。应用翻译研究服务社会发展，将以往在应用翻译大框架下笼统的门类研究进一步分门别类细分、拓展、深入，探索特殊规律，将会大大促进产业升级，人才培养，理论升华。商务翻译，相对应用翻译而言已经是一个具体门类，可探索的空间已经十分广阔；然而，其中涉及的广告翻译、品牌翻译、公关翻译等都有着独特的交际传播功能，有着特殊的文化特点。只有掌握了这些特殊传播功能的文体翻译规律，精准商务翻译传播才可完满实现。

其次是翻译人员的职业化和专业化。商务翻译实践与其它专业、行业实践历来是你中有我，我中有你。中国是世界上翻译实践史最久的国家之一，但是翻译的职业化进程却是进入21世纪才刚刚开始的。对于翻译职业特点至今还有不少模糊认识。以往的外事翻译、文学翻译、导游翻译等都是会外语的人就可以从事的职业。"临阵磨枪，不快也光"用到口译实践上就是突击背上一些术语、单词，带上小本本就可以独挡一面；或案头放上几本字典便搬弄起翻译的"七十二般兵器"，一夜成专业笔译大师。直至今天持有"会外语就可当翻译"这样见解的翻译教学人员和行政管理人员还不在少数。在特定历史时期，会外语就可当翻译是那个年代国家外交外事政策、翻译人员奇缺、对翻译精确度的解释等因素决定的。进入21世纪以来，我们与国外各行各业交往的深度和广度是历史任何时期都不能比拟的。翻译本科和硕士专业的开设、翻译服务质量标准的制定，翻译资格考试的举办都说明翻译职业化是时代发展的要求。世界翻译家联盟第一副主席、中国外文局副局长黄友义在不同场合多次指出"中国的对外传播需要大量高素质、懂跨文化交际的翻译人才。而中译英人才培养只有靠我们自己"。这不是一个简单的量的概念，商务翻译人才培养和商务翻译水平的提高，不能单一指望外语院系，需要各个行业从事商务翻译专家参与、指导，需要从国际商务经营和传播实际角度进行商务翻译内的专业方向研究，行业翻译特点研究，商务翻译专才培养研究。

第二章
商务翻译调研

面对经济全球化条件下多元文化、全球市场、差异需求、高科技传播手段，精确解释信息发出者的"意图"，了解、迎合目标消费者"物质与精神需求"是商务翻译实践和研究者难以回避的责任。广泛应用于政治、经济、军事、科技、文化、教育、信息等领域的调查研究理论和方法为商务翻译研究和实践提供了有效服务社会，精确服务发展的可能。商务翻译调研在商务管理、商务传播实践中既是第一步，也是商务管理、商务传播实践方案实施过程中检验评估，乃至计划协调下一个方案的重要步骤。商务翻译调查研究更多的是为了发现经营环境发展与走势，市场机遇与问题所在，了解信息接收者特点和需求，揭示商务文本适用语用风格，为有的放矢地开展商务管理、商务传播提供依凭。

2.1 国际品牌的本土化过程

品牌翻译研究在商务翻译研究成果中最为丰厚。然而，认真回顾我国翻译工作者的品牌翻译实践，我们却很难发现市场经济所需要的开放意识，以及其运作程序在其中的体现。

品牌运作是集科学、艺术和"炼金术"于一体的学问（庄升乾，1999）。改革开放二十几年中，我们目睹了大量国际驰名品牌在中国实现本土化的成功运作。而对这些驰名国际品牌是如何翻译转化为我们耳熟能详的本土化的品牌的操作实践过程，我们的了解就极为有限。福莱—灵克国际传播公司为美国加利福尼亚梅果产业协会的产品 CALIFORNIA PRUNE 品牌"翻译"的过程为我们提供了非常宝贵的借鉴。

2.1.1 前期调研

美国加利福尼亚梅果产业协会为了推广其产品在中国的销售，聘请福莱—灵克国际传播公司将其产品 CALIFORNIA PRUNE "翻译"成相应的中文品牌名称。

福莱—灵克国际传播公司的高级翻译人员首先对在中国市场销售的同类产品"梅子"的名称进行了调查，走访了不同规模的商店，搜集、阅读了与此类产品

| Translation of Globalized Business >> 全球化商务翻译 |

相关的促销材料、产品包装、产品价位、以及产品的销售渠道等信息。然后，翻译专家们将搜集到的此类产品的中文名称和英文译名汇集起来，进行分析比对。

市场调研获得的类似产品中文名称和英文译名

中文名称	英文译名	中文名称	英文译名
四通雪梅	SI-TONG SNOW PLUM	甜话梅	SWEET PLUM
情人梅	LOVER'S PLUM	乡思梅	HOME-LONGING PLUM
珍珠梅	PEARL PLUM	台湾甜话梅	TAIWAN SWEET PLUM
汾煌雪梅	FEN-HUANG SNOW PLUM	寒冬梅	SEVERE WINTER PLUM
含香梅	FRAGRANCE PLUM	泰国话梅	THAILAND PLUM
甘草梅	LICORICE PLUM	奶油话梅	CREAMY PLUM
流香梅	FRAGRANCE FLOWING PLUM	九制话梅	LONG-PRESERVED PLUM
雪花情人梅	SNOWFLAKE LOVERS PLUM	同享话梅	SHARING PLUM
金丝梅	GOLDEN THREAD PLUM	酸杨梅	SOUR PLUM
热带梅	TROPICAL PLUM	香草梅	VANILLA PLUM
巧酸梅	CLEVER SOUR PLUM	佳宝梅	JIA-BAO PLUM
玩具梅	TOY PLUM	话梅皇	QUEEN OF PLUMS
香口梅	MOUTH-FRESHING PLUM	话梅大王	KING OF PLUMS
渴望梅	LONGING PLUM		

随后，福莱—灵克国际传播公司的翻译人员和公司的中美雇员共同探讨了这种产品在各自国家消费人群中的消费习惯和消费群体特征等内容。同时，专家们对在两国市场收集的样品进行了对比，具体了解中国和美国产品的异同。专家们发现中国人消费话梅是将其当作一种"零食"而不是一种健康食品。

福莱—灵克国际传播公司协同盖洛普中国公司获取到加利福尼亚梅李的样品及相关信息。盖洛普中国公司所作的定性研究显示中国人对加利福尼亚梅李普遍持赞赏的态度。研究还显示中国市场对现在加利福尼亚梅李所采用的"西梅"一名有些困惑。导致这一现象产生的原因是中国自产的一种产品也叫"梅子"。两种产品差异悬殊，而现在使用的品牌名称丝毫不能体现这种差异。接受采访的成年人认为中国产品的品牌都重彩泼墨，而不是简单的白描勾勒。

儿童更喜爱那些妙趣横生，激情飞扬的品牌名称，而不是那些对产品特点轻描淡写的品牌名称。

调查结果还显示中国的消费者希望在产品的包装上见到说明产品"利益"的内容。女生和青年妇女是这种产品的消费大户，她们提出现在市场上销售的加利福尼亚梅李的包装没有关于这类内容的介绍。

为了更深入了解此类产品的营养成分和保健效果，翻译人员翻阅了近期的关于梅李在北京、广州、上海三大城市消费状况的市场调查分析，并向盖洛普中国公司了解了中国梅李市场的现状。

福莱—灵克国际传播公司的翻译人员在进行充分的调研之后认为这一品牌名称的"翻译"和定位应当和中国本地生产的产品在以下几个方面体现差别：① 要突出显示"洋"货特色；② 应悦耳宜人、魅力十足；③ 要突显产品特点和功能。

2.1.2 "大脑激荡"

产品定位的依据是市场调研结果得出的定性分析。依据产品定位揭示的内含，翻译人员的第一次"大脑激荡"便推出一大串品牌"译名"可供选择。这些品牌名称有的突出产品的"利益"，有的是"PRUNE"的音译，还有一些强调"洋"味，另外一些则是诱人的"译名"。

中文名称	英文译名	中文名称	英文译名
健身果	KEEP-FIT FRUIT	维他命果	VITAMIN FRUIT
健康果	HEALTHY FRUIT	幸运梅	LUCK PLUM
纤维果	FIBER FRUIT	加州阳光果	CALIFORNIA SUNRAY FRUIT
美国壮果	AMERICAN STRONG FRUIT	美国减肥脯/梅	AMERICAN DIET PRUNE/PLUM
强心果	CADIOTONIC FRUIT		
美国大补果	AMERICAN TONIC FRUIT	能量果	ENERGY FRUIT
牛仔梅	COWBOY PLUM	皱纹李	WRINKLE FRUIT
鲜脯	FRESH DRIED FRUIT	奇迹果	WONDER FRUIT
黑李子	BLACK PLUM	提子梅	RAISIN PLUM
饯子	PRESERVED PLUM	大提子	BIG RAISIN
能子	ENERGY	洋李脯	WEST PRUNE
黑心果	BLACK HEART FRUIT	硕提子	LARGE RAISIN
甜能果	SWEET ENERGY FRUIT	梅脯	PLUM PRESERVE
黑伦子	BLACK ORDER	硕子	BIG PLUM

(续)

中文名称	英文译名	中文名称	英文译名
黑应子	BLACK PRESERVED FRUIT	加州喜梅	CALIFORNIA HAPPY PLUM
美国柿梅	AMERICAN PRESERVED PLUM	美国俏李	AMERICAN CHARM PLUM
金果	GOLDEN FRUIT	梅霸	KING OF PLUM
乐口梅	HAPPY MOUTH PLUM	梅冠	CHAMPION PLUM
普乐果	PRUNE FRUIT	梅宝	JEWEL OF PLUM
福乐果	PRUNE FRUIT	降脂梅	PRUNE FAT PLUM
美国太平果	AMERICAN PACIFIC FRUIT	低卡梅	LOW-CALORIE PLUM
浆鲜果	FRESH JUICE FRUIT	美国星梅	AMERICAN STAR PLUM
加州梅果	CALIFORNIA PLUM FRUIT	合子	ZYGOTE
果梅	FRUIT PLUM	黑丫丫	BLACK GIRL
梅子果	PLUM FRUIT	黑妞妞	BLACK GIRL
脯果	PRESERVED FRUIT	黑妞	BLACK GIRL
脯肉果	PRESERVED FLESH FRUIT	快乐大妈	HAPPY MOM
加州梅	CALIFORNIA PLUM		

2.1.3 评估筛选

依据不同的品牌译名的各自侧重点，翻译人员将上述品牌名称分为四类：① 非同寻常的中文品牌名称；② 健康食品/果品的品牌；③ 特色产品的品牌名称；④ 动听美妙的品牌名称。

（1）非同寻常的中文品牌名称

非同寻常的中文品牌名称的汉字使用一反常规，感官冲击力强。翻译们借用了类似的果品，如：葡萄干（CURRANT）、提子（RAISIN）和梅李（PRUNE）的特点。从某种意义上来说梅李即大个的提子。加利福尼亚梅李的果肉、口感更像提子，而不是中国的梅子。这类品牌名称包括：

中文名称	英文译名	中文名称	英文译名
黑李子	BLACK PLUM	硕子	BIG PLUM
黑伦子	BLACK ORDER	梅霸	KING OF PLUM
黑应子	BLACK PRESERVED FRUIT	梅冠	CHAMPION PLUM
大提子	BIG RAISIN	合子	ZYGOTE
硕提子	LARGE RAISIN		

(2) 健康食品/果品的品牌名称

在美国，梅李是保健食品和零食。美国人对梅李的这种看法可以借来"开导"中国消费者。这类品牌译名包括：

中文名称	英文译名	中文名称	英文译名
健身果	KEEP-FIT FRUIT	美国壮果	AMERICAN STRONG FRUIT
健康果	HEALTHY FRUIT	强心果	CADIOTONIC FRUIT
纤维果	FIBER FRUIT	美国大补果	AMERICAN TONIC FRUIT
能子	ENERGY	能量果	ENERGY FRUIT
甜能果	SWEET ENERGY FRUIT	降脂梅	PRUNE FAT PLUM
维他命果	VITAMIN FRUIT	低卡梅	LOW-CALORIE PLUM
美国减肥脯/梅	AMERICAN DIET PRUNE/PLUM		

(3) 特色产品的品牌名称

凸显产品特色并非易事。因为中国人将梅李一概视为梅子。以下品牌名称意在将加利福尼亚梅李有别于中国话梅：

中文名称	英文译名	中文名称	英文译名
普乐果	PRUNE FRUIT	梅子果	PLUM FRUIT
福乐果	FRUNE FRUIT	脯果	PRESERVED FRUIT
美国太平果	AMERICAN PACIFIC FRUIT	脯肉果	PRESERVED FLESH FRUIT
浆鲜果	FRESH JUICE FRUIT	加州阳光果	CALIFORNIA SUNRAY FRUIT
加州梅果	CALIFORNIA PLUM FRUIT	梅脯	PLUM PRESERVE
果梅	FRUIT PLUM	洋李脯	WEST PRUNE

(4) 动听美妙的品牌名称

其它的候选品牌名称主要体现趣味、吉利、动听等心理特点。

中文名称	英文译名	中文名称	英文译名
牛仔梅	COWBOY PLUM	加州喜梅	CALIFORNIA HAPPY PLUM
乐口梅	HAPPY MOUTH PLUM	幸运梅	LUCK PLUM

(续)

中文名称	英文译名	中文名称	英文译名
加州梅	CALIFORNIA PLUM	黑丫丫	BLACK GIRL
皱纹李	WRINKLE FRUIT	黑妞妞	BLACK GIRL
奇迹果	WONDER FRUIT	黑妞	BLACK GIRL
美国俏李	AMERICAN CHARM PLUM	快乐大妈	HAPPY MOM
美国星梅	AMERICAN STAR PLUM		

经过前后几轮的讨论评估，福莱—灵克国际传播公司的翻译人员筛选出12个最佳方案。这些候选品牌名称都包括了"加利福尼亚梅李属于健康食品，而不仅是零食"；"加利福尼亚梅李男女喜爱，老少皆宜"；"加利福尼亚梅李富含钾、硼、铁等对人体有益的微量元素"等丰富内含。为此，福莱—灵克国际传播公司的翻译人员将加利福尼亚梅李的品牌命名确定在上述USP（独特卖点）的定位上。

2.1.4 推荐解释

福莱—灵克国际传播公司的翻译人员向加利福尼亚梅李产业协会推荐的12个候选品牌译名及其内涵予以解释说明：

名　称	内含寓意
美国普乐梅	普天同享，合家欢乐 这一品牌采用音译手法，突出产品的"洋"，亦可叫加州普乐梅。
福乐果	吃福乐，健康快乐 同样采用音译的手法，选取有吉祥意义的汉字标注 PRUNE 的音韵。
梅霸	梅中之王，带给你王的健康，王的感觉。 梅霸在口，健康在手。 这一品牌似乎略显霸气。但可以凸显产品个体的特色，对儿童具有吸引力，同时是一个很好的促销切入点。
梅冠	梅中精品，健康必备 体现产品非同寻常，出类拔萃。
美国"黑护士"	来自异国的健康卫士，具有降压、健胃等功能。 黑色食品是健康食品，加利福尼亚梅李外观即是黑色。尽管这一名称没有直接揭示产品的源流，却可引起消费者的好奇。

(续)

名　称	内含寓意
黑妞妞	黑妞妞，亮晶晶，里面藏着保护神。是什么？ 钾、硼、铁、纤维、维他命。 此名称取自活泼、可爱女孩的俗称。女孩充分沐浴了加州的阳光，肤色黝黑。这一名称揭示产品的外部特征，为促销提供了操作空间。
美国喜梅	喜梅一到，喜上眉梢。 这一名称更显传统，对广大的消费者更具有吸引力。产地、产品内容都得到体现。
美国俏李	俏丽的身材来自美国俏李。 采用和"俏丽"一词谐音的方式为产品命名，吸引追寻时尚、讲求健美的消费人群。
美国硕子	来自美国的健康食品。 这个名称参照葡萄干、提子、梅子的名称，一个硕字突出了产品的卓而不俗。但意义略显含糊，使用时一定要有相应解释。
加州牛仔梅 加州阳光梅 美国星梅	这三个品牌名称都用了"梅"字，便于消费者鉴别；同时这一名称还包含了原产地名称，美国产品当然质量第一。

2.1.5　市场测试

　　上述 12 个候选品牌译名提出后，福莱—灵克国际传播公司的翻译人员协同盖洛普中国公司的专家召集部分消费者座谈，从 12 个品牌中筛选出了"美国黑护士"、"美国普乐梅"和"加州阳光梅"这 3 个他们最喜欢的品牌。

　　尽管"美国黑护士"蕴含营养丰富、保健效果，是一个不错的候选译名，福莱—灵克国际传播公司和盖洛普中国公司的专家还是征询了加利福尼亚梅李产业协会意见。各方对这个候选译名用词的内涵可能带来的种族敏感性有可能导致的国际媒体的大惊小怪，以及日后中国城市人口对种族问题意识的加强等因素促使加利福尼亚梅李产业协会决定选取"美国普乐梅"和"加州阳光梅"进入市场测试。

　　盖洛普中国公司对选出的 2 个品牌又进行了为期一个月的市场测试。福莱—灵克国际传播公司的翻译人员根据测试的反馈，对这一品牌的最后译名进行了"微调"。经加利福尼亚梅李产业协会认可，福莱—灵克国际传播公司将这一品牌译名印刷在产品包装、产品招贴、售点广告、促销专柜等处，然后在上海和北京的 13 家不同规模的超市、商场、零售店对其市场有效性进行了为期两个月的实地测试。北京的 5 家店中有一家，上海 8 家店中有 2 家作为测试的比对店销售加贴"西梅"字样的原装 Prune，不使用售点促销装置。

依据加利福尼亚梅李产业协会的要求，测试以周销售量为基准。

测试中，福莱—灵克国际传播公司和盖洛普中国公司的专家们还走访了部分消费者和商店员工，听取了他们对译名的意见。消费者对"美国"和"加州"有普遍认同，只是对"美国普乐梅"和"加州阳光梅"的"梅"与传统制作的"梅"是否为一路货色还是有些捉摸不定。

2.1.5 译名诞生

北京、上海两地销售结果显示"美国普乐梅"更受消费者青睐；"美国普乐梅"和"加州阳光梅"的销售都大大超过了在比对点原装"西梅"的销售量。

两个月后，一个符合品牌拥有者所要实现的市场营销目标，符合目标市场文化传统、消费特点、法律规范、时尚潮流的品牌译名就此诞生了。

（福莱—灵克国际传播公司，1997）

如此巨大的人力投入，如此规模的调查研究，如此长时间的市场测试，如此密切地与客户沟通合作，都是为了一个品牌的本土化。由此可见品牌的含金量；由此可见商务翻译的意义与价值。

2.2 商务翻译研究的实证方法

"翻译学，作为一门既包含艺术，又包含科学特性的学科，有着人文的成分，也有科学的因素，因而在研究方法上需要人文思辨加科学分析的多重认识与探索。这个综合性的立体学科，需要多种层面、多个角度的认识与研究。"（姜秋霞，杨平，2005）翻译研究的实证方法是翻译研究、教学、实践确保其人文特点，又不失科学内涵的重要手段。

所谓实证研究（empirical studies），是以客观事实、实际数据来论证某种观点、描述某种规律的方式方法。实证翻译研究就是把自然科学研究方法引入社会科学研究的一种尝试，属于跨学科新方向。

实证研究从方法到理念在翻译实践领域都可以说是经验丰富，只是以往的研究者限于社会对译文的需求特点，而对翻译现象的研究基本拘泥在翻译具体现象和实例的分析层面，难以避免经验主义、主观臆断的发生。现代人文科学的发展，科技手段的进步不仅开阔了翻译研究人员的视野，还完善了翻译实证研究的手段和方法。翻译的实证研究也从手工的、案头的、局部的、个别的现象观察、检索逐步过渡到系统、全面、高科技、整体的统计、分析与研究。研究对象从个体文本的语言特点、翻译技巧、译者态度扩展到对翻译作为跨文化交际全过程和各结点、从宏观语境到微观现象的数据收集、对比分析、定性探讨、定量研究。

描述性研究和实验性研究法是翻译学开展实证研究的两大方法类型。

"描述性研究以客观描述为基础,为翻译现象及翻译行为进行自然的观察与分析,所描述的现象和行为必须是在自然而然环境下产生的,不受研究者在其中的作用的影响。"(姜秋霞,杨平:2005)归纳分析、个案研究、动态描述是描述性实证研究采用的主要方法。实验研究则是由研究者对一个变量的操纵和对结果的控制观察和测量所构成的研究,一种经过精心设计,并在高度控制条件下,通过操纵某些因素,来研究变量之间因果关系的方法。(姜秋霞,杨平:2005)描述研究与实验研究均基于经验,均以客观事实为前提,但各自又有着各自的特点和优势,交互使用,取长补短,方可获得可靠的定性、定量的研究、分析结果。

西方翻译研究的实证研究已有 20 年的发展历史,至今已经形成了翻译研究的实证研究模式。很多跨学科研究的学者不断创新、探索,扩大了研究设计,丰富了研究内容,拓宽了研究目的,更新了实验媒介。实证研究的主题已由研究翻译过程、翻译策略发展到研究译者、翻译能力和专业技能,并将研究成果应用于(1) 翻译教学研究和翻译能力研究,(2) 口译与同声传译过程研究和专业技能研究。(苗菊,2006:45)

Jenny Williams 和 Andrew Chesterman 在合著的《翻译学初学者科研指南》中将翻译的研究领域概括归纳为:文本分析与翻译、译文质量评估、不同体裁文本翻译、多媒体翻译、翻译与技术、翻译历史、翻译道德、术语研究、口译、翻译过程(译者行为、翻译管理)、翻译培训、翻译职业和组织。

在谈到"翻译过程"时作者指出:One extension is this research on best practice. This involves studying the working processes of translators (or multilingual documentation specialists…) and attempting to correlate these processes with translation quality. Which kinds of working methods seem to lead to the best quality results? To carry out such research, you would obviously need to establish both a way analyzing working procedures and a way of measuring quality. Very little systematic research has been done on this topic so far. (Williams & Chesterman, 2002:24)在中国翻译界,这种研究模式至今未见开拓发展。(苗菊,2006:47)胡文仲教授在多篇论文和多个场合呼吁跨文化交际研究者大力加强实证研究,(2005:323)胡教授关注的重点仍然是跨文化交际学术研究的实证研究,而非跨文化交际实践的实证研究。在国外,实证研究在应用翻译,特别是商务翻译领域的应用研究少人问津。目前国

内有限的研究基本也是介绍性研究；有限的应用也基本是以翻译教学研究为目的的应用。翻译实证研究在全球化商务翻译实践中的意义既不为翻译实践者认可，也未被广大的翻译教育、翻译研究者看中。

然而，由于经济和市场发展的迫切需求，商务管理和跨文化商务传播广泛借鉴当代人文科学和自然科学研究成果，在二次世界大战后得到了较快的发展。翻译研究者热衷的翻译"文化因素"研究，在商务管理、商务传播学对于市场和消费者的研究中归纳为对宏观环境构成要素、中观环境构成要素，微观环境构成要素研究；每个方面都有具体的要素细分和汲取自社会学、传播学调查研究普遍采用的定性、定量研究方法。翻译的实证研究已经成为像福莱—灵克国际传播公司那样进行商务翻译、跨文化商务传播实践的必然程序和手段。

2.3 商务翻译调研的作用

"知己知彼，百战不殆"是我国古代伟大的军事思想家孙子的名言。如今这句名言又为经营机构在当今商务管理、营销实践中广为应用，成为企业进行翻译调研暨商务翻译调查研究，赢得市场，成功开展商务管理、商务传播、翻译实践的座右铭。

2.3.1 宏观、中观、微观环境因素的调研

商务翻译是为特定的商务管理、商务传播目标服务的，为此，商务翻译调研更多的是在市场调研框架内、基础上进行的宏观、中观、微观环境因素的调研。

商务调研在商务管理、营销实践中既是第一步，也是商务管理、营销实践方案实施过程中检验评估，乃至策划协调下一个方案的重要步骤。商务调查研究更多的是为了发现市场机遇与问题所在，为有的放矢地开展商务传播活动提供依凭。商务翻译人员作为经营机构的商务管理、商务传播团队重要组成，其工作重点在于有效地通过广告、公共关系、人员促销和销售促进，将产品或服务信息推向市场，因此经营机构的商务翻译人员在企业商务调查结果和商务管理、营销实践策划的具体要求下，还应进行与商务管理、营销实践有关的商务调研。具体说来，商务翻译调研具有以下作用：

1. 明确与商务翻译相关的政治环境的状况。政治环境内容涉及政府的政策、方针，如价格、税收、环保、政策等；政府有关法令，如公司法、消费者权益保护法、广告法、知识产权保护法、公平竞争法等；国内外政局变化、人事变动、机构调整，以及战争、罢工、骚乱、瘟疫等。

2. 明确与商务管理、商务传播实践相关的经济环境状况。经济状况涉及人

口及其增长情况、国民生产总值、国民收入总值、家庭收入及个人收入水平、城市居民储蓄情况、消费水平和消费结构、人文和自然资源状况等。

3. 明确与商务管理、商务传播实践有关的社会文化环境状况。社会文化状况涉及人口的教育和文化水平、人口的职业构成、民族分布、宗教信仰、风俗习惯、家庭规模、审美情趣等。

4. 了解与商务管理、商务传播有关的技术发展水平。涉及技术发展水平的因素包括新技术、新工艺、新设备的开发和发展趋势、应用情况、达到的实际水平等。

5. 了解市场需求。商务调研内容包括现有和潜在的消费人数、销售量、购买原因等；企业在整个国内市场/国际市场的销售情况；本经营机构与竞争企业的同类产品市场占有率、地区市场占有份额；企业营销策略变化对企业销售量和竞争对手销售量的影响、并据此推断市场需求量的变化趋势。

6. 消费者和消费行为调研。这类调研重点在于发现消费者的类别、消费者的年龄、性别、民族、职业、购买能力、收入水平、消费水平、消费结构；主要购买者、忠实购买者、新客户、购买决策者；消费者的需求和消费动机、消费习惯、季节选择、消费时机选择、产品或服务的选择特点；支付方式等。

7. 产品调研。此类调研包括消费者对产品本身、产品特性、产品附加成分、产品包装、产品形象、产品知名度等方面的评价、意见和要求；产品开发、传统产品市场潜力等；产品或服务的品牌、标识是否易于识别、记忆、讨人喜欢、富于个性与联想。

8. 价格调研。这类调研包括消费者对各种价格变动的反应、国内/国际最适宜的价位、新产品定价、老产品调价的幅度、批发与零售价格、团体优惠价格的确定等。

9. 销售渠道调研。这类调研包括各地、各国经营机构、代理机构状况、销售额、潜在销售量、利润、经营能力、所在市场的市场占有率、这些机构在国内外消费者心目中的形象和印象。

10. 促销调研。这是经营机构翻译人员应重点研究的商务管理、商务传播实践的方方面面。它包括不同地区和国家成功的促销方式、消费者和潜在消费者的信息获取方式和渠道、消费者习惯使用的信息传播媒介的信息到达率、信息刊发频度、传媒形象声誉、技术风格特点；消费者对经营机构产品或品牌的知晓程度、不同促销方式的有效性；文化、语言、流行趋势等。促销调研与翻译调研关系最直接，涉及语言、文化、媒体等要素的调研与分析。

11. 竞争结构调研。这方面的调研涉及竞争机构的产业类别、直接竞争者的市场占有率、经营状况、价格和促销策略、销售渠道、地理区位分布、产品特点等。

现代企业跨国、跨地区、跨文化经营使企业的公共关系显得极为重要。经营机构不仅要深入了解目标市场消费群体的消费行为和文化倾向，还要充分掌握企业内外广大公众和舆论对企业的态度、企业在内外公众心目中的声誉和形象等直接与间接影响企业发展的环境和氛围等因素。

2.3.2 定性与定量 Translation Brief 提出的依据

可操作性 Translation Brief 的提出正是将调研了解到的目标市场的宏观、微观文化、语境因素，特定目标受众文化特点、心理状态、语言风格，可实现的具体的项目、策划的目的约定，各具体的项目、策划之间的关系、联系，不同文本使用的传播媒介的优势特点等前提下作出的综合判断；在严格的程序管理、质量管理、人事管理措施保障下，使译者精确锁定"目标"，生产出市场需要的、受众满意的、委托者期待的译作来；承担起 Match Maker, Mediator 和 Communicator 的多重角色。

2.3.3 商务翻译可操作性标准制定的依据

商务翻译实践的多样性，翻译人员背景的多样性，促销和传播目标的多样性、交际传播目标的具体精确性要求不仅有原则性的翻译标准，还需要可操作性的译文质量评估标准。商务翻译译文质量因委托方期待高低、资金投入多寡、时间周期长短、译者资历深浅、管理水平高低、支持条件优劣、受众特点变化等要素决定翻译的质量检验标准是动态的，是与市场的实际发展水平相适应的。

另外、值得认真思考的是应用于翻译教学和翻译研究的翻译标准可以是相对恒定的、划一的；而商务翻译实践中、现实中采用的翻译标准则是动态的、可操作的、定性定量的、以客户/委托者或受众/消费者满意度为评估尺度的。

2.4 商务翻译调研的类别

商务翻译调研分为应用性调研和理论性调研。

（1）应用性调研

应用性调研以解决实际问题为主，它包括：

A、策略性调研：在商务翻译方案制定过程中决定商务翻译指导和传播策划的目标，战略战术选择，通常还被用来检验商务管理、营销传播手段与渠道的有效性；B、评估性调研：评估性调研可分为总结性与调节性评估调研。

总结性调研用来检验一个商务管理、商务传播方案、文案经实际实施后，预想目标是否已经实现。

调节性调研是在一项商务管理、商务传播方案、文案在实施过程中进行的评估，发现问题及时调整。

（2）理论性调研

理论性调研的目的在于为商务翻译寻求理论依托，回答诸如：为什么人们需要沟通；公众舆论是怎样形成的；公众又是怎样构成的。只有了解了商务管理、商务传播的理论依据，才能更有效地开展商务翻译实践。此类调研比应用性调查研究更显抽象和理性化。

2.5　商务翻译调研的实施步骤

商务翻译调研是商务翻译人员所应从事的一项经常性工作，同时商务翻译人员又依特定课题和情况进行专项调研工作。商务翻译人员在进行调研之前首先要明确：1. 调研涉及的问题；2. 需要哪些资料；3. 调查结果将会被如何使用；4. 哪些特定的公众、消费者应在调查之列；5. 应采用哪几种调研手段；6. 提问是采用限定性，还是非限定性方式；7. 调研是由本机构进行，还是由外聘专家或专门机构进行；8. 采用何种方式分析、报告、应用调研结果；9. 调研结果何时需要；10. 调研费用预算。

2.6　商务翻译调研的信息搜集渠道与方式

商务翻译调研的信息搜集渠道多种多样，调研方式不拘一格。目前商务翻译调研人员主要采用以下几种渠道和方式：

（1）机构档案

本企业、其它机构与某些专题相关的或不直接相关的信息都应注重平时的搜集积累，整理立案。这些材料包括：经营记录、行销分析、政策报告、目标综述、市场预测、年度财政报告、主要领导讲话、商务传播策划与总结、宣传手册、业务通讯、新闻稿件等。

（2）个人接触

与那些商务管理、商务传播实践活动相关或不直接相关的上级领导、部门负责人、员工、顾客、合作者等进行私下接触，聊天，摸清大概脉络、动向。必要时向有关专家请教。

(3) 大众传媒

报刊、杂志、广播、电视、网络及其它商业出版物经常提供一些有关特定方面趋势和动态的极有价值信息。系统地、不间断地对某些传媒、出版物进行记录、监测，建立分类档案，随时可以获知大气候、小气候对企业、组织构成的有利的与不利的影响。

(4) 区域和全国性统计资料

某些官方机构，如中国国家统计局、北京市统计局、世界贸易组织等，经常定期或不定期地进行调查统计，发布调查统计结果。商务翻译人员在使用这些资料的时候需要同时了解：① 调查统计的费用是由谁支付的；② 调查统计进行的时间；③ 调查统计进行的方式；④ 调查统计中问题提出的方式；⑤ 被调查的对象；⑥ 调查抽样人数等以确保这些数据的可靠性、真实性。

(5) 专门社会团体

专门社会团体，如：中国家电协会、中国国际贸易协会、中国旅游协会等，既是同业协调交流中心，也是行业经营指导中心，因此在行业信息上占有独家优势。这些机构大多设有资料或信息中心，定期或不定期出版发行行业刊物。与这些机构接触定能获得很多极有启发性的信息。

(6) 专论、著作研究

一些企业可能未曾预料的问题有关专家已有专论述及。商务翻译人员应广泛搜集与本行业有关的论著、论文、研讨会议纪要等信息资料，并进行深入研究。

(7) 智囊团、顾问团、专家委员会

很多经营机构设有智囊团、顾问团、专家委员会等机构。这些机构中汇集了与本企业发展直接相关的专家。他们经多识广，才学出众，常常处在行业发展的前沿。倾听他们的意见，征询他们的见解可以最直接地了解到问题或事件的因，得到解决问题的法，预见到问题解决后的果。

(8) 信函及电话分析

客户、顾客的来信、来电往往会在某一时期集中于某一问题。研究他们提供的信息往往可以及时发现企业在产品、服务质量、经营管理、客户关系等方面的不足与各方面公众对经营机构的期冀。

(9) 文本检测

不论是调研问卷，商务翻译材料，大量制作发行前在小范围内请直接相关人员过目，了解反馈，适当调整、修改，使商务管理、商务传播能确实体现较强的针对性、实效性。

(10) 信息交流监测

经常不断地对企业与相关的消费、公众群体的关系进行了解。通过分析企业、组织与相关雇员、社区的立场，定期出版物态度的倾向性来评价产品、服务、企业在目标市场、消费者、社会公众心目中的形象。

信息交流监测通常是商务翻译策略调控、方法改进的依据。它主要用来监测：① 信息沟通的瓶颈；② 不均衡信息传播量；③ 自相矛盾的信息组合；④ 不利企业、组织的隐现信息；⑤ 难以自圆其说或根本不存在的讲法、说法。

(11) 计算机数据库、语料库

计算机的广泛应用带来信息处理、信息传播方面划时代的变革。发达国家各行各业的研究机构、管理机构利用计算机进行信息管理，建有大型行业信息数据库、语料库。一些咨询机构也看准这一市场，投资信息服务。国际信息高速公路的建成为商务翻译人员了解海外市场提供了最便捷、最全面的信息支持。

语料库的建设对于从事商务翻译研究、教学、实践的个人和机构都十分必要。语料库由大量搜集的书面语或口语构成，形成一定容量，并通过计算机存储和处理，通过对语言文本（原文/译文）的对比分析得出归纳性描述、抽象规则、总体规律、操作标准。

适用于商务翻译的语料库主要有平行语料库和可比语料库。

平行双语语料库是由原文文本和对应的译文文本组成，通过全面系统的对照分析归纳出两种语言转换定式；

可比语料库是由同一语言的两组语料组成的语料库。其中一组是原语生成的文本，另一组是用同一语言转换的译文。通过对这样的两组文本的比较分析可以有效了解用一种语言生成的文本和转换文本时结构或表达形式的特点。（姜秋霞，杨平：2005）

平行语料库和可比语料库原文文本和对应的译文文本组成既包括了词、短语、句子，也包括了段落、语篇。通过具体数据的精确分析，全面系统的对照，使用者可以发现特定语篇、文本、作者、译者、消费者、行业竞争对手、大众传媒等的句法模式、用词特点、文体风格、篇章结构等，有效分析归纳出两种语言转换，尤其是特定行业、特定语境、特定语用情况下的规律和模式。

(12) 抽样调查

很多经营机构、跨国公司经常通过专门调研机构或网络就特定专题开展商务调研。商务部、旅游局每年都对来华者的身份、消费情况等进行抽样调查分析，以期随时了解其对我国商业与服务行业态度变化，把握有利时机，提高服务接待质量。很多商场、车船公司、旅行社也都以不同形式，定期或不定期地对客源构成、服务内容、服务质量进行抽样调查。

抽样调查是一种通过科学取样、问卷答题、走访调查、结果分析，最终对特定事物的状况及发展作出客观反映的方法。

（13）电话调查

中央电视台进行的节目收视率调查部分采用电话问询方式了解观众收看的电视节目、频道以及对某些栏目的看法。虽然这是一种主动迅捷的市场调研方式，我国经营机构多数却是以被动接受消费者的电话询问来了解市场的。

电话调查的优势：

① 周期短，见效快，信息发出，反馈即来。

② 个人对个人的交流，障碍少，经济上比较合算。

③ 接电话的人比较愿意通过电话与生人进行交谈，同时享有舒适感，安全感。而面谈就会涉及一些礼节问题、安全问题和可能的一些心理障碍问题。

④ 问题设计得当，提问声音有魅力，采访技巧讲究，反馈的信息就会高于其它方式进行的调研。

⑤ 虽然发达国家的家庭电话普及率较高，但不是所有的电话号码都印在电话簿上。在我国和一些发展中国家不是所有的家庭都有电话。

⑥ 很多国家手机拥有人数已经超过座机拥有的数量。但是，大多数人认为手机使用者应当享有更多的私密权利，为此，手机采访应慎重使用。

（14）采访

采访可以获得大量的信息反馈。但采访耗时耗资，又因采访者采访技巧的差异较大，采访得出的结果也会出现误差。很多发达国家的公众不愿接受采访。而我国很多受访者与采访者交谈时往往认为采访者会把采访到的东西公开发表，与其发表满腹的牢骚，不如侃侃豪言壮语。因此采访者很难从受访者那得到完全真实的信息。采访技巧对于采访者来说非常重要。商务翻译人员可以阅读一些关于采访技巧的专著，并在实际工作中勤于实践，逐渐掌握采访技巧。

（15）专题座谈会

专题座谈会不应是单一的茶话会形式，各方代表齐聚一堂，你好我好大家好的表扬与自我表扬。专题座谈会的一项极为重要的功能就是深入了解特定消费群体对特定产品、服务、广告语、文案风格、品牌译名问题等的态度、意见、要求、倾向等。

专题座谈会的组织要目的明确、程序妥当、人员典型、设施齐备。座谈会的主持人起着穿针引线的重要作用，提出话题，引导深入探讨，鼓励不同见解得以适时阐发，座谈会主持人的敏锐特质是获得有效信息的重要保障。

专题座谈会的规模可大可小，完全依据商务翻译人员设定的调研目标来决定。

通过举办座谈会获取的信息往往比较深入、深刻，但也容易出现偏颇、主观的意见。为此，针对特定的专题组织多个座谈会，组织代表不同态度、观点、消费水平、消费群体的人员参加"直接交锋"的座谈会，或是代表相同态度、观点、消费水平、消费群体的人员参加"一边倒"的座谈会都会为翻译人员带来极为重要的启发。

（16）专门调研机构

专门的调研机构，特别是跨文化传播调研机构，人员齐备，训练有素，设备精良，运作规范，是商务翻译人员获取广泛、全面、精确的国际市场、特定消费群体信息的"外脑"。尽管雇佣专门跨文化传播调研机构进行全面的商务调研或专项的调研花费会不菲，了解这些机构的特点和实力，借助他们的网络和经验，往往可以相对低的投入，获得符合经营机构跨文化商务管理和商务传播目标的理想收益。

（17）网络信息反馈

经营机构可以借助互联网覆盖面广、反馈迅速的优势进行网上问卷调研，专题报道反馈搜索，博客内容深度分析，搜索器关键词检索等手段及时获得一般民众、消费者、特定消费群体等信息。

（18）市场测试

选择典型测试环境，如超市、网店、百货公司、专卖店等，对特定产品、特定品牌、特定包装、特定销售方式、特定推广方式等在特定消费人群中进行"测试"，在特定周期内借助观察、问卷、采访、录像、数据统计等获得商务管理与商务传播所需信息。

（19）案例分析

建立案例库，选择典型案例，进行分析、比较、参照，找出一般规律，发现特殊规律。

商务翻译调研者无论采用何种方法、策略，调研操作方法的严谨性、周密性、信息和数据采集与分析的精确性、系统性都是确保调研成果客观性、可靠性的关键；也是验证实证研究手段与结果科学性的关键。（Orozco，2004：98）

2.7　商务翻译调研数据资料的整理与分析

商务翻译人员在充分调查研究的基础上将汇总的数据资料进行审核、登录、整理、分类、汇总，使其条理化、系统化，便于定性定量进行研究分析。通常采用的整理分析步骤是：

审核：审查数据资料的合格性。调查资料的采集、问卷的填写、采访座谈是否与有关要求有出入；答案是否符合逻辑；答卷者和受访者的态度是否认真；内容是否有遗漏。

整理：调查资料一般分为两类，一类是数字资料，一类是文字资料。

数字资料的整理：将所得数据进行检验、登录、汇总、统计。计算出各个案的百分比、总计数据、单项数据等。目前应用于实证研究数据统计的软件有SPSS和EXCEL。

文字资料的整理：将所得文字资料进行审核、归纳、分类、摘要、整编，从中提取出主导性和倾向性意见、观点。

总体分析：将审核、登录、整理、分类、汇总后的相关数据、倾向性意见进行综合分析，从而概括出有关社会、文化、语言现象的内部联系及其发展变化的规律性内容。

进行调查数据资料的总体分析是以资料的单项整理、汇总、分析为基础进行的。调研资料的总体分析主要采用定性、定量、以及定性定量分析相统一的原则进行。定性分析是通过分析调研资料反映出来的现象发现带有本质性的内容。定量分析是运用统计方法，从量的角度把握事物的规律性。定性定量相统一的原理是对统计分析资料进行深入研究，发现数据和文字调研资料质和量的辩证关系。定量分析是定性分析的前提和条件，定性分析是定量分析的深入和具体化。

2.8 调查报告

调查报告的撰写是用调研得来的资料描述现状、反映问题、揭露矛盾、展示事物发展的规律、向有关方面提出建议、为高层领导提供决策依据，为原文文本的翻译转换操作提供定性、定量的依凭，进而提出翻译操作细则和标准。

调查报告的结构：

1. 调查目的：汇报调查的背景、意义、目的。
2. 调查基本情况：概述调查的时间、地点、对象、抽样及调查方式方法。
3. 调查内容及分析：将调查资料个案分析后得出的总体分析进行说明、解释、分析。借助图表、数据、声像资料等揭示主体内容。
4. 结论与建议：依据总体分析过程中定性、定量分析概括出的事物的内在联系与规律性特点作出结论，提出建议和改进措施、设想、方法、途径等。
5. 附录：为了便于相关人员和高层决策者阅读、理解调查报告的有关内容，将与具体问题和事物关联的关键性资料附录于调查报告之后。

调查报告的写作结构相对固定，文字应用要充分反映调查内容与分析结果的理性特点。实事求是、严谨科学的态度与研究方法，既不夸大事实，也不掩盖事实真相，这样得出的分析、结论、建议才真正有利于经营机构商务翻译的针对性和跨文化传播的实效性。

"在我们生活的世界中，科学充当着对未经验证的假说进行监督的警卫。科学方法与其它获得知识的方法的不同之处就在于它是以观察和实验为基础的，它以'真实'世界对我们的那些假设进行验证……在科学方法发展起来之前，建构真理通常采用的方法包括直觉、经验和固守。""科学研究的可重复性和可证实性是监督欺骗和偏见的卫士。"调查研究方法正是这样一种让我们的翻译研究和实践避免直觉、经验、固守，走向科学的重要手段。调查研究方法的采用意味着我们的翻译理论与实践"更可能与现实世界相联系，因而也就更有实用性。"（Severn，1997）

第三章 品牌翻译

西方商界流行一句话，"Name is the game"，翻译成中文就是"决胜于品牌"的意思。可口可乐公司一位资深管理者关于品牌的价值曾作过这样的"构想"："如果可口可乐公司在某次天灾中损失了所有与产品相关的资产，公司将毫不费力地筹集到足够的资金来重建工厂。如果所有的消费者突然丧失记忆，忘记与可口可乐相关的一切，那么公司就要关张。"这段话充分说明了品牌的价值。在当前全球化的背景下，品牌命名和品牌翻译，对于一种产品在国际市场的成功运作十分重要。在保证产品质量和搞好销售服务的前提下，好的品牌名称往往成为产品决胜市场至关重要的一环。如果把营销比喻成一场战役，那么成功的品牌就是一面不倒的军旗。

3.1 品牌的概念

品牌（Brand）又称商标（Trademark），主要包括品牌名称和品牌标志，是指用于区别其他企业同类产品的名称、图案、符号或其组合。品牌从本质上说是一种符号，是人们认识产品或服务的媒介。营销大师菲利普·科特勒认为：品牌是一个更为复杂的符号。一个品牌能表达出六层意义：属性、利益、价值、文化、个性、使用者。一个品牌蕴涵并被识读出所有六层含义便是"深意品牌"，否则即是"肤浅品牌"。品牌拥有者通过对品牌符号体系的不断完善，扩充能指的内在含义，以一系列感知符号、阐释符号、情境符号试图对消费者解释符号的过程产生影响。在这个意义上，品牌已经不仅仅是一种简单意义上的感知符号，而是一种联结产品、消费者和企业关系的符号，是企业创造，通过产品和服务传达，最终由消费者界定的符号体系。（丛珩，2005：281）

3.1.1 感知符号——意义的表现形式

品牌中的感知符号最初仅仅作为区别产品的生产者使用。为此，生产者的名字就成为产品的"品牌"。随着市场的发展，人们逐渐意识到感知符号不仅可以让消费者识别产品的生产者，还可以承载更多的产品信息和意义。这些产品信息和意义不是随心所欲，而是遵从消费者的符号储备中的有利因素，以产生对品牌符号的有利解释，或者尽量调动消费者符号储备系统中更广泛的部分来引起消费者对品牌的丰富联想，使其产生深刻记忆，如：狗不理包子、Kentucky Fried Chickens 肯德基家乡鸡。

3.1.2 阐释符号——意味的追求方略

阐释符号是由生产者向消费者发出的诠释品牌内涵、传递产品和服务核心价值的一系列信息。主要包括品牌承诺、品牌说明和品牌故事等。阐释符号的功能不是作用于消费者的感官，而是品牌拥有者在产品或服务核心价值基础上对消费者作出的一系列承诺，是作用于消费者内心，是消费者希望通过对产品或服务的尝试体验到的"意味"，如：舒服佳 Safeguard、联通 Unicom、康柏 Compaq、联想 Lenovo。

3.1.3 情境符号——意境的创造绝技

源自情境认知理论的品牌命名意图通过"情境符号"创造一种立体氛围来与消费者交流，塑造品牌个性，最终感动消费者。这种构建在"形而上"质层的"氛围"促使消费者产生丰富的联想和奇妙感受，在不知不觉中受到这种氛围的熏染，心甘情愿地融入这种情感氛围所引导的心理状态。情境符号具有明显的开放性和灵活性，是品牌符号体系中与外界的交流项，通过情境符号，品牌拥有者将消费者真情实意吸纳进品牌预留的"空间"，营造一个属于品牌拥有者和消费者共享的品牌个性；有利于在跨文化品牌传播中建立两者的有效沟通和理解，如：明基 BenQ、埃克森 Exxon、海尔 Haier。

尽管世界是一个整体，但在社会、经济、文化、市场发育、发展等方面是不平衡的，非同步的。为此以感知符号、阐释符号、情境符号存在的品牌共存于相同和不同宏观环境中，情境符号间或以阐释符号形式出现，感知符号被"阐释"或被情境"氛围"笼罩，甚至一个品牌兼具感知符号、阐释符号、情境符号功能，共同继续发挥着"联结"产品、消费者和企业关系符号的重要功能。

3.2 品牌的命名方法和规则

品牌命名有不同于常规词汇应用和建构的显著特点。音符—词素—音节的优势组合、意境与氛围的创造、非常态化品牌命名、品牌联想意义的追求、文化多样性的高度关注是进入经济全球化以来，品牌传播专家们在品牌命名与品牌形象塑造方面采用的优势手段和对策。

3.2.1 音符—词素—音节的优势组合

由于汉语文字表意的突出特点导致的对文字意义追求的惯性思维，从事翻译实践和翻译研究的专家在翻译实践中对字符语意的转换予以更多的关注，而对音符意义的寻求往往忽略。柏拉图认为：声音与思想有最直接的联系，声音的符号是第一性的、基本的符号。语音是第一符号系统，而文字形式是记载语言的符号，是第二系统。（潘文国，1997：155）声音符号蕴涵了十分丰富的情感和意义，文字只能是"符号的符号"，言语音韵的这一特点在品牌命名和翻译中尤其突出。当以印欧语言为代表的表音文字体系与以汉语为代表的表意语言相互碰撞，相互转换时，品牌翻译人员不仅要"入乡随俗"，还要考虑国际化和市场条件下感知符号、阐释符号、情境符号的首要的、突出的特点，即品牌的音韵。无论是表音的文字，还是表意的语言，在有效激活信息接受者已有低层认知图式，保留和强化消费者，尤其是低龄和文化教育素质一般的广大消费者，（他们识别音韵的能力和对音韵的兴趣高于以阅读获取信息的知识精英，甚至这些人的认知图式就是以音韵认知为主式。）原有认知图式方面，品牌的音韵都是品牌记忆和有效传播的关键的关键。

一项研究发现美国排名在前200的品牌中46.5%以爆破音开头。以爆破音开头不仅响亮、清晰，而且比不以爆破音开头的品牌容易被记忆，被再认的可能性也更大。（黄合水，2005：116）Disney、Panasonic、Kent、Toto等品牌是何等的有力响亮。国际大品牌，诸如Kodak、Coca Cola、Moto、Nokia、Otis在第一个音节中都采用了元音字母o，相比i、u、e、a，o自然是读音最响亮的元素，当然也是识读起来最容易辨认的字母。"元音e和i是明快的，适宜表达畅快轻盈的情绪……"。"一般说来，唇音烘托热烈气氛，软腭音表现冷漠语气，塞音连缀有行为受阻或艰难情状，摩擦音与其他辅音结合产生动感……"（吕俊，2001：258）如若品牌的首音节是爆破辅音和元音[o]的组合，那么就注定这个品牌更易于为广大消费者记忆和传诵。

品牌命名和译名仅仅是品牌国际化、本土化和全球化进程的重要一步。依据消费者和信息接受者选择性识读和选择性记忆的信息检索、获得习惯，品牌的文字符号形式在传播中既有可能为消费者忽略，也有可能为消费者漠视。而主动和被动获得的悦耳响亮的品牌音韵符号潜移默化，难以抗拒，深入人心。当我们听到很多品牌从学龄前儿童口中"脱口而出"，从未曾上过学的老年人的口中"唠叨"出来，品牌命名和译名专家不仅仅是被感动，更深深地触动。

国际知名品牌大多简短易写、响亮易读，所以易记。国外品牌如Coca Cola、Pepsi Cola、Philips、Sony、Kodak、Fiat、Compaq、Nokia、Toyota，国内品牌像同

仁堂、全聚德、荣宝斋、张小泉、狗不理、王麻子等等，哪个不是让人过目难忘。但是本土知名品牌实现国际化就需要做到不仅本土的消费者在书写和读音时不会感到为难，在任何一个国际目标市场都不应使当地的消费者感到不便。文字简短，字音一辅一元，首音节读音响亮，而且限定在两个至三个音节以内为最佳。Adidas、Esso、Mercedes、Visa、Fanda 都是品牌命名精品范例。单音节的品牌名称构成往往给人以唐突、生硬感。一些品牌似乎超出三个音节，而在实际读音处理时仍似音乐中的节奏，发音一长两短或两短一长。当然，品牌文字简短的优势还在于品牌识别的简捷性。现代大众传播媒体普遍拒绝艰涩、生僻、俚语、方言的使用。具备初中毕业文化水平的信息接受者都不必借助工具书顺畅地阅读报刊、收听广播、观看电视、浏览网页。现今的中国父母在给自己的独生子女取名时喜欢使用一些偏字怪字，也就是只有查《康熙辞典》才能找到的那些字。孩子名字的独特性有了，但孩子名字书写的复杂性亦因其独特而愈加复杂。品牌的命名和译名应保证品牌的独特性，但不应复杂、怪僻。

　　Coca Cola、Esso、Exxon、BenQ 能使消费者过目不忘，是字母符号元素组合简单、重复、联想、借鉴等造词手段综合巧妙的利用，是对人们思维习惯的深刻认知。这些国际著名品牌在实现国际化、本土化、全球本土化（Glocalization）进程中都关注了品牌文字符号在视觉方面的特点：易于识记、意义贴切、结构完美、搭配协调。

3.2.2 意境与氛围的创造

　　《360度品牌传播与管理》的作者、著名品牌传播专家布莱尔指出：我们大多数人都熟知人的五种感觉：视觉、听觉、嗅觉、触觉和味觉。还有一种"第六感"，我们在某种程度上体验得到。（布莱尔，2003：110）"我就喜欢"是 McDonalds 麦当劳对其服务品牌和产品的最新、全球化诠释。它不仅仅在于引发消费者对企业和产品的联想，更在于传播"品牌如何让你自我"的氛围，消费者的自我体验。伴随着视觉、声音和其他感官刺激，激发消费者对品牌的"感觉"是高感性市场经济条件下品牌传播的创意之道。

　　品牌是产品和服务差异的符号化表现。"伟大的创意拥有很大的非有形和不可量化的成分，不要浪费时间搞清一个创意，创意有时候就是不理性的，拥抱他吧！"（布莱尔，2003：66）在市场经济发达的地区和国家，"真正可持续的差异来自品牌差异——创造清晰的基于情感基础的资产和价值体系，令你的产品和服务脱颖而出。消费者的购买决策越来越被情感驱动，消费者靠感觉选择备选的品牌。而不是靠功能差异的驱动。"（布莱尔，2003：112）品牌事实上是一种艺术化的符号，展示的是一种终极意向，一种非理性和可用言语表达的意向、氛围。

一种诉诸于知觉，充满情感、生命和人性的意境显现形式，一种诉诸于感受的活的存在。在品牌命名和译名实践中，不仅需要创意者和翻译者对市场宏观和微观环境的深刻洞察力，还需要创意者和翻译者较高的审美力，对人性较强的感悟力。意境和氛围的创造和在跨文化传播中的"转换"因时、因地、因人、因产品、因企业、因短期营销目的、因长期市场目标而置宜，需要整合所有促销传播手段、大众与小众媒体来烘托和诠释。

1985年法国Christin Dior公司推出名为Poison绿毒香水，市场反应极为强烈。"使人觉得神秘而难忘"是使用这一品牌香水的女士们的共同感受。与其说是香水本身给予了这些女士这种特殊的感受，不如说是品牌所"渲染"的那种耐人寻味，似是而非的意境所致。此后不同厂家推出的Tigeress雌虎、Opium大烟、Taboo忌讳、Savage蛮荒、Intuition直觉等香水品牌无不为迎合时尚心态而创意传播。

3.2.3 非常态化品牌命名

品牌命名的非常态化充分利用了非常态文本在信息传播中所具有的全部特点和优势。非常态文本是高度符码化的艺术表现手段，目的在于创造某种非常态意向和意境。非常态文本几乎在每一方面都是常态文本的非常态化，即在语言规范、思维逻辑、文化心理及审美设计上都超脱常规，目的在于增大信息内涵和自由度，增强审美效应和文化语势。

高度符码化的非常态化品牌命名将语言文字符号的使用推向一个极致是非常态文本语言结构的重要特征，这可以说是一种"标新立异"，创造新颖感的手段。

高度疏离化的非常态化品牌命名因高度的符码化而使形（能指）义（所指）高度疏离。品牌命名专家有意拆除语言（语音、语形）对意义的禁锢，从而为人的思、情交流探求出新的途径。

超时空化的非常态化品牌命名适应全球化市场多元化文化语境，是一种超时空的心理记录，其特点是缺乏或根本无定式规律，充满随意性、横向性。

高度个性化的非常态化品牌命名用语个性化可以为文本增添特异色彩，使文本具有不同凡响的文化语势。（刘宓庆，1999：172-188）

在2001年12月5日，苏州明基电通集团召开新闻发布会，推出自有独立品牌"BenQ"。这一品牌的创意者们认为：当今时代，工作学习和娱乐休闲的界限日趋模糊，消费者的消费趋势是：享受数字生活带来的快乐，所以，推出一个新的自有品牌，对明基来说显得十分必要。新品牌"BenQ"首尾字母大写处理，异类趣味，引人注目，不影响释读；明基新品牌"BenQ"的含义在于Bring Enjoyment and Quality to Life（传达资讯生活真善美），这也十分符合目前明基在用户中的形象。

美国 Standard Oil Company 耗资 1 亿美元仅仅为了选取一个本身无具体实意，但企业又可有效地通过公关促销将企业所要表示的意义和形象推广的名称。在计算机的帮助下最后从上万个自造名称中选取了 Exxon（埃克森）。为了确认这一名称不具有特定消极含义，经过在 169 种语言和方言中的使用状况的对比检测后方才取代 Standard Oil 推而广之。因为它悦耳响亮，没有寻常的"意义"易记难忘；高度的个性化的词素组合使它凸显强劲文化语势，过目入心；因为它的形义、能指和所指高度疏离，有效预留了新意义、意境阐发的空间，避免了与其它文化可能的冲突，便于"文化着色"。

3.3 品牌翻译方法探究

品牌名称具有信息功能、美感功能和祈使功能，由于品牌名称特殊的功能性，翻译起来也有一定的复杂性，它的翻译要以适当的翻译理论方法为指导。笔者认为，品牌翻译要遵循奈达的功能等效理论（Functional Equivalence），可以很好地把品牌的功能翻译出来，从而达到传播的目标。

我们这里所谈的"功能等效"是指译文接受者与译文信息之间的关系应该与原文接受者和原文信息之间的关系基本上相等，并必须对译文接受者的接受渠道和原文接受者渠道之间的差异进行细致的了解，根据新的接受渠道的特点改变或调整信息形式，使译文形式与内容适应于新的接受渠道。

按照功能等效原则，品牌的翻译应该具有以下条件：

1. 根据信息功能等效的要求，译名应具有商品的特征并尽可能含有原名所带的信息。

2. 按照美观功能等效的要求，译名要力求易认、易读、好听、好看，尽量做到音、形、意的完美统一。

3. 按照祈使功能的要求，译名要富有吸引力，以便促进消费者的消费行为，达到品牌的广告目的。

遵循功能等效原则，品牌翻译应该符合其基本功能并满足上述三个条件。根据笔者的调查发现，大部分的国际知名品牌都采用了以下几种翻译方法。

3.3.1 音译

世界驰名品牌在中国本土凭借其市场营销和资金方面的优势几乎都是长驱直入，势不可挡，大获成功，如尤尼克斯 Yonex、诺顿 Norton、爱立信 Ericsson、飞利浦 Philips、索尼 Sony、飞亚特 Fiat、威尔逊 Wilson、麦格劳-希尔 McGraw-Hill、亚马逊 Amazon 等。这些世界驰名品牌在实现本土化——外译中的过程中是否都是通过了最优化选择过程实难——判定。不同国家、不同语言的品牌译成中文采用的是翻译理论中几乎都涉及到的方式方法。而这些世界驰名品牌所共有的特点却是不容置疑的——音译化。音译不仅保留了音义，还不失"意义"，强化了经济全球化"语境"条件下的品牌识别。当然，形成这一现象的原因是多样的。欧美国家传统上使用的就是拼音文字。而像日本、韩国这些后起的发达国家所创造的世界驰名品牌也都无一例外地使用拼音字母代替本国文字。这一现象就很值得我们品牌命名、翻译工作者认真总结研究了。

浏览近来的中国电视广告，不难发现一些中国驰名品牌拥有者开始重视品牌音韵在品牌传播中的意义，在使用以往沿用的汉字品牌名称的同时加进了拼音标识，像春兰 Chunlan、长虹 Changhong、海尔 Haier。驰名品牌音译是国际品牌本土化，本土品牌国际化最常用的转换方式之一。

3.3.2 意译

一些国际驰名品牌，如阳光 Sunny、王子 Prince、雀巢 Nestle、红牛 Red Bull、美国在线 America Online、蓝鸟 Blue Bird、骆驼 Camel、夜巴黎 Evening In Paris、西屋 West House 等直接将原文的意义用目标市场通用语言对译，既而推广，成效依然显著。顺美 Smart、熊猫 Panda、小天鹅 Little Swan 等中国驰名品牌采用的也是中英文意义的对译方式。

3.3.3 音译与意译的结合

国际知名品牌在中国本土的推广更多的是音译和意译相结合的方式。这种音意的结合不是传统翻译标准可以轻易解释的，也难以寻求放之四海均可行的规范。但是在市场推广中又是商家乐于采用，消费者乐于接受的重要方式。音韵得到保留，汉字表意的特点得到巧妙利用，这或许就是品牌 Glocalization 的典范吧。

Coca Cola 这一全世界家喻户晓的品牌是在本土和国际市场运作成功的典范。Coca Cola 在中国以"可口可乐"为译名的成功推广，更是国际品牌本土化的成功范例。在全世界有 190 多个国家的消费者在饮用 Coca Cola。在不同的国家 Coca Cola 又以符合当地消费者品味的译名、译音成为最畅销的饮料品牌。当然，喜爱 Coca cola 的消费者不一定都了解这一品牌来源于这一饮料主要的原料古柯叶（coke）。大多数消费者可能更会将这一品牌和咕嘟咕嘟畅饮可口可乐时那种挡不助住的感觉产生联想。

音译与意译的结合进行品牌跨文化、跨语境转化明显受品牌传播的功能定位主导。采用音译与意译的结合获得品牌成功推广的还有锐步 Reebok、耐克 Nike、佳能 Canon、舒肤佳 Safeguard 等国外品牌；一些国内知名品牌，像乐百氏 Robust、乐凯 Lucky、方正 Founder、联想 Legend/Lenovo、海信 Hisense 等索性就是中英文的音同意别。

"Starbucks"翻译为"星巴克"，意译与音译结合，精灵古怪。看来只要能吸引眼球，强化记忆，令人"感觉对头"，意义、意味、意境的诠释倒是一件相对简单的"差事"。

3.3.4 原音、原意、原文照搬

National 是日本松下的原有品牌，粗通英文的人一定不会对其自身的含义产生误解。当然，当原来仅在欧洲应用的 Panasonic 作为 National 的替代品牌在中国推广后人们会对松下的新品牌的国际性不再产生质疑。Panasonic 至今在中国大陆还没有一个通行或广为消费者接受的品牌译名。久而久之，Panasonic 竟然在这个极善于将外来事物本土化的国家保持了其"本色"。和 Panasonic 同样具有此等魄力的国际知名品牌还有 EPSON、Hard Rock、IBM、CNN、3M、LG、NEC 等。一些国际知名品牌在中国进行本土化运作取得成功之后，在更多的场合开始了在中国市场推广其国际化品牌的努力，如：Shell、Nike、Adidas、Motorola 等。

3.4 品牌翻译应关注的几个问题

3.4.1 确定品牌定位和传播目标

如果从品牌跨文化营销传播效果来谈翻译的目的，那么就有必要判断这个目标市场所处的历史发展阶段，品牌拥有者在这个市场所要实现的营销目标，以及消费者的消费心理和价值取向等因素。品牌翻译由参与品牌传播的翻译人员或相关人员依据目标市场品牌生态环境调研得出的判断进行"定位"，此后，翻译人员依据品牌在特定目标市场的"定位"和品牌命名、译名原则找寻或发现相应的"转换符号"。

产品或服务定位是产品或服务形象——产品或服务在消费者心目中的印象——经营机构希望在目标市场传播和确立的内容。换言之，产品或服务定位是经营机构通过向目标市场提供适当产品或服务，通过与这种形象相协调的信息传播，在目标市场的特定消费群体中间确立一种人们乐于接受的形象的商务传播策略。

经营机构开展的市场促销活动是在传播特定的有关产品或服务的观念，这种特定的观念影响市场对经营机构提供的产品或服务反应。不论经营机构是以广告、窄告、人员促销、销售促进、公共关系中的任何一种或多种方式传播产品或

服务信息，这种信息的内核应当是产品或服务的形象。消费者对特定产品或服务的积极和肯定的印象可使这一产品或服务在众多的竞争产品中更易脱颖而出。

经营机构的翻译人员可以利用不同的方式创造产品或服务品牌形象。目前国际品牌拥有者多采用以下四种定位方式进行产品品牌或服务品牌的传播和形象推广：

（1）产品特色定位

许多名牌产品之所以对消费者具有较强的吸引力就在于产品本身的特色为消费者带来的利益。商务翻译人员将消费者追求的实际利益与产品或服务的特色结合。这种特色与利益的结合可以是单一方面的组合，也可是主要方面的组合。

（2）象征形象定位

很多产品或服务之间的差异极不明显，对于这类产品或服务的定位就应考虑使用象征方式，突出与使用这些产品或服务本身及环境有关的感受、情调，而不是产品或服务特色本身。

（3）直接竞争定位

在竞争激烈的环境中，一种产品或服务希望打开销售局面，仅靠突出产品或服务的特色是难以奏效的。经营机构的市场促销人员可以尝试通过直截了当的方式使消费者确信本机构提供的产品或服务优于竞争对手的产品或服务。在对竞争对手供应的产品或服务定位进行实事求是、客观善意地比较后，本企业的产品或服务品牌形象即确立。

（4）重新定位

一种产品或服务的品牌不一定要始终按照经营机构最初选定的形象进行推广。市场本身随着市场竞争情况和消费者生活方式变化而变化。重新定位策略不仅可以使原有的品牌焕发生机，而且可以在已经占有的市场和新的市场产生更加广泛的吸引力。

一个品牌要打入国际市场，首先要确定特定消费人群的消费能力、消费心理、价值取向以及他们的社会地位和对产品的期望值等。一些品牌在市场定位方面做得很好，其品牌经翻译后获得了很大成功，值得借鉴。例如 Dior、Lancome、Gucci、Estee Lauder、Chanel 等化妆品进入中国就非常明确地定位在高端消费人群，因此品牌采取"异化"的翻译方法，迪奥、兰蔻、古姿、雅诗兰黛、香奈尔这些中文译名既保留了原品牌的音韵，又有意使用意义阐释俊美、俏丽、英姿、馨芳的词素，字词组合异样别致，可谓是珠联璧合。

近几年来中国的汽车市场异常火爆，外资品牌、中外合资品牌、中国人自主品牌等都想占领一席之地。而外来汽车品牌进入中国市场自然要看消费人群的消费水平、社会地位、未来期望等现实和心理因素。那些身份或背景"先富起来"的一部分人，那些最早享受交通便利的人自然都与传统的轿车关联，与官场气派关联，Benz 奔驰、BMW 宝马、Regal 君威让他们继续成真的美梦；90 年代以来那些没有官职和背景依靠的"小康"、"老板"盼望着稳定发展，迅速致富，捷达 Jetta、富康 Citroen、宝来 Bora 最合他们的心意；那些都市白领、粉领不屑权利和投机，知识和技能在开放和现代企业组织中的具有较强竞争力，使他们零储蓄消费或超前消费，更愿意选择威姿 Vizi、毕加索 Picasso、索纳塔 Sonata、桑塔纳 Santana、爱丽舍 Elysée 这些休闲、轻松、高雅的品牌。

3.4.2 注意品牌隐喻意义的再生

品牌名称往往蕴含着使用者对品牌的期待，品牌拥有者试图吸引消费者的眼球并在其心目中树立良好的形象。因此，品牌命名在诉诸于产品的功能、概念和形象时，必然会涉及大量的隐喻使用，而品牌翻译同样涉及隐喻的使用，并涉及品牌的跨文化顺应问题。

品牌名称在性质上介于专名和通名之间，存在着借用通名、创造专名和混用的多种情况。品牌虽然使用大量的普通名词，却具有了专有名词的性质，同时又保留了普通名词丰富的联想意义，为品牌隐喻拓展了衍生空间。品牌命名的性质也决定了品牌翻译的策略既不同于专有名词的翻译，也不同于普通词语的翻译。根据与联合国达成的协议和国际翻译界关于名从主人的原则，专有名词的外译中使用固定的音译（日语等少数语言除外），而汉语专有名词译成外语则统一使用汉语拼音。翻译以后的专有名词往往失去了原有的引申或隐喻意义。品牌名称的翻译却不同，一部分包含隐喻的品牌通过翻译直接进入目的语，一部分品牌通过对译入语文化的顺应重获新的隐喻意义，还有一部分品牌则通过双语并存使用使本身的隐喻意义延伸进入译入语。

比如我们熟知的汽车品牌 BMW 的中文翻译"宝马"就是非常典型的例证。BMW 原是德语 Bayerische Motoren Werke 的缩写，本身并不包含隐喻意义，但翻译成汉语却获得了宝马良驹的隐喻意义。根据认知语言学提出的关于语音隐喻的新观点，一些品牌的翻译是通过谐音获得隐喻意义的。例如翻译成中文的洋品牌"肯德基"（Kentucky Fried Chickens），据说它的流行就是因为语音上可以让中国人联想到"肯得鸡"，即"啃得起的鸡"的意思。

另外，像康佳 Konka、捷达 Jetta、佳能 Cannon、金利来 Gold Lion、富绅 Virtune、雅黛 Ador、俏丽 Jill、美加净 Maxam、护舒宝 Whisper、富士达 Foster's 等品牌的翻译都使用了这一方法，这里语音隐喻的使用都包含了对汉语文化的顺应。汉语语言多音字发达，造成了中国人喜欢使用谐音讨口彩的习惯，因此大量的洋品牌在进入中国市场时，选择了这一翻译策略。在这里原文的隐喻意义通过这一独特的谐音方式获得伸张。

实际上，这种跨语言的语音隐喻有时候也和特定的汉语词汇隐喻结合使用，比如上文提到过的"宝马"，以及悍马 Hummer、雪铁龙 Citroen、沃尔沃 Volvo 等，除了照顾原文的发音外，也引用了汉语的隐喻意象。值得注意的是，英语品牌汉译时，为了顺应汉语讨口彩的习俗，译文的隐喻意义甚至掩盖了原文命名中的隐喻，比如 Coca Cola 的品牌翻译"可口可乐"的原语的语音形式通过译入语获得了谐音意义，原文的可乐果和古柯树的意义被谐音意义"可口可乐"所代替，这是品牌翻译中语音隐喻的独特现象。其他例子还包括雪碧 Sprite、乐百氏 Robust、舒肤佳 Safeguard、汰渍 Tide、飘柔 Rejoice、耐克 Nike、捷安特 Giant 等。更有甚者，中国的品牌采用虚假回译的方式去获得英语命名的隐喻意义，比如雅戈尔 Youngor 这一服装品牌。

再者，还有一部分品牌则通过双语并存使用使本身的隐喻意义延伸进入译入语的。在全球化环境中，翻译品牌与原语品牌在同一产品上并存的现象比比皆是，特别是在中国市场上，一方面外国产品的译名广为人知，另一方面原来的外文品牌则仍然标示在产品上，也经常见于书面和口头表述中。这样原文的隐喻意义虽然部分为音译所掩盖，但并非完全丧失，比如上文的乐百氏 Robust、舒肤佳 Safeguard 和捷安特 Giant 等品牌中原文隐喻与译文隐喻对于懂英语的消费者经常是并存的。中国的品牌在选择英文翻译时，也改变了过去盲目英译的习惯，直接选择了汉语拼音，然后通过品牌营销策略向外国消费者介绍汉语品牌所包含的隐喻意义，同样可以达到很好的效果。比如知名中国品牌"海尔"就是直接使用拼音"Haier"进入国际市场的，刚好利用了其与 higher 的谐音效果。

尽管商标品牌言简意赅，琅琅上口，但翻译起来难度却很大。因为商标的翻译不是简单的语言置换，而是要从跨文化角度将两种不同的语言文化相融合。只有充分研究消费者的消费心理，尊重民族习惯，同时恰到好处地运用品牌翻译的各种方法和技巧，才会使品牌译名在商战中独领风骚，从而引导消费、促进消费。一种好的商品，加上一个动听上口的名字，无异于锦上添花。好的品牌翻译体现了翻译技术与审美艺术的完美结合，同时可带来好的商品效应。

第四章 广告翻译

广告业是知识密集、人才密集、资金密集的文化创意产业。在经济全球化的今天，盈利和非盈利机构都十分看重广告在推广产品、传播信息、塑造形象、构建和谐方面的特殊功效。

语言是文化的载体，广告语言作为语言中的特殊语体，传达着丰富、生动、并含有感情色彩的文化信息。"广告的作用是通过为一种产品或一项服务创造一个正面积极的形象来影响目标消费者的行为。"（王月，2008：7）。合格的广告应遵守"AIDMA"原则，即 Attention（引起注意），Interest（激起兴趣），Desire（诱发欲望），Memory（加强记忆），Action（促成行动）。无论是哪种语言形式的广告都应该具有传递信息、唤起欲望、促使行动、扶植信用的语言效力。

成功的广告翻译在目标语的语境中起着同样的作用，即：以地道的翻译语言促使跨文化的消费者认可异域产品或服务，以实现即刻或未来的消费行为。要做好广告翻译，译者首先应当熟悉并掌握广告的专业知识和一定的广告心理学知识，以及英汉广告的语言特点，即：语体特征、修辞运用、句型特征等。除此之外，还需要掌握、具有足够的跨文化背景知识，熟悉广告语言所反映出的社会文化差异性。在此基础之上，译者要结合具体的广告翻译情境，运用恰当的翻译策略，充分发挥译者作为跨文化交际者的积极能动作用，才能在广告运作愈发全球化的今天胜任广告翻译的工作，从而使英语广告的汉语翻译本土化、使汉语广告的英语翻译国际化，最终为中国的经济和文化的进一步发展起到促进作用。

4.1 广告的类型

4.1.1 广告的分类

按照不同的目的与要求，广告可以按照不同的区分标准进行分类。马建青（1997）使用了10类标准将广告进行分类。在进行翻译时，译者必须考虑到广告所属的类型，选择恰当的语言形式，这关系到广告目标能否实现。

（1）按广告的目的分类可分为以盈利为目的的"商业广告"和以非盈利为

目的的"非盈利广告",或"商业广告"与"公关广告"。

(2) 按广告的内容分类可分为商品广告、劳务广告、观念广告等。

(3) 按广告主体对象的不同可分为消费者广告、工业广告、商业批发广告、农业广告、外贸广告等。

(4) 按广告覆盖地区可划分为全球性广告、全国性广告、区域性广告和地方性广告。

(5) 按广告的发布者来分类可分为工业主广告、商业主广告、农业主广告等。

(6) 按广告的发布媒体来分类可以分为电视广告、广播广告、报纸广告、杂志广告、网络广告和其它媒体广告,如户外广告、橱窗广告、邮寄广告、招贴广告、路牌广告等。

(7) 按照广告所借用的表达方式可分为知觉诉求广告、理性诉求广告、情感诉求广告和观念诉求广告。

(8) 按广告指向分类可分为初级需求广告和选择需求广告。前者指使消费者对某一类产品产生需求的广告;后者指使消费者选用某具体产品的广告。

(9) 按广告生效速度可分为速效性广告(或直接行动广告)和迟效性广告(或间接行动广告)。

(10) 根据产品所处的生命周期,即引进期、成长期、成熟期和衰退期,广告可分为开拓期广告、竞争期广告、维持期广告。

4.1.2 广告的构成

一般来说,一则完整的书面广告(杂志、报纸)由插图、标题、正文、口号和标识五部分组成。其中,广告的标题和口号传达了核心信息。中英文广告都是把最精彩的语言放在标题或是口号中,因而地位最为重要,它们往往决定着整个广告的成败。大部分广告都有标题,但只有少数名牌产品才拥有其口号并定期更新发布。例如,三星电子 2010 年的广告口号是 Turn on tomorrow 开启明天。该广告使用了暗喻的修辞手法,将"明天"喻示未来的科技,形成了语义上的超常搭配。该口号以此新颖的超常搭配生动地表达出广告主引领科技未来的抱负与魄力,可谓别出心裁、令人过目不忘。

4.2 广告的语言风格

除了广告的专业知识之外,广告翻译的译者还应当熟悉并研究英汉两种语言在广告中的语体特征、修辞运用和句型特征等特点,这样才能在翻译过程中选择恰当的语言形式，使译文准确、地道、自然、贴切。只有掌握广告的语言特点，才能提高广告文字的翻译质量，使广告的中译英和英译中更好地体现出广告的内涵和目的。

4.2.1 广告语言的语体特征

要做好广告翻译，首先应当了解汉英广告的语体特征。广告语言作为交际性较强的一门语言，它可以分为两种形式，即广告语言的口头语体和广告语言的书面语体。不同的广告语体对应着不同的广告媒介。广告语言的口头语体主要以有声媒介为载体，包括电视广告中的对白、独白、旁白或解说，以及广播广告中的有声语言以及口头叫卖等。而广告语语言的书面语体较多见于平面媒体中，如报纸、杂志等。(王军元，35-36) 在汉英翻译的过程中，语体的对应不是绝对的机械对应。译者在语体的选择上要考虑到受众的社会文化背景，即目标消费者的心理、受教育水平、购买力等等，在此基础上来确定所使用的语体。例如，刊载于某周刊杂志上的飞利浦手机（2010）的广告语 Sense and Simplicity 精于心 简于形，其英文只是押头韵的两个单词，语体属于句子不完整的书面语体。其广告的中文翻译中运用工整的对仗来与这对头韵对应，并选择了汉语的书面语体，用词典雅。作为国际知名品牌，飞利浦是中国消费者认可的优质产品，它选择了从形式到内容都精致的汉语对偶句来与其英文广告词对应，即与其产品的形象对应。可以说，其汉译在意义上更明确，在美感上与英文原文对应甚至在音韵美的层面上有过之而无不及，具有浓郁的中国古典美，是广告翻译本土化的一则佳例。

4.2.2 广告语言的修辞运用

修辞的运用使广告语言超脱寻常文字和寻常文法，以其独特的艺术美感令人印象深刻，从而极大地增强了广告的表现力。

广告中常见的修辞格有：比喻、对仗、反复、对比、夸张、双关、押韵（头韵、尾韵）、设问等。

比喻：包括明喻、隐喻、换喻、提喻等。Poetry in motion, dancing close to me. 动态的诗，向我舞近（丰田汽车）。把驾驶汽车的过程比喻动态的诗歌，该隐喻美感与动感兼备，启发消费者的想象力和期待。

对仗：No business too small, no problem too big. 没有不做的小生意，没有解决不了的大问题（IBM 公司）。除了对偶，它还使用了反复和押头韵的修辞格，琅琅上口，令人印象深刻。而且，汉译中的"生意"与"问题"恰好押尾韵，符合易读、易记的原则。

对比：M&Ms melt in your mouth, not in your hand. 只溶在口，不溶在手

(M&M 巧克力)。该广告使用了对比的修辞格，把该品牌与同类产品比较，突出该巧克力的糖衣设计可以避免传统巧克力容易溶解在手中的尴尬。其汉译保留了英文原文的修辞格，另外还添加了尾韵，并选择了四字词组形式，符合汉语习惯，是精彩的译文。

夸张：Intelligence everywhere. 智慧演绎，无处不在（摩托罗拉手机）。智慧当然不可能无处不在，但是该夸张修辞格的使用是为了显示该手机是智慧的结晶，它的使用者遍布世界。

双关：Less bread, no jam. （伦敦地铁）。其字面意义是少些面包，不要果酱，似乎是符合节食风潮的广告口号。但由于它是地铁广告，译者应翻译出它的双关意思：更低车费、绝不堵车。再如：Try our sweet corn. You will smile from ear to ear. （某甜玉米广告）词组 from ear to ear 一语双关。ear 可以指玉米穗，该词组意为吃了一个又一个；ear 又有耳朵的意思，该词组又指人大笑的样子，意为对玉米很满意，吃得很开心。由于汉英文化的差别，双关义在翻译时保留原义的可能性较小，但仍然可以保留双关的修辞格。笔者试译如下：尝尝我们的甜玉米，你会开口乐不停。其中开口既指吃玉米，也指开口而笑。

设问：How far would you go for love? 爱无止境（卡地亚珠宝）。用"你会为爱走多远？"这样的问题激发消费者对于该问题的思考，其隐含的回答便是其汉译"爱无止境"，即：为了爱你可以走得更远，选择该品牌的珠宝便是最佳爱的表达。

一则广告语也可以兼具多种修辞格，了解了修辞格的运用就可以在广告翻译中综合兼用，使译文富有文采和感染力，这样才更有利于广告语的传播。

4.2.3 广告语言的句型特征

广告常常使用祈使句、问句（疑问句和设问句）、省略句等来取得简洁和渲染感情的效果。

广告中的祈使句并不表示"命令"，没有强制的语气，而是表示"要求"、"祈求"、"劝告"、"邀请"、"叮咛"、"建议"等意义。祈使句的使用体现了语言的引导和劝说功能。例如：Come to where the flavor is! Come to Marlboro Country! (Marlboro 香烟)；走富康路，坐富康车！（富康车）。

广告中问句的使用常常是为了达到引起广告受众注意的目的，以突出产品的优点和功效，从而激发潜在的消费行为。例如：Where will life take you? 生命将带你去何方？（Louis Vuitton 路易威登旅行包）；How far would you go for love? 你会为爱走多远？（Cartier 卡地亚珠宝）等。

省略句：The choice of a new generation. 新一代的选择（百事可乐）。

4.2.4 广告语言的社会文化差异

广告既是文化的一部分，也是文化的一面镜子。广告语言反映了一定社会时期的价值观、消费观和审美观。在进行广告翻译时译者应考虑到两种语言的社会文化差异，因为译文是否符合受众的文化行为特点决定了广告的成败。

首先，汉语广告承袭东方文化的集体主义精神，主张内敛，具有团体意识导向，倾向于把个人感受与他人及整个民族的感情相连。而英语广告更注重人本主义，张扬个性，崇尚自我。例如：Make yourself heard.（Ericsson 爱立信）理解就是沟通。该汉译采用了改写和删减的策略进行意译，遵循中华文化"和为贵"的集体价值，尊崇被他人理解，所以突出了手机可以促进理解的沟通功能。在删去了强调自我的自反代词 yourself 的同时也失去了以自我为导向的西方文化特色。

其次，汉语广告语言含蓄、观念保守，而英语广告语言相对直接、思想开放。例如：商标名为 Kiss me 的唇膏让西方人感觉浪漫美好，但是其中文译名避免直译为"吻我"，而是音译为"奇士美"，体现了汉语文化的含蓄和保守。

再者，汉语广告体现中国人更注重权威，而英语广告体现出西方人更相信自己的判断，常常以广告受众的态度为指向。例如：Obey your thirst. 服从你的渴望（雪碧）；Just do it. 只管去做（耐克）；Fit you well. 适合你（锐步）等等。

随着东西方文化交流的拓宽和深入，广告中突破文化界限、体现不同文化交融的例子势必越来越多。例如，男人应有自己的声音 A man should make himself heard（阿尔卡特手机）；把精彩留给自己 Leave the best to yourself（李宁运动品牌）；室温由你决定 Choose your atmosphere（格力空调）等等。

4.3 广告翻译的原则

KISS 公式是广告界认可的广告写作的要求，它要求广告语言甜美、简洁，即：Keep It Sweet and Simple。Sweet 要求广告所抒发的感情是甜美的，因而易于接受；Simple 是对于广告语言本身的要求。

方梦之（2008，184）指出，"广告英汉翻译应该遵循以下的基本原则：自然、准确、简洁、生动、易读、易记。"这个原则同样适用于广告的汉英翻译。例如：双星运动鞋广告——穿上"双星"鞋，潇洒走世界 Double Star Takes You Afar，该英译巧妙地使用了压尾韵的修辞方式，做到了内容一致（准确），符合英语表达习惯（自然），还保留了汉语的节奏感（易读、易记），简洁生动。

4.4 广告翻译的策略

广告文本作为一种以促销（如商业广告）或促使某行为的发起（非商业广

告，如公益广告等）为目的的特殊语篇，在语言表达、结构和文化环境方面都有异于一般的文学文本。因此译者必须根据译文预期要达到的目的和功能，在了解目的语环境文化的前提下，在目的论的指导下，灵活采用各种翻译策略，创造出符合目的语文化观念的语言表达方式和结构，使译文在译文接受者中产生预期的影响，最终实现广告译文与原文的功能对等（functional equivalence）。

目的论认为在翻译过程中起决定作用的是对特定目的的满足程度。广告语言因其特定的目的（为吸引受众）而有别于其它的语言形式，其翻译追求的不应是对原文的忠实移植，而是译文是否起到了与原语相同的交际功能。在广告翻译中译者可以采用增译（adding）、删减（deleting）、改编（adaptation）、改写（rewriting）等策略（戚利萍，2007）。下面从词汇翻译、句型转换等方面具体分析这些策略的运用。

4.4.1 词汇的选择

在词汇的选择中既要考虑词义的恰当，还要考虑到文化因素和审美因素等，并以此为基础作出适当调整，必要时也可以删减、改写。

例如：Canon Delighting You Always 感动常在佳能（佳能电子产品）

该广告的汉译中没有选择英文 Delighting 的对等中文"喜悦"，而是运用了改写策略，用了"感动"来代替"喜悦"一词。"喜悦或快乐"与西方英语国家推崇个人感受的文化价值一致，而它并不是中国传统文化的主流价值观。因此，译文采用了"感动"一词，它符合当代中国人的心理需求。正如由中央电视台倾力打造，已连续举办多年的精神文明建设品牌栏目《感动中国》，被媒体誉为"中国人的年度精神史诗"，深受大众的喜爱。当代中国人需要震撼人心、令人感动的人和事。考虑到众多品牌电子产品在使用时都可以产生让人喜悦之感，佳能希望以"感动"的特点脱颖而出，以此来打动中国消费者，契合当代中国文化，用心可谓良苦。再比如，南方摩托的广告："有多少南方摩托车，就有多少动人的故事"等，都是试图打"感动"牌来赢得消费者。

因此，广告翻译中词汇的选择有很大的空间，译者不必拘泥于词义的对等，应根据广告的目的，在具体的社会文化背景中选择恰当的翻译策略。

4.4.2 词类的转换

例如：Inspired Performance 新灵感 心动力（英菲尼迪轿车）

该广告的汉译采取了改写和删减的策略。原为动词的 inspire 被转换为名词。并在汉译中用灵感和动力两个词进行对应和强化。同时，汉译中 Performance 一词被删去，因为灵感和动力所呈现的就是 performance，故略去不译。汉译中两个对称的名词词组改写了原来的单个词组，取得了对称形式所独具的易读、易记效果。

4.4.3 句型的转换

由于广告语言本身具有灵活、简洁的特点，在广告翻译的过程中，句型和句式的转换有着很大的自由度。既可以把词组译为句子，也可以把句子转译为词组。

例1：从并列词组到排比句。

No business too small, no problem too big. 没有不做的小生意，没有解决不了的大问题（IBM公司）。

该广告的英文原文是两个并列词组，其汉译却使用了两个并列的句子改写了原文的这两个词组，增加了动词"做"和"解决"，将它们与"生意"和"问题"搭配，原来为形容词的no被改编成副词的"不"，并删去两个"too"，既做到了内容上的完全对应，同时又符合汉语习惯，自然通顺。

例2：从完整句到并列词组。

格力掌握核心科技，引领中国创造 The fruit of high-technology The proof of strength（格力电器）

城市让生活更美好 Better City, Better Life（2010年上海世博会）

例3：从完整句到省略句。

视界，有我更精彩 Vision field, so wonderful for me. （明月镜片）

Think small. 想想还是小的好（大众甲壳虫汽车）

例4：从省略句到并列词组。

驾东风，奔小康 With DongFeng, with wealth（东风汽车小康车型）

例5：从省略句到省略句。

相守相伴每一天 Be with you everyday（苏果超市）

例6：从并列词组到单个词组。

全新选择 新鲜感受 Fresh choice in lenses（宝岛眼镜）

例7：从并列词组到完整句。

优雅态度 真我个性 Elegance is an attitude（浪琴表）

例8：从问句到肯定句。

How far would you go for love? 爱无止境（卡地亚珠宝）

4.4.4 汉语四字词组及四字结构的译法

例1：用户至上 用心服务 Customer First Service Foremost（中国电信）

该广告中汉语的两个四字词组以"用"押头韵，其英译巧妙地安排了First/

Foremost 来押尾韵。这两个中文词组的意思一致，都是用户至上（第一）或服务至上（第一），所以英译也选择了意思相同且押尾韵的 First 与 Foremost 来对应。该英译从意义到结构都与中文巧妙对应，并符合英语的表达习惯，堪称翻译佳作。

例2：成就大家 应有尽有 Endless Opportunities, Realize Your Dreams（第25届中国广州国际家具博览会）

虽然汉语不是对偶句，但其英译采用了尾韵，具有音韵感。另外，与汉语原文不同的是，其英译采用了增译的策略，增加了 opportunities 和 dreams，使"成就大家"的内容与"应有尽有"的内容具体化，把汉语的笼统所指转换为英语的具体所指。

例3：丰沃共享 厚德载富 One to One, Focus Makes More（沃德财富精神论坛）

由于汉语中使用了拈嵌的修辞格嵌入了"沃德"，英译中很难使用同样的修辞格，于是采用了改写的策略进行意译，并删减了"共享"与"厚德"二词。其英译虽然表达出了该论坛的基本理念，也符合英语的行文习惯，但是不可避免地丧失了原文中汉语文化所提倡的道德价值，值得译者反思。因此，在面对涉及文化价值的广告时，译者应当发挥能动性，谨慎取舍，以不同文化的交融为目标，视具体情形而采取恰当的翻译策略，做到既不违反社会文化习惯，又促进跨文化的交流。

另外，一些汉语广告中常用的四字结构，刚好可以与英语广告套语中的一些短语和词组对应，这时译者可以采取套译的方法。例如：价廉物美（cheap and fine）；质量上乘（super quality）；安全可靠（dependable in operation）；誉满中外（enjoy a high reputation at home and abroad）等等。方梦之（2008，190-193）总结了十余种英语短语或词组的结构来与汉字的四字结构对应。

（1）形容词+名词，例如：款式新颖 fashionable style；服务周到 courteous service

（2）形容词+名词+名词，例如：保温性强 good heat preservation

（3）形容词+名词+介词短语，例如：花色繁多 a wide selection of colors and designs

（4）形容词+and+形容词，例如：典雅大方 elegant and graceful；安全可靠 safe and stable

（5）形容词（现在分词）+介词短语，例如：设计华丽 luxurious in design；安全可靠 dependable in operation

（6）形容词+不定式，例如：穿着舒适 comfortable to wear；使用方便 convenient to use

（7）形容词+动名词，例如：定型耐久 durable modeling

（8）名词+形容词（分词），例如：保证质量 quality guaranteed；交货迅速

delivery prompt

（9）主谓结构，例如：件件超凡 Everything is extraordinary.
（10）介词短语，例如：久负盛誉 with a high reputation
（11）副词+形容词（分词），例如：名贵高尚 gloriously golden；和醇耐味 mysteriously mellow

4.5 影视广告翻译

4.5.1 澳大利亚旅游广告

    1993年在申办2000年第27届夏季奥林匹克运动会中，悉尼战胜北京荣获主办权的现实，说明当时的澳大利亚人在公共关系和促销传播方面的确胜过我们一筹。澳大利亚人利用举办奥运会的大好时机向世界展示了自然的优美、人民的友善、设施的一流、管理的出色。2000年后，澳大利亚借奥运会带来的轰动效应，及时把旅游业及相关产业推向世界，展开了世界范围的旅游形象推广和促销。澳大利亚旅游局与以往采用的差别市场差别推广不同的是，此次的推广是全球统一形象，统一口号，统一广告，高频度、高密度地覆盖、推广。"So where the bloody hell are you?" 这个体现澳大利亚人文特色、语言风格的促销语和电视广告在世界范围内取得了良好的市场反馈。

    影视广告 So where the bloody hell are you? 淳朴、真诚，略带澳大利亚英语特点；原文自然、衔接通畅，通过不同行业、不同性别、不同种族、不同年龄的澳大利亚人把这个南太平洋次大陆的风土人情呈现在"你"面前。

图 4-1　澳大利亚旅游招贴广告
So where the bloody hell are you?

| Translation of Globalized Business >> 全球化商务翻译 |

	We've poured you a beer; 啤酒我们买单;
	And we have got the camel shampooed; 骆驼也已整装待发;
	We've saved you a spot on the beach; 我们为你预留了一片海滩;
	And we've got the shark out of the pool; 我们把鲨鱼都清走了;

· 46 ·

	We've got the Roos off the green; 让袋鼠腾出一片草地；
	And Bill's on his way down to open the front gate; 比尔正准备开门迎客呢；
	The taxi's waiting; 出租车已等待很久；
	And dinner's about to be served; 晚餐快准备好了；

	We've turned on the lights; 我们把夜空点亮了;
	And we've been rehearsing for over 40,000 years; 我们已经排练了四万多年;
	So where the bloody hell are you? 嘿，你怎么还不来?

图 4-2

　　在英文原文的基础上派生出了汉语、日语、德语、韩语等译文。
　　这条电视广告汉译的难点是原文"口语化"、"通俗化"，而普通话或通用语在表达世俗语言方面相对欠缺。粗通英语的人都会感受到汉语译文在"语气"方面的明显欠缺。而过于"忠实"原文的翻译使得译文拘泥造作，有点像香港人讲普通话的味道。好在每句是通过画面来衔接，由不同人来说出。这条广告的关键句"So where the bloody hell are you?"在最初翻译成汉语时是"嘿，你到底在哪?"。忠实于原文是做到了，但是在交际上却出了问题，因为中国人，讲普通话的中国人是不会把"嘿，你到底在哪?"与澳大利亚人的周到准备，盛情邀请相联系。修改后的译文"嘿，你怎么还不来?"可以使敏感的中国人感受到了澳大利亚人的本意，可是"语气"却难与传播"目的""对等"。译者似乎忽略了这

· 48 ·

样一个文化因素，就是越充分体现民族个性的"文本"，采用直译方式处理就越难以"达意"。

西方的传播学讲求广告语言要考虑受众的认知水平，这点在广告的原文中得到了贯彻；而中国人的认知特点是通俗易懂的文本反而难以捕捉受众的注意力。诗的语言，诗的韵律，半白半文的语汇体现的是当代能够消费国际旅游产品群体的认知特点。

中国的方言在传神表情方面优于普通话，但是全国一个市场，一个译本的推广是澳方形象、效益多方考虑的结果。如果在前期铺垫的基础上将英文原文的疑问句改写为感叹句"来吧，就等你啦！"是否在动态上既传情，又达意呢？

旅游广告翻译，特别是"情感诉求"和象征元素大量使用的广告文本的翻译，不论是局地市场传播，还是全球市场推广，都会涉及原文创作者所设定的目标群体和实际的受众群体间的文化、所处社会发展阶段、心理期待和实际需求差异，难以采用"对等"的语言风格和特定目的语进行处理，那么"译写"、"改写"或再创造就显得尤为必要。

改译文
来吧，就等你啦！
款待的美酒盛满杯中，
伴旅的骆驼待发在侧。
沙滩为你预留，
鲨鱼一一清走。
草坪难觅袋鼠踪迹，
老毕家门笑脸迎客，
出租恭候多时，
盛筵已经备好，
缤纷的焰火燃亮（了）夜空，
激情的歌舞演练（了）万年。
来吧，就等你啦！

这条影视广告在配音方面也有值得商榷的地方。专业演员的声音虽动听，但个性难突出，难动人。在影视广告中声音无疑也是形象或品牌塑造的要素之一。上海译制片厂的邱岳峰、李梓、毕克、童自荣等配音艺术家可以将汉语讲出外国语味道，在利用声音塑造形象方面实在是令人叹为观止。

中国诗歌的浪漫主义特点在广告文本翻译时是要注意的。旅游广告不同于文学创作，加上一句"本影片故事纯属虚构，如有雷同，纯属巧合"就可以免责了。旅游广告中任何承诺，任何展示都不得"虚构"，"误导"，比如："沙滩为你预留，"是可以的，但就不能轻易说"白色海滩，蓝蓝海水，寥寥游客。"因为谁也不能确保游客所到之处海滩就是白沙覆盖，游人不会如"饺子"。"啤酒我们买单"一言既出，驷马难追。广告就这样，就应这样！

4.5.2 新加坡旅游广告

　　澳大利亚旅游广告的归化译法仅仅是"纸上谈兵"，并未经实践检验，为此也就很难断定其传播的有效性。而新加坡的一条旅游影视广告经译者同样采用归化法处理，在中国等华语国家和地区播映，实现了与目标旅游者的共鸣，达到了较好的营销和形象目的，这印证了广告翻译"本土化"的有效性。
　　影视广告的长度大约5分钟，在音乐的衬托下，13行富有诗意的文字以字幕形式出现在画面里。字幕的原文：

I want to be where the world comes to play.
Incentive Isle Singapore.
Gateway to Asia.
I want the past.
I want the present.
I want to be dazzled.
I want to taste heaven.
I want to be among the stars.
I want to be a party animal.
I want to shop, shop, shop.
I want to be pampered.
I want to explore.
Incentive Isle Singapore.

译者最初尝试采用动态对等策略翻译了字幕全文：
我想在世人游乐之地逗留。
激情之岛新加坡。
通往亚洲的门户。
我喜欢这里的过去。
我喜欢这里的现在。
我喜欢头晕目眩的感受。
我喜欢享受天堂的乐趣。
我喜欢与星辰为伴。
我喜欢与派对为伍。

我喜欢疯狂大采购。
我喜欢受到宠幸。
我喜欢探索猎奇。
哦,激情之岛新加坡。

　　这样的处理完全符合信达雅的翻译原则,也实现了顺畅、达意。但是这种现代自由诗式的译文在目标公众那里"感觉就不对",更难提实现广告主所要在目标公众中产生的传播效果。译者受中国功夫、西班牙探戈和生物工程技术启发,"apply the 'genetic engineering' strategy by extracting the key points of the USP of Singapore as the genetic codes of the original. Then I 'modified' or 'manipulated' these 'codes' to make the new hybrid translation appeal to potential Chinese viewers by foregrounding the traditional value of Chinese culture while keeping the USP of Singapore background support. In other words, while retaining the 'subject of discourse' of the advertisement, I strategically modified what Somon Anholt calls the 'mode of discourse', namely, the verbal communication 'flexibly tailored to the varying needs of the consumer'（2000,114）to produce an effective translation"（Ho,2004:236）。新加坡在30年代曾号称是南太平洋皇冠上一块璀璨的宝石,译者联想到原文所涉及到的新加坡的独特旅游资源,通过在译文开头突出有效诉求点,抓住受众的关注力;为了与背景音乐强烈的动感节奏合拍,译者采用了八对四字短语或成语。这样的处理也便于以相对原文句子一样的长度替换原字幕,掌控广告时间和节奏。

人们都说新加坡是南洋皇冠上的一颗明珠……
新加坡 南洋梦
亚洲之窗
传统丰富 文化璀璨
现代潮流 摩登时尚
醉在今宵 醉在南洋
山珍海味 美酒佳肴
与星共舞 与月争辉
劲歌狂舞 乐在其中
名牌精品 琳琅满目
帝王风范 贵妃宠遇
猎奇 探秘
新加坡 南洋梦（Ho,2004:236-237）

　　这个以旅游者文化特点、思维习惯、消费追求为参照的译写处理得到了业内专家的广泛好评,取得了喜人的市场绩效。

由此可见，广告翻译，尤其是呼唤性特点突出的广告翻译，采用译写法处理，本土化运作，往往会收到经营机构期待的市场反馈和传播效果。

在经济与文化全球化变革的背景下，译者应立足于广告与受众的有效沟通，在充分掌握广告业专业知识的基础上，以地道的翻译语言，采取恰当的翻译策略，促使跨文化的消费者认可异域的产品或服务，在不同文化的交融中引起消费者的情感共鸣，从而引发潜在的消费行为。正如 Adab 和 Valdes 在其主编的文集 *Key Debates in the Translation of Advertising* 序中总结归纳的那样"The advertising text is thus conditional upon, and a product of, the culture in which it is meant to operate. In translation, it is clear that the simple documentary reproduction of a message can only work under certain conditions, in which value-orientation, lifestyle aspirations and semiotic interaction of codes and products have all been taken into account. Within functionalist approaches, the emphasis is on a pragmatic, target-culture oriented approach…. The role of the translator is to identify how best to recreate appeal in different lingua-cultural context."（2004: 171）

第五章
包装翻译

现代商品包装以社会发展综合需要为动力，以技术科学、管理科学和艺术科学等多种学科相互结合、发展、渗透为条件，以优化其保护功能、强化其销售功能和扩大其方便功能为主要特征。商品包装文字的正确恰当翻译对实现以上功能则起着决定性作用。

按照销售市场不同，商品包装可分为内销商品包装和出口商品包装。虽然其作用基本相同，但由于国内外流通环境和销售市场不同，两者间又存在差别。内销包装要符合我国的国情，而出口包装则必须适应国外销售市场法律与文化环境。

商品销售包装各要素的选择与组合要考虑具体商品的个性特点，因为商品在物性上，在满足人们的需求上，在消费生活的地位上，在与消费者的消费行为的关系上都各不相同，这些因素都影响着商品的包装。这里我们主要讨论包装中的文字及其翻译。

5.1 食品包装翻译

这里以饼干小吃为例说明食品包装的翻译。

食品的文字说明除了突出食品的品牌以外，相关的产品名称、食品介绍、保存方法、保质期、成分、生产厂家、产品执行标准、注意事项等都应该使用易懂的语言清楚表达。产品介绍一般会使用完整句式，用词简单易懂，往往还有一些宣传性文字，语言类似于广告语言，富有煽动性。

WONDERFUL COPENHAGEN
精彩哥本哈根
Butter Cookies
黄油曲奇
Product of Denmark
NET WEIGHT: 150g
丹麦生产
净含量：150 克

图 5-1　精彩哥本哈根黄油曲奇

Ingredients: Wheat flour, butter, sugar, non-iodized salt, raising agent, ammonium bicarbonate, natural flavor. Product contains gluten and milk ingredients. Product may contain traces of hazelnuts, almonds and macadamia nuts.

Store dry and at room temperature. For production and best before dates, see bottom of tin.

Produced by: Jacobsens Bakery Ltd., Bilanvey 1, 8722 Hendensted, Denmark.

China importer: Ruifuhang Food Trade Co. Ltd., 16/F Yuedu Hotel, Jia 1, Liuliqiao Beili, Fengtai Dist., Beijing 100073

Phone: (010) 6339-1294, Fax: (010) 6342-7559, E-Mail: ruifuhang@vip.163.com

配料：小麦面粉、黄油、糖、无碘盐、膨松剂、碳酸氢铵、天然香料。产品含有麦麸、牛奶成分。本品同时含有微量榛子，并含有杏仁和澳洲坚果碎粒。

保存于常温干燥处。产品生产日期和保质期见罐底。

原产国：丹麦，由丹麦杰克布森烘焙食品有限公司制造

中国进口商：瑞富行食品商贸有限公司，北京丰台区六里桥北里甲1号悦都大酒店，邮编100073。

电话：(010) 63427559，电子邮箱：ruifuhang@vip.163.com

JACOBSENS BAKERY

Jacobsens Bakery is a family business established in 1962. Jacobsens' butter cookies are well-known all over the world because of taste and quality. Jacobsens' butter cookies are made according to old family recipes, using only fresh and all-natural ingredients. Jacobsens' butter cookies are made in small batches and carefully oven-baked for taste and flavour. Jacobsens' butter cookies are made according to high European quality-and-hygiene standards.

Danish people have a long tradition for eating and making butter cookies. In Denmark no family reunion or festival is complete without butter cookies. Denmark — a small country in North Europe known for its agriculture, clean environment and simple life — is the oldest existing kingdom in the world and birth place of famous writer and storyteller Hans Christian Andersen.

杰克布森烘焙食品有限公司

杰克布森烘焙食品有限公司为家族性企业，创立于1962年。杰克布森黄油曲奇以其美味和高品质而享誉世界。该产品按照古老家庭配方，使用新鲜天然原料精制而成。杰克布森黄油曲奇只限量生产，精心烘焙，口味独特。产品完全达

到欧洲品质和卫生标准。

　　丹麦人食用和制作黄油曲奇的历史悠久,在任何一个家庭聚会和庆典上,黄油曲奇都是不可或缺的美食。丹麦地处北欧、农业发达、环境清洁、生活质朴,是世上最古老的国家之一,也是著名作家汉斯·克里斯蒂安·安徒生的故乡。

　　该段文字既是对杰克布森公司的介绍,又是对其产品的宣传,信息性和宣传性功能兼具。全部使用完整句式。翻译时尽量忠实于原文,不过分夸大。虽然宣传中不可避免有广而告之的意思,但译文却应避免过分渲染其广告意味,以增强消费者对产品的信任感。

　　包装盒顶部的文字则绘声绘色地描绘了一幅图画。

THE STORY OF REGENCY AVENUE

　　Regency Avenue in the late 19th century — imagine the sights, sounds and smells of this fine London neighbourhood. By the glow of the street lamps, commoners are running errands before closing time while the well-dressed gentry are taking an evening stroll, enjoying the music of the street musicians. Their lively tunes cannot quite drown out the sharp bursts of laughter from the children on their sleigh, nor from the creaking of the horse-drawn carriages. And the smoke from the chimneys speaks of warmth, while the sweet smell of vanilla speaks of home.

摄政大道的故事

　　试想一下十九世纪晚期的摄政大道——各种景象、声音和味道充斥着这个伦敦的近邻。路灯的辉映下,平民百姓趁着打烊前的最后时光跑腿办事,而衣冠楚楚的王公贵胄则悠闲地散着步,欣赏街头音乐家的动听乐曲。音乐声中,滑雪橇的孩子们发出阵阵欢声笑语,马拉的车吱吱呀呀地缓缓前行。而甜甜的香草味道散发着家的温暖气息。

　　这一段文字为我们描述出了夕阳黄昏中的动人街景,但不论是孩子的欢笑,还是悠扬的街头音乐,抑或是缓行的马车,无不传递出两个字:温暖。所以最后一句不宜直译为"甜甜的香草味道诉说着家",而应该采用增译法译为"散发着家的温暖气息",而这也正是这段文字的要旨:黄油香草曲奇带来家的温暖。

5.2　饮料和茶包装翻译

　　饮料的销售包装视觉表现手法主要以展示效果为主,一般以醒目的商标品牌为核心,配以适当的图形和美观的颜色,辅之以说明性文字,而且随着广告的日益深入生活,饮料包装上也常有广告宣传因素体现。

| Translation of Globalized Business >> 全球化商务翻译 |

图 5-2　罗宾逊水果混合饮料

在该饮料包装的中心显著位置是品牌名称：ROBINSONS（罗宾逊），下面是具体饮品名称：Fruit Shoot（水果混合饮料），和表明饮料类型的说明文字：JUICE DRINK（果汁饮品）。其他说明文字还有：

TROPICAL		热带水果味	
LOW SUGAR		低糖	
No Artificial Colours or Flavours		不含人工色素香精	
Low Sugar		低糖	
Contains Naturally Occurring Sugars		含天然糖分	
Fruit Juice from Concentrate		浓缩果汁	
Suitable for Vegerarians		适宜素食者	
Each 300ml bottle contains		每瓶 300 毫升含	
Calories 18	1%	热量 18 卡路里	占 1%
Sugar 3g	4%	糖 3 克	占 4%
Fat Trace	<1%	脂肪微量	不到 1%
Saturates 0g	0%	饱合烃	0 克
Salt 0g	0%	盐	0 克

NUTRITION INFORMATION	
TYPICAL VALUES	PER 100ml
ENERGY	27kj/6kcal
PROTEIN	0.1g
CARBOHYDRATE	1g
of which sugars	1g

· 56 ·

FAT	TRACE
of which saturates	NIL
FIBRE	TRACE
SODIUM	TRACE

营养成分
每100毫升所含营养数值

能量	27千焦/6大卡
蛋白质	0.1克
碳水化合物	1克
其中糖	1克
脂肪	微量
其中饱合烃	不含
纤维	微量
钠	微量

以上说明性文字需要如实准确翻译，以便消费者清楚地了解产品信息。包装靠近底部的警示性文字起到提醒警告的作用，句式完整，祈使句的使用加强了语气，翻译中要体现出警告的语气，不能含混不清。

WARNIGN: CHOKING HAZARD, this cap is not suitable for children under 36 months. For hygiene reasons we recommend that you don't refill this bottle. Give the bottle a good shake before opening and drink up within three days.

BEST BEFORE END: SEE NECK

警告：有窒息危险！此饮料瓶盖不适合三岁以下儿童接触。出于卫生原因，建议不要重复使用该饮料瓶。开启前充分摇匀，开启后三日内饮完。

最好在保质期内饮用：见瓶颈

饮料包装中的广告性文字并不多，只有一句：

BEST EVER TASTE

译文：美妙滋味，前所未有

在这个句子的翻译中使用了分译法，没有直译为"最好的味道"，主要是从语言的节奏感考虑，用两句四字词语，琅琅上口。

体现环保功能的材质说明在包装背面，译文宜简明扼要。

PLASTIC
BOTTLE

widely

recycled

译文：塑料瓶，可回收

在厂址下面不是我们惯常见到的常规形式的电话号码和网址，而是以问答的形式给出了这些信息：

Want to get in touch?

Call our Consumer Helpline on 0800 032 1767 or visit www.fruitshoot.com and email us.

译文：

想与我们联系吗？

请拨打消费者热线服务电话 0800 032 1767 或访问网站 www.fruitshoot.com，给我们发邮件吧。

从该饮料包装的亮丽色彩、水果图案的运用和太阳卡通形象，可以看出其主要的潜在消费者为儿童，所以地址的翻译也应考虑到这一因素，保持原文的对话形式，仿佛在与孩子们面对面交谈一样，使用了"吗"、"吧"这样的语气词。但是由于消费对象不同，下面这个袋泡茶的包装文字的语言风格就具有不同的特点。

图 5-3　川宁牌仕女伯爵茶

品牌名称：TWININGS

译文：川宁牌

商品名称：LADY GREY TEA

译文：仕女伯爵茶

A fragrant, bright & light black tea infused with orange, lemon & bergamot flavours

清淡红茶，果香浓郁，果味任选

在名称下面是一行小字，兼具说明与宣传双重功效，在翻译中不必逐字直译，采取减译法，将几种水果名称略去，统称为"果"，与前面的"fragrant"合并译为"果香浓郁"。

其他说明性文字侧重信息功能，需准确翻译。

BY APPOINTMENT TO HER MAJESTY QUEEN ELIZABITH II
TEA AND COFFEE MERCHANTS R. TWINING & CO. LTD. LONDON
由伊丽莎白二世女王陛下钦准的茶和咖啡商川宁有限公司出品
Ingredients: Black Tea, Orange Peel (3%), Citrus Flavouring (2%).
成分：红茶、柑桔片（3%）、柠檬片（3%）、柑橘香料（2%）。

包装顶部有两段较为详细的介绍文字，但其宣传性比信息性要强，所以在翻译准确的同时，要注重文字的可读性。

LADY GREY TEA

Twinings Lady Grey tea is a unique blend from Twinings. This delicious black tea has a light and gentle citrus flavour that is both relaxing and refreshing. Twinings Lady Grey is perfect in the morning with breakfast or for afternoon Tea. Enjoy it with a little milk, or can be served black.

女士伯爵茶

川宁女士伯爵茶是川宁公司的混合型茶品，不同凡响。该款红茶富含的清淡柑橘味道有提神醒脑之功效，是早茶或下午茶的首选，亦可加奶饮用，风味独特。

THE TWININGS PHILOSOPHY

A cup of Twinings Tea provides a delicious diversion from everyday. For 300 years we've pursued our passion and commitment to one thing — assuring you the world's finest tea experience. Twinings travels thousands of miles through exotic tea gardens across many continents to capture the best possible teas and flavours. With expert blending, Twinings creates the richest journey in black, green and herbal teas.

川宁理念

一杯川宁香茶，使您摆脱日常冗务。三百年来，我们恪守着这个理念——给您无与伦比的绝世香茗。川宁公司走遍世界茶园，只为选取最佳茶叶。我们运用出色制造方法，为您带来丰富茶品；红茶、绿茶和药茶。

在包装的侧面有川宁公司主要产品的介绍，原文使用了大量的形容词，如

"finest"、"delicate"、"delicious"等，突出茶叶的优质美味，在译文中全部意味四字词语，使句子整齐，节奏感强。

> TWININGS' RANGE OF FINE TEAS
> - CLASSICS: traditional style black teas blended for exceptional flavour.
> - ORIGINS: the finest teas from the world's best tea growing regions.
> - FLAVOURED: blended black tea with delicious spice & fruit flavours.
> - GREEN: light, delicate & refreshing teas.
> - HERBAL INFUSIONS: pure herbal & fruit blends that are naturally caffeine free.

> 川宁精选茶系列
> - 经典系列：传统红茶，味道独特。
> - 茶叶来源：全球精选，上等好茶。
> - 香茶系列：混合红茶，香料馥郁，果香宜人。
> - 绿茶系列：清淡独特，醒脑提神。
> - 药茶系列：纯粹天然，无咖啡因。

5.3 化妆品包装翻译

化妆品包装文字以说明性文字为主，主要包括化妆品的名称、内容物的重量等。此外，化妆品包装还有一些警示性文字。由于化妆品的特殊性，消费者更注重其卫生可靠的品质，所以宣传广告文字极少出现在包装上。

品牌名称：CLINIQUE
译文：倩碧
说明性文字：Allergy Tested. 100% Fragrance Free.
译文：经过敏测试，百分之百不含香精

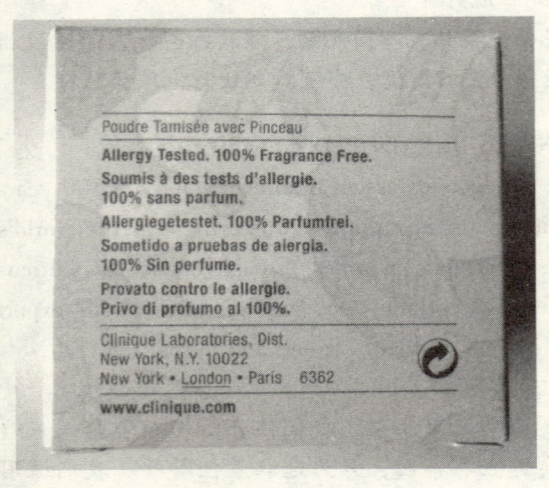

图 5-4 倩碧蜜粉

第五章 包装翻译

图 5-5 倩碧隔离霜

品牌名称：SUPER CITY BLOCK
译文：隔离霜，SPF 40
说明性文字：Oil-free daily face protector
译文：无油配方，每日使用，呵护面部肌肤

Allergy tested. 100% Fragrance Free.

Remarkably sheer, weightless formula contains high-level SPF sun protection plus a boosted level of antioxidants. Provides added hours of protection from UVA/UVB rays and environmental aggressors. Slips on easily, absorbs quickly. Safe for the delicate eye areas.

To use: Apply liberally before sun exposure and as needed. For use on children under 6 months of age, consult a doctor. See enclosure.

WARNING: For external use only. Keep out of eyes. Rinse with water to remove. Stop use and ask a doctor if rash or irritation develops and lasts. Keep out of reach of children. If swallowed, get medical help right away.

译文：

经过敏测试，百分之百不含香精。

配方质感轻透，SPF 值高。既防日晒，又抗氧化。长时间防御紫外线照射和环境侵袭。易附着，好吸收。即使用在眼部娇嫩肌肤也十分安全。

用法：接受日晒前按需涂抹。六个月以下儿童使用，请遵医嘱。请阅读内附说明书。

警告：仅限外用。如不慎入眼，请用清水冲洗。如有过敏症状，立即停用并就医。勿让儿童接触。如不慎吞咽，请立即就医。

首先，该化妆品的品牌名称采用了意译法。Clinique 原意为"诊所"，但是诊所会使人联想到疾病，与人们追求的美丽相去甚远。如果采取音译，直接严格

· 61 ·

按照发音译为：克理尼克，则有些不知所云，很难使消费者产生美好的联想。所以意译为"倩碧"。说到"倩"，人们立刻想到"倩影"，"倩装"等美丽的样貌。《辞海》中将"倩"解释为"笑靥美好貌"。《诗·卫风·硕人》中说"巧笑倩兮"。而"碧"在柳宗元的《溪居》中则有"往来不逢人，长歌楚天碧"的诗句。"倩"侧重于美丽的意义，而"碧"则侧重于轻透明澈，此二者结合起来，用来翻译化妆品名称，消费者产生的联想之美自不待言。此外，警示性文字采用祈使句，简洁有力。

化妆品的包装中还有些介绍性文字，主要介绍产品的特点，并有宣传广告意味。如下面这个洗发水包装的介绍。

CLINICARE Time Renewal collection helps repair severe long term damage to make your hair more shiny & smooth. Try it out for a few weeks!

原译文：CLINICARE 时光损伤修护产品组合，可以在短时间内修护头发长期以来受到的严重损伤，让你的秀发更加闪亮顺滑。尝试几周，惊喜连连。

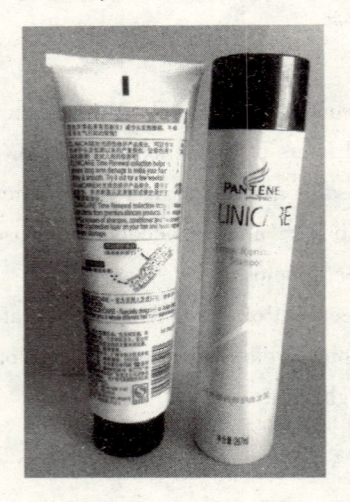

品牌名称：PANTINE
译文：潘婷
商品名称：Time Renewal Conditioner
译文：时光损伤修护润发精华素

图 5-6　潘婷时光损伤修护润发精华素

该译文的最后一句译为"尝试几周的惊喜吧"，有些意思模糊，是说只有使用该产品的这几周期间能看到惊喜，过后就没有效果了吗？且原文中"try it out"，让消费者尝试的是该组合产品，而不是惊喜。如果译为"短短几周，惊喜立现"，则不会产生理解上的偏差，而且贴近原文意思。

CLINICARE Time Renewal collection incorporates ingredients from premium skincare products. The usage of this system of shampoo, conditioner and treatment forms a protective layer on your hair and helps repair severe damage.

原译文：CLINICARE 时光损伤修护产品组合，蕴含高端护肤品精华，并且能在头发表面形成修护保护膜，修护严重受损部分。

该译文中"形成修护保护膜，修护严重受损部分"一句，用词重复，"修护"与"保护"是近义词，且在后半句又重复使用"修护"一词。另外，"severe damage"译为"严重受损部分"，"部分"一词突兀而且令人生疑，难道不是全部头发都得到改善，而只是受损部分吗？似改为"受损发丝"为宜。

Pantene CLINICARE — Specially designed for Asian hair, it provides you with a whole different hair care experience.

译文：潘婷 CLINICARE——专为亚洲人发质研制，给你不一样的护发体验。

该产品包装的介绍性文字兼有宣传性功能，所以在翻译时，既要尊重原文准确介绍产品的功能，又要使用富于表现力的文字强调其宣传意味。这种对产品的宣传在电器产品的包装上，就有了一些不同的表现形式。

5.4 电器产品的包装翻译

电器产品的包装较少花哨的装饰，因为消费者在选购这类商品之前一般已通过多种途径对产品的性能有了较为详尽的了解，而不是被产品包装所吸引而进行冲动性购买。因此电器产品外包装上产品的型号及主要功能是基本信息，文字突出信息功能，宣传功能相对较弱。

品牌名称：SAMSUNG
译文：三星
产品型号：ST550
Samsung Smart Cameras.
Innovation makes it easy.
译文：数码相机 ST550
创新相机，拍照容易。

图 5-7　三星数码相机 ST550

Translation of Globalized Business >> 全球化商务翻译

因为包装内附有详细的说明书及操作演示光盘,所以在外包装上只有产品型号和一句简单的宣传语:Samsung Smart Cameras. Innovation makes it easy. 这个句子若按照原文直译为"创新使它更容易",会使消费者莫名其妙,使什么更容易?所以增译为"创新相机,拍照容易",不仅意思明了,而且合辙押韵,具有广告语的特点,便于记忆。同样是电器商品,在以严谨著称的德国人那里,宣传的手法却迥然不同。

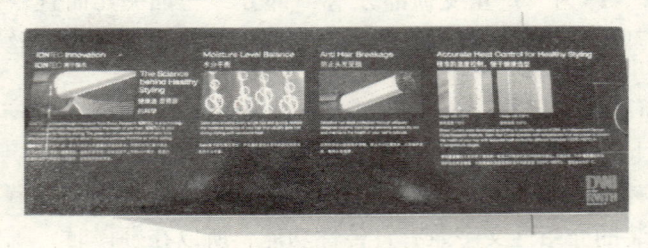

图 5-8　博朗离子卷发器 7

品牌名称:BARUN
译文:博朗
产品名称:Satin · Hair 7
译文:离子卷发器 7
IONTEC
94% of women confirm: Noticeably shinier curls
Those who expressed a preference; in comparison to their current appliance. Source: MM Research Institute. Germany; Jan 2006

原译文:

离子技术
94%的女性用户明确表示:较未使用负离子卷发器卷发更加亮泽。
抢先体验的用户;与现有产品比较。(来源:德国 MM 研究所;2006 年 1 月)

该译文中有因理解错误造成的误译,如将"Those who expressed a preference"译为"抢先体验的用户",而原文中是指那些对该产品持肯定态度的人。另外原译文按照原文顺序翻译,有支离破损之感,且逻辑关系混乱。应该重新排列顺序,按照逻辑关系译为:

根据德国 MM 研究所 2006 年 1 月发布的研究成果,94%的女士证实,与她们现在所用的卷发器相比,该负离子卷发器使头发更加亮泽,效果更显著。

另一句宣传性文字在包装侧面:

Satin · Hair 7
Electric Curler. Curled hair now looks & feels so healthy.

原译文：博朗离子卷发器。卷发后，秀发更具健康外形和质感。

该句翻译并无错误，但没有广告语言的宣传性，所以不如改译为：博朗离子卷发器，秀发健康又美丽。

包装盒底部文字

IONTEC Innovation

The Science behind Healthy Styling

IONTEC — a breakthrough innovation from Braun Research. IONTEC is a technology which is specifically designed to protect the health of your hair. IONTEC is your reassurance for healthy styling. The green ion jet releases millions of satin ions effectively on to your hair to attract moisture particles from the air while curling.

原译文：

离子技术

健康造型背后的科学

IONTEC 离子技术是一项专为保护头发健康而开发的技术。凭借 IONTEC 离子技术，您可大胆放心地进行健康造型。绿色的离子喷口释放成千上万的 satin 离子，在进行拉直时从空气中吸收水分因子，有效保护您的秀发。

译文的最后一句有误，"while curling"是"卷发时"，而不是"拉直时"。此外，译文顺序应作出适当调整，可译为：卷发时，绿色离子喷口释放出数以百万的负离子，附着在头发上，从空气中吸收水分，有效保湿。

Moisture Level Balance

译文：水分平衡

Satin ions envelop every single hair and quickly restore the moisture balance of your hair that usually gets lost during styling with excessive heat.

原译文：Satin 离子能包裹住发丝，并迅速恢复您头发中的因过热而失去的水分平衡。

参考译文：造型过程中温度过高会导致头发中水分失衡，但负离子包裹每一根发丝，迅速恢复水分平衡。

Anti Hair Breakage

译文：防止头发受损

Sensitive hair ends protection through uniquely designed ceramic care barrel prevents excess dry out and maintains the health of your hair's cuticula.

原译文：利用特别设计的陶瓷护理桶，防止水分过度流失，从而保护发梢，维持头发健康。

参考译文：设计独特的陶瓷卷发棒拥有灵敏的发梢保护装置，防止头发水分过度散失，保护您的秀发。

Accurate Heat Control for Healthy Styling

译文：精准的温度控制，便于健康造型。

Braun Curlers were developed according to scientific advice of DWI, an independent German Fibre Research Institute. Satin Hair Curler operates with temperatures that are proven to protect the health of your hair with accurate heat control for different hair types (125℃-185℃) in 5 temperature stages.

原译文：博朗卷发器的开发采纳了德国的一家独立纤维研究所DWI的科学建议。实践证明，Satin卷发器能有效保护您的秀发健康，利用精确的温度控制打造不同的发型，温度步长为5℃。

参考译文：博朗卷发器以德国一家独立纤维研究所DWI提出的科学建议为基础，研制而成，精准的五档温度控制能确保有效保护您的秀发健康，塑造出不同风格的发型。

以上包装的原译文中存在一些误译和译文欠流畅之处，在此进行了修改，以期达到达意、通顺的翻译标准。

在商品包装文字的翻译上，总的原则还是要忠实于原文，语言流畅。要针对不同功能的文字采用不同的方法。对于品牌形象文字，采用音译是一种常用的方法，应该简洁、准确、易记、琅琅上口，并且符合当地的文化习俗。但要具体情况具体分析，不能一概而论，有时需要意译，或者音译、意译相结合。在广告宣传文字上，可用短语或完整句式，力求文字优美、具有呼唤性，能激起消费者的购买欲。对说明性文字和警示性文字的转换则多用祈使句，简洁明了，无须华丽的辞藻，目的是使消费者一目了然，明白如何使用，如何规避风险和避免伤害。总之，良好的可读性、明确的商品性、独特的创新性和整体的统一性是商品包装文字翻译转换过程中译者应予以关照的几大要素，在这几大要素的有机整合下译写出的商品包装文字便给消费者留下独特的视觉感受和良好的心理印象，在目标市场达到推广和销售的目的。

第六章
商场翻译

现代商业为满足消费者日益增长的物质和文化需求而建立，并迅猛发展。消费者从商业经营机构那里获得的不仅是物质生活的满足，还有精神、文化方面的满足。购物场所的公示语不仅起到传达信息的作用，也体现了一个场所、一个地区乃至一个国家的文明素养、文化内涵。一个良好的双语或多语公示语的购物环境不仅带来好的经济效益，也会带来好的社会效益。

6.1 购物场所公示语信息的营销与社会功能

商业经营场所设置的公示语满足的不仅是经营者销售推广的需求，更包括了旅游者、在华外籍人士的文化、行为和心理方面的需求。

商业经营场所的公示语除依据对消费者行为需求在实际应用中具有突出的指示性、提示性、限制性、强制性四种明确的应用功能外，公示语的设置与翻译重点服务于商场的营销和社会两大重要功能。为此，商业经营场所内外设置的公示语依据消费者类别和消费需求、消费行为、销售热点分为引发兴趣、提供信息、加深理解、促进行动、树立形象、服务社会等突出的促销公关功能。

6.1.1 引发兴趣

这类公示语以吸引消费者的"眼球"，激发消费兴趣，或筛选特定消费群体为目的，所以更多地设置于商家门面、橱窗、外围等处，其招徕促销作用显而易见，如：开业周年特卖 Anniversary Sale、一小时冲印 1 Hour Processing，样品特卖 Sample Sale，装修前大甩卖 Closing Down For Modernization；以及开业特卖 Opening Sale、货品齐全 Comprehensive Stock、名特优产品 Famous Local Quality Special Goods、最后机会 Last Chance to Buy 等都有明确的呼唤和引发消费兴趣意图。

6.1.2 提供信息

这类公示语以提供服务和消费信息为主，指示、导向消费者消费的类别和区域，以名词、名词性词组为主，如：美容化妆品 Beauty Products、服饰 Fashion Accessories、免税店 Duty Free、购物餐饮 Shopping and Eating、皮革制品 Leather Goods、男士用品 Men's Store、露营装备 Camping Equipment、最新款式 Latest Style、新品上市 New Arrival 等。这类商品和服务信息在商店、超市中使用频率最高，外籍消费者需求也最殷切。

6.1.3 加深理解

此类公示语旨在使消费者对商业经营机构的经营有更多的理解和好感，为消费者采取消费行动做好铺垫，如：华堂商场欢迎您 Welcome to Ito Yokado，话语不多，热情洋溢。另外，薄利多销 More Sales for a Low Profit、畅销海内外 Popular at Home and Abroad、无假冒产品商场 Fake-Commodity Free Store 等在商场也是充任同样的公关沟通功能。

6.1.4 促进行动

将消费者消费行为推向高潮，实现消费，不仅是商家的愿望，很多消费者到商场就是为了尽兴的。为此在一些商品销售点设置如：八折优惠 20% Off、厂家特价直销 Deal Direct with Manufacturer at Special Prices、今日特价 Daily Special、服务快捷 Quick Service、当日可取 Daily Service、免费送货 Free Delivery、进门得大奖 Come in and Win、买一送一 Buy 1 Get 1 Free、逛逛 买点 登机 See Buy Fly 等，对于促进消费，满足需求很有意义。

6.1.5 巩固形象

商业经营机构不仅要促进消费者即时的消费，还要通过公示语的使用树立、巩固良好的企业形象，提高消费者满意度，培养消费者的"忠诚"，提升企业的"美誉度"和"知名度"。这类的例子屡见不鲜，如：我们关注！欢迎批评！We care! We want your comment! 顾客第一 信誉至上 Customers and Credibility First；和气生财 Harmony Brings Wealth；服务监督电话 Service Supervision Number；宾至如归 a home away from home 等。这类公示语的使用一定要"适度"，否则会使外籍消费者感到"过分"、"罗嗦"。

6.1.6 服务社会

商业机构既要创造良好的经济效益，同时也要承担起社会责任，为社会公益和环保事业效力，如：

废物回收 变废为宝 Recycles Your Rubbish. It's a Resource.

别让您的烟头留下火患 Cigarette butts can cause fire: Make sure you dispose of them properly.

促进世界的和平与发展 Promote world peace and development.

废旧电池回收利用 Used Battery Collection and Recycling.

牺牲环境，发展无望。No economy without environment.

保护环境，就是文明。Environmental protection is civilization.

6.2 购物场所名称的翻译

商店名称归属指示性类公示语。商店名称的翻译要明确"企业"的规模和业态，而不能随意把一个杂货铺称为"超市"或"购物中心"。商业经营机构的名称译名一般由专有名/品牌/＋性状/形态/业态＋通用名组成。例如：百盛购物中心 Parkson Shopping Centre 中的"百盛 Parkson"是商家的专有名，"购物 Shopping"是其业态或性状，"中心 Centre"是通用名，显示规模、建筑、环境等意义。很多的商业经营机构，如"王府井百货大楼 Wangfujing Department Store"，其名称整体已经具备"品牌"号召力，加之经营特色一直是中高档柜台营销，继续沿用百利而无一害；"WAL★MART SUPERCENTER 沃尔玛购物广场"的译法似乎"循规蹈矩"，细细品味会发现其商业营销目的明显。中译"购物广场"可以说是目前汉语中标示最大规模商业设施的通用词，而 SUPERCENTER 似乎比购物广场要稍逊风骚。然而，那些外资或合资商业经营机构，如"庄胜崇光百货"的译法完全是照搬"SOGO"。商店名称如果用一个词就可以毫无误差识别出其品牌和业态，那么就没有使用两个词的必要。

图 6-1　天津沃尔玛

一些商业经营机构的分店,比如:北京翠微大厦(股份)牡丹园店 Beijing Cuiwei Tower (Holdings), Mudanyuan Branch,这个大小、主从的排列试图反映市场营销需要,"北京翠微大厦(股份)Beijing Cuiwei Tower (Holdings)"排列在"牡丹园店 Mudanyuan Branch"之前就是要体现品牌、形象、整体实力。而实际是如果不是完全有必要使用这个全称,作为店名"翠微大厦 Cuiwei Tower"足可以反映企业品牌和业态。

对于服装品牌专卖类店铺的名称,在翻译时一般只需使用其专有名,而体现其经营业态的性状名和经营规模的通用名则无需体现。如国际知名服装连锁商店 H&M,"H&M"既是店铺的名称,又是商品的品牌,因此使用"H&M"作为店铺的名称再恰当不过。如要加上服装店"Clothing Store"这样的业态通用名,反而会使外籍消费者感到陌生和累赘。

图 6-2 北京前门 H&M 服装商店

近年来,名品折扣店(或曰品牌直销店)在中国大中型城市越来越普遍。对于这些经营机构名称的翻译我们不妨洋为中用。在国外,这样的机构都被称为"Outlet"。"Outlet"在零售商业中专指由销售名牌过季、下架、断码商品的商店组成的购物中心,因此也被称为"品牌直销购物中心"。"Outlet"除指大型的"品牌直销购物中心"外,某个品牌的直销店也可叫做 XX Outlet。例如 America Golf Outlet "美国高尔夫用品直销商店"。另外,Factory Store 或 Factory 也指工厂直销店或折扣商店。例如 Coach Factory Coach 工厂直销店。

6.3 餐饮机构名称的翻译

中国的餐饮名扬四海,餐饮经营机构的名称五花八门。有叫"楼"的、

"号"的，有称"斋"的、"居"的，还有很多称为酒家、酒楼、酒店的。不论餐厅多大，字号多么悠久，经营什么风味，译成英语一律称 Restaurant，例如：萃华楼饭庄 Cuihualou Restaurant、毛家菜馆 Mao's Family Restaurant、全聚德烤鸭店 Quanjude Roast Duck Restaurant。虽然"cuisine"可以用来作地方"风味餐馆"的对应，翻译实践中 Cuisine 直接用于饭馆、酒家字号的还不多。北京的"渝乡人家 Yuxiang Restaurant"和"渝信酒楼 Yuxin Restaurant"都是知名度较高的四川风味餐饮经营机构，汉字中的"渝"明确标明餐厅的经营特色，而英文翻译丝毫不能断定这两个餐厅与人见人爱的川菜有什么关系。类似情况只有在店名后做补充，Sichuan Cuisine，或使用"Hot & Spicy"便可以使那些外籍食客一目了然。

全聚德烤鸭店 Quanjude Roast Duck Restaurant 的翻译告诉我们，如果为了更好地突出饭店的口味，不妨在品牌和 restaurant 中间加上一些表示性状的词，如：Victoria Seafood Restaurant 维多利亚海鲜餐馆，或 Arirang Korean Restaurant 阿里郎韩国餐厅。事实上，除 restaurant 一词表示餐厅外，英文中还有很多词表示不同性质的餐厅。如以供应三明治、沙拉等不需二次烹调的成品为主的餐厅叫做 Deli。众所周知的 SUBWAY（赛百味）快餐连锁店就可以算是 Deli；提供牛排和热食为主的烤肉餐厅被称为 Grill。有些餐厅名称为了突出特色还可以选择一些不拘一格的词表示，如 Pizza Kitchen 比萨厨房和我们都熟知的 Pizza Hut 必胜客。Kitchen 和 hut 都不是餐厅的意思，但意思传达得非常到位。

6.4 美容美发行业的翻译

商业设施的名称每个行业都有其命名的"行规"。美容美发行业是继饮食行业之后的另一大服务行业。现在的美容美发行业的店铺一般都称美容中心。所谓的美容中心一般分为两类，第一类美容中心主要提供服务，如美容、美体护理。这类美容中心可以称为 Beauty Centre 或 Beauty Parlour，例如：丽影美容中心 Shadow Beauty Centre、宝怡纤体美容 Blossom Beauty Centre、天然美容护肤中心 Natural Beauty Parlour、心悦轩 Nice Beauty Parlor。如果同时提供美容和美发服务，则称为 Beauty and Hair Salon；如是单纯的美发店一般叫做 Hair Salon 或 Styling and Hair Salon，如：依莎发屋 Estha House Beauty Salon、佳丽美容护肤沙龙 Karrie Beauty Salon。现在国际和国内都开始流行水疗，这在英文中被称为 SPA，如 Aveda Lifestyle Day Spa 其中 Aveda 是其品牌，而 lifestyle 和 day 则指明其特点，Spa 是该店的性质。还有一种专门的手部护理和指甲修饰店，叫做

| Translation of Globalized Business >> 全球化商务翻译 |

Handcare and Nails。只需在前面加上自己的品牌即可。

图 6-3 美国匹斯堡美容店

第二类美容中心则指出售美容护肤品及用具的商店，就是一般所说的化妆品或护肤品店。可以翻译为 Personal Care and Beauty 或 Beauty Supply。香水店可称为 "The Perfume Shop"。有些也称作 "Perfume Gallery"，"gallery" 原指走廊、长廊或艺术品的陈列馆、画廊等，用作店名也给顾客带来联想，使商店带有艺术气息。此外 "perfume" 指的是普通意义上的香水，其实香水的种类有很多，包括 eau de toilette（淡香水），eau de parfum（香精），after shave（男用须后水）等，因此也常用 "fragrance"，即 "香氛"，它包含了所有种类的香水。而如果兼营化妆品和香水，则可称为 Fragrance and Beauty，如 Chanel Fragrance & Beauty，或 Cosmetics and Fragrances。

"旅游纪念品商店" 的标准译法是 "Souvenir Shop"，即某某 "旅游纪念品商店" 的通用名。毫无疑问，在这里 "Souvenir" 是核心词，而旅游纪念品经销商的品牌并不像服装店、鞋帽店、首饰店那样有忠诚的消费者和欣赏者。旅游纪念品的价格一般不会很贵重，旅游者购买这些纪念品也都是随心所欲，为此 "Souvenir" 几乎是必用，如：嫔姬旅游纪念品天地 Pinky's Souvenir Land、湾畔旅游纪念品店 Quayside Souvenirs。旅游纪念品，顾名思义是买来自用的。旅游者在旅游途中还会为亲朋好友采购一些小礼品，为此一些礼品店 "Gift Shop" 也是在出售带有旅游目的地文化特色的纪念品，例如：Impressive Gifts 大印象礼品店、纽仔礼品 NZ Gift。很多旅游纪念品店和礼品店都省去了 "Souvenir" 或 "Gift" 繁文缛节，直接使用北京景泰蓝 Beijing Cloisonné、巧克力大腕 Chocolate Specialists、木屐 Wooden Shoes、创意设计 Design & Impress、邮币收藏 Coins and Stamps 来招徕旅游者消费，事半功倍。

· 72 ·

画廊、画店的对应译法是 Gallery，如：红门画廊 Red Gate Gallery、四合院画廊 Courtyard Gallery。"工艺美术品店"一般译为"Arts and Crafts Shop"，如：王府井工美大厦 Beijing Arts and Crafts Central Store。艺术品经销机构的名称和翻译更是个性彰显，百花齐放，求异存同，例如北京的 798 哈特艺术中心 798 Workshop Harte Arts Center、荣宝斋 Rongbaozhai Studio、宜兴的葛盛艺术陶庄 Ge Sheng Artistic Pottery Village 等。

古玩店、古董店的对应译法是 Antique Shop 或 Curio Store。"北京古玩城"是古玩店的组合，为此翻译为"Beijing Curio City"；"潘家园旧货市场"同样是以经营古董、古玩为主，但却译为"Panjiayuan Folk Culture Market"。事实是"知名度"使"潘家园旧货市场"不论采用哪个英译名称都不会过多影响其经营实质。国外一些古董、古玩经销商还有采用 Antiques Hall 或 Antiques Centre 作为店名的；一些提供古董修复服务的经销商还采用 Antique and Restoration，其促销效果定然不差。

6.5　经营服务信息的翻译

经营服务信息类公示语以名词或名词词组构成为语言特色，在翻译时似乎不构成翻译实践的难点。然而，硬件设施的现代化丝毫没能掩饰软件与管理的滞后，商场、超市、文化市场、书画店经营服务信息的汉英翻译错误触目惊心，不容小视。单丽平等人编写的《汉英公示语词典》试图提供可参照坐标，对传统经营服务项目进行了汉英翻译转换归纳，例如：

电器	electric appliances/apparatus
空调	air conditioner
空调配件	air conditioner parts
冷气机	air cooler
电热器	electric heater
电脑	computer
微波炉	microwave oven
电锅	electric cooker
吸尘器	vacuum cleaner
洗衣机	washing machine
立体声音响	stereo equipment/stereo unit
彩色电视机	colour television set
烤面包器	toaster

还应以发展眼光力图将未来商业经营服务和目前服务于外籍消费者的项目"引进"来，例如：

美术品与古董评估师	fine arts and antiques valuers
珠宝评估师	jewellery valuers
形象与色彩顾问	image and colour consultant
假发	wigs and hairpieces
船艇设备	boat and yatch equipment
热水系统	hot water system
风险管理顾问	risk management consultants
地产评估师	real estate valuers
税务顾问	taxation consultants
猫狗剪毛与美容	dog and cat clipping and grooming
煤气炉与装备	gas burners and equipment

解决经营服务信息公示语汉英翻译中"胡译"的问题需要采纳必要的科学程序和质量管理将"误译"降到最低；而从长远来看则需要翻译实践者和研究人员的长期、共同努力，需要相关机构建设"语料库"以资源共享方式提高翻译质量。

6.6 价格信息的翻译

价格促销是传统促销策略，也是促销策略中最为有效的策略。

商业经营、服务机构对所售商品或所提供服务明码标价是国家法规确认的经营法则。然而，我们的商业经营机构使用通用语标注价格信息尚难做到规范、统一，在使用双语标注价格信息方面就问题多多。

事实上世界通行货币的名称、货币符号和在商业服务机构实际使用的货币标识是不完全一致的。例如：

货币名称	货币符号	货币标识
欧元（EURO）	EUR	€
美元（UNITED STATES DOLLAR）	USD	$
英镑（POUND、STERLING）	GBP	£
日元（JAPANESE YEN）	JPY	¥
人民币元（RENMINBI YUAN）	CNY	RMB¥

因为我们的商业经营、服务机构以扩大"内需"为主,为此人民币的货币标识使用普及率较低,而且也不规范。另外,比较美元、英镑、日元的＄、£、￥,RMB￥过于累赘;RMB￥中的符号￥在电脑的键盘上没有像美元符号＄直观设置,也造成普及的障碍。如果￥单独使用,容易与日元货币符号混淆。国内使用的人民币货币标识不统一规范,导致国外一些出版、商务机构使用的混乱,例如:Lonely Planet 出版的"Best of Beijing"就使用了"Y"作为人民币的标识,而在 Rough Guides 出版的"The Mini Rough Guide To Beijing"中人民币的标识为"￥"。

依据英语使用货币标识的惯例,人民币的货币标识"RMB￥"应在商品或服务价格"数额"前标注,如:RMB￥285(人民币:贰百捌拾伍元),或 RMB￥28.85(人民币:贰拾捌元捌角伍分)。

6.7 促销语的翻译

商业服务机构的一些促销公示语同样兼具价格意义,例如:零售价 retail price、批发价 wholesale price、低于市价的 below market price、免税 tax free 等语汇;一些促销语同样告知消费者价格信息,比如:年度减价销售 sale of the year、开业周年特卖 anniversary sale、清仓特卖 clearance、圣诞节后特卖 after-Christmas sale、夏季各款服装削价出售 Summer Style Reduced、游客特价票 TOURIST OFFER、儿童免费 KIDS GO FREE 等信息内容。

图 6-4 英国伦敦牛津街商家暑期促销

促销公示语中的折扣信息构成价格信息中最具"蛊惑"性的内容,如:八折销售 20% off、半价优惠 HALF PRICE、本周半价销售 50% Off This Week Only、

| Translation of Globalized Business >> 全球化商务翻译 |

优惠15% 15% DISCOUNT、优惠10美元 $ 10 DISCOUNT、仅售25美元 JUST $ 25（通常为50美元）（NORMALLY $ 50）、今日半价票 HALF PRICE TICKET TODAY、半价门票 Half price admission、买一送一 BUY 1 GET 1 FREE、特价仅售9.99美元 Special Offer Only $ 9.99 等。这些语汇约定俗成，现成的词典、工具书收录也难保齐全，何况产生理想效果还要与实际语境密切联系。脱离特定语境，生搬硬套，非但达不到理想的促销效果，还会让外籍消费者感到旅游商品、服务机构只顾赚钱而缺少"文化"。

我们的城市、我们的市场正不断向国际化迈进。使用、增加公共标识中的英文内容是大势所趋。商业经营、服务机构的经济效益不仅来自商品的琳琅满目和服务特色齐全，还包括了公示语信息服务的"High Touch"。关注了这些细节，提高经济效益和社会效益、以人为本，建设和谐社会才不会是一句空话、大话。

第七章 宣传册翻译

随着当代高科技的迅猛发展，更新颖、更便捷的传播媒介，如掌上电脑、无线上网、手机短信、可视电话等，都被迅速引进到市场开发、产品或服务的推广活动中来，而小小的印刷宣传册仍以其独有的魅力在信息传播过程中发挥着任何其它传播媒介不可替代的作用。时至今日，宣传册仍是所有信息传播手段中最基本、最主要、也是传递信息最多的手段。

7.1 信息性宣传册的翻译

（1）环球影城园区指南

环球影城的园区指南是旅游服务机构信息性宣传册的典型形式。

图 7-1　环球影城园区指南（英）　　　图 7-2　环球影城园区指南（中）

这册版本有效期为 2008 年 7 月 14 日——8 月 31 日的园区地图提供了餐饮、购物、重要提示、园区布局等方面的关键信息。

上图展示的是小册子外页展开后的效果。STUDIO MAP（园区地图）一栏是封面，Meet Your Favorite CHARACTERS（与您喜爱的人物见面）一栏是封底。

Translation of Globalized Business >> 全球化商务翻译

　　信息性宣传册文字翻译最突出的特点是功能对等，文字对应。由于不同语种的宣传册服务于来自不同国家和地区的受众，为此，信息的组合、编排会大同小异。

图 7-3　环球影城园区指南（英）

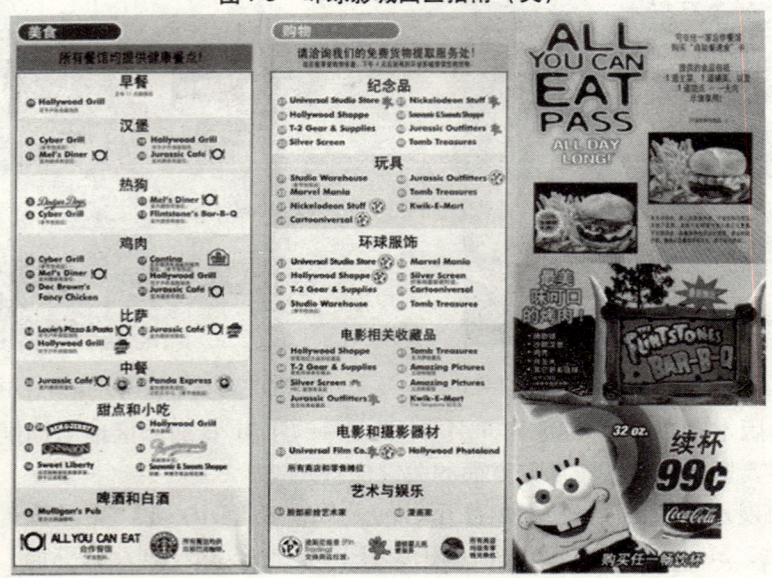

7-4　环球影城园区指南（中）

英文宣传册内页分三栏（对应三折叠页）：DINING，SHOPPING 和 5 HELPFUL HINTS To PLAN YOUR DAY，向游客提供了餐饮、购物及游览计划相关提示等重要基本信息。这些信息性文字简洁明了，配以恰到好处的字体、字号的选择与运用，使游客在最短时间内获取相对多信息。DINING 餐饮一栏下紧跟一句话 Healthy choices available at all restaurants！所有餐馆均提供健康餐点！短短一句话打消了游客对快餐营养不均衡的顾虑，立即引起游客的在园区餐馆就餐的愿望。SHOPPING 购物一栏下也有两句话：Ask about our Free Package Pick-up！Shop now & pick up your packages at the Universal Film Co. after 4：00 pm. 请洽询我们免费货物提取服务处！现在就享受购物乐趣，下午4点后到环球影城提取您的货物。贴心周到的服务解除了游客购物时为大包小包所累的烦恼。

图 7-5　环球影城园区地图图例（英）

图 7-6　环球影城园区地图图例（中）

环球影城导游图的英、中文版图例在构图布局上略有不同。最为明显的差异是有关在限定区域吸烟的提示。这个提示既有强制性，又十分礼貌、客气。英、中文版图例翻译的遗憾之处是个别处理，如：数字目录 digital directory 就差强人意，实际这就是"园区电子信息查询"；安全 Security 实则是保安或安保、治安。

（2）迪斯尼经典音乐剧宣传册翻译

迪斯尼的经典音乐剧宣传册是在纽约和纽约周边旅游饭店和设施投放的。百老汇是世界舞台艺术中心，而迪斯尼是世界"梦"的制作工厂。不论

· 79 ·

是看热闹,还是看行道,这个最佳组合的魅力都是挡不住的。短平快促销,信息型与促销型结合是这几例宣传册的重要功能特点,这一功能特点决定了语言文字的选择、取舍。

1)《小美人鱼》宣传册

音乐剧《小美人鱼》根据 1989 年迪斯尼同名经典动画长片和安徒生的童话故事改编而成。女主人公爱丽儿是个向往冒险和浪漫的美丽人鱼。她聪明、美丽、勇敢、爱冒险。她是大海之王川顿国王最心爱的女儿,有着世界上最美妙的歌喉。她乐于收集一切人类世界的东西。在一次探险中,她救起了几乎溺亡的亚力克王子,并对他一见钟情。而她的一腔热情也让恶毒的海底女巫乌苏拉有机可趁,可是父亲的智慧保护了她,终于愿望成真。

> From the beloved
> Disney film comes
> Broadway's sparkling new musical!
> With all the songs you love
> from the movie – including
> "Part of Your World,"
> "Kiss the Girl" and
> "Under the Sea" –
> and the stage magic that
> only Disney can create,
> THE LITTLE MERMAID will
> transport you to a wondrous
> undersea kingdom, where a beautiful
> young mermaid named Ariel
> longs to leave her ocean home
> to live and love
> in the world above.

试译:美妙绝伦的音乐剧《小美人鱼》根据家喻户晓的迪斯尼同名经典动画片改编而成。音乐剧再现了动画片中精彩唱段,包括:"世界的一部分"、"亲吻那个女孩儿"和"大洋深处",以及只有迪斯尼才可创造的美轮美奂的舞台特技。音乐剧《小美人鱼》将带您走进一个光怪陆离的缤纷海底世界,在那里美丽的小美人鱼爱丽儿正向往着出离海底世界,追寻人间的生活、爱情。

2)《欢乐满人间》宣传册

音乐剧《欢乐满人间》(Mary Poppins Musical)是迪斯尼协同著名音乐剧制作人 Cameron Mackintosh 共同推出的音乐剧。该音乐剧是基于 P. L. Travers 的小说和 1964 年的迪斯尼影片《欢乐满人间》创作的。影片讲述的是一个反映人性

第七章 宣传册翻译

的故事，父亲乔治在银行工作，时常认为子女不务正业，遂带他们上银行学习做事。但是儿子迈克和女儿珍生性调皮，使得保姆亦辞职。迈克与珍祈求理想的保姆，于是仙女玛莉应征而来，她喜爱孩子并教授孩子们如何在受挫后寻找快乐之道。正在这时，乔治因误会而被总裁辞退，仙女也离去，乔治才感悟如何向子女表达爱心，并开始认识到除了钱外，还有很多值得珍惜的东西。（http://www.star000.com/movie/9012/story.html）

> There's never been a better time to take someone you love to see MARY POPPINS, the classic Broadway musical.
>
> So many magical moments. So many unforgettable songs. So many priceless memories. They're all waiting for you at
>
> **MARY POPPINS**

继《剧院魅影》、《悲惨世界》、《美女与野兽》、《狮子王》、《人猿泰山》之后，迪斯尼制作人又打造出一套多年来最赏心悦目的百老汇音乐剧。全世界最知名的保姆玛丽·波平斯登上百老汇的舞台，奉献这台颂扬友谊和家庭的歌舞盛宴，让观众心弦拨动、大饱眼福。

鉴于音乐剧《欢乐满人间》的英文简介比较短小，并且笔墨都集中在单一剧情介绍上，中文简介在介绍迪斯尼的另外几个成功音乐剧后推出《欢乐满人间》的简介。或许是这个故事家喻户晓，只需要写意性的寥寥数笔就可以达到促销的目的。

· 81 ·

7.2 促销性宣传册的翻译

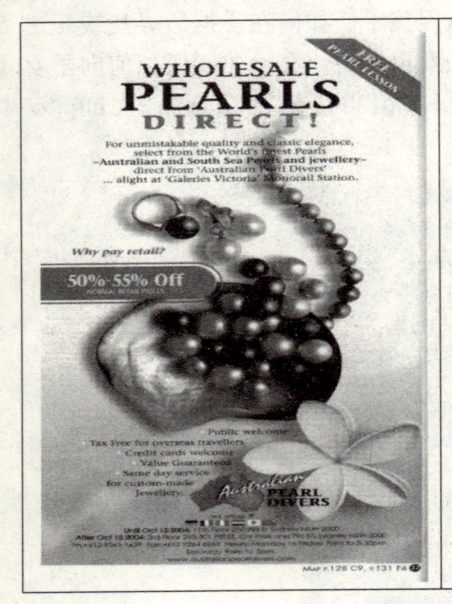

FREE PEARL LESSONS
WHOLESALE
PEARLS
DIRECT
①For unmistakable quality and classic elegance,
②Select from the world's finest Pearls
-Australian and South Sea Pearls and Jewellery-
③Direct from 'Australian Pearl Divers'
④…alight at 'Galeries Victoria' Monorail Station.
Why pay retail?
50%-55% Off
NORMAL RETAIL PRICES
①Public welcome
②Tax Free for overseas travellers
③Credit cards welcome
④Value Guaranteed
⑤Same day service
⑥For customer-made
Jewellery
Australian
Pearl Divers

图 7-7　珍珠批发促销（英）

免费珍珠知识课程
批发
珍珠
珠宝首饰直销
（大量或不限量）
全球最佳-澳洲及南海珍珠
毫无瑕疵的品质与传统式的典雅。
均以批发价售出。由 Australian Pearl Divers 工厂直销。
地点位于 McDonalds 斜对面 Pitt Street 入口。
何必要付零售价？
50%-55% Off
NORMAL RETAIL PRICES
免费珍珠知识课程
欢迎使用信用卡
世界通认保证价值
客制首饰当天交货
欢迎各地人士
免税服务
Australian
Pearl Divers
WE SPEAK

图 7-7　珍珠批发促销（中）

· 82 ·

这是一个"动态对等"翻译转换的范例。
　　译者对原文关于珍珠产品的特点介绍进行了"整合"。将原文第二和第三行组合成一行，构成对华人有特别意义的语汇放在了正文首行的突出位置。英文原文的第一行内容出现在中文正文的第二行，只是华丽的辞藻用于促销澳大利亚珍珠缺乏必要的流畅和精确。至于销售地点出现了明显差别。这一点并不关键，因为服务华人旅游者的分号就在"McDonalds 斜对面 Pitt Street 入口"。
　　译者对这个促销宣传卡服务信息部分也进行了适当的调整、增补。短语的使用是这部分译文的突出特点，只不过短语的结构并非统一的名词短语或介词短语而已。言简意明，达到信息服务和传播目的就好。
　　"Why pay retail?"被译为"何必要付零售价?"从意义上来说工整无误。然而，从促销角度来看不妨译为"买批发 比三家"既宣传了价格优势，又符合华人"货比三家"的消费心理。
　　"免费珍珠知识课程"再次强调，看来中国人好学已经是地球人都知道的事实。因为针对的是中国人，澳大利亚的中国人不拿自己当"外人"，所以 Public welcome 直接被译为"欢迎各地人士"，而 Tax Free for overseas travellers 译为"免税服务"，省略了"国际旅游者"也是因为当地人不到这里消费，消费者必然是"老外"。
　　原文宣传卡中的两处文字在转换成中文时得以保留是因为具有品牌意义和标志意义，是同一企业进行促销、推广保持连续性、协调性、形象性的重要技巧。

50%-55% Off
NORMAL RETAIL PRICES

和

Australian
Pearl Divers

　　英文宣传卡中的 WE SPEAK 在中文宣传卡中没有得到体现，是因为在"McDonalds 斜对面 Pitt Street 入口"处的分店没有这个必要；而在"Galeries Victoria"单轨车站店就提供至少包括英语的 7 种世界通用语言服务。

① Public welcome
② Tax Free for overseas travellers
③ Credit cards welcome
④ Value Guaranteed
⑤ Same day service
⑥ For customer-made
Jewllery

免费珍珠知识课程
③ 欢迎使用信用卡
④ 世界通认保证价值
⑤ 客制首饰当天交货
① 欢迎各地人士
② 免税服务

  宣传册的翻译既可有"信、达、雅"的传统追求，也会有"动态对等"的不懈努力；信息发出者在目标市场要实现的信息性、启迪性和促销性目标，以及宣传册在这些目标实现过程中充当的特定功能决定改写或再创作的跨文化传播法，更显出其在全球化语境条件下的市场价值。

第八章
简介翻译

简介类文本都属于"信息型文本",提供相关机构、学校、人物、图书、产品等的简要介绍。同时,它们又具有"呼唤型文本"的特征,具有广告的特性,目的是对外进行宣传,用最直接有效的语言让读者了解并作出选择。纽马克指出,信息传达的真实性是信息型文本的核心,对这类文本的翻译应该注重接受者的反应和理解,即信息传递的效果。以 Vermeer 和 Nord 为代表的翻译目的论者认为,翻译是一种交际行为,翻译行为所要达到的目的决定整个翻译行为的过程,也就是翻译目的决定翻译策略。在这一原则下,原文文本只是起到提供信息的作用,为适应新的交际环境和译文读者的需求,更加有效地实现译文的功能,译者在翻译过程中的参照系不应是原文及其功能,而应是译文在译语环境中所期望达到的交际功能。

8.1 企业简介的翻译

随着全球经济一体化的日益加强,尤其是在中国加入世贸组织后,越来越多的中国企业开始参与了国际市场的竞争,逐步将国内的商品推向国际。这就使得企业简介英译的重要性进一步凸显。但是有相当一部分企业简介的英译质量不高,除了最常见的语法及用词错误外,对汉英企业简介的差异性认识不充分,也造成了英译文在英语环境中不能很好的实现其交际效果。因此,若要成功地进行企业简介翻译,首先要了解汉英企业简介的异同。

根据宁海霖、许建忠的研究,中英文企业简介的差异主要体现在三个方面:价值观差异、语言风格差异和篇章结构差异。

8.1.1 价值观差异

中文简介主要立足于企业价值,着重于展示企业的形象;而英文简介是以消费者为出发点,集中展示产品的消费价值或企业与消费者的利益关系。正是由于这种差异的存在,中文简介中花费大量篇幅着重介绍的内容很有可能让外国消费者觉得索然无味,不知所云。有鉴于此,在对中文企业简介进行翻译的时候,译者应根据译入语国家的文化和价值取向,将对他们有吸引力的部分作为翻译的重点,而其它则可以少译甚至不译。

　　近年来,康佳"内地—深圳—海外"三点一线的生产经营格局取得了突破性的发展,在我国东北、西北、华南、华东、西南分别建立了五大生产基地。同时,集团按照国际先进模式建立了市场导向型的管理体系,具备一流的生产、营销、环保控制手段和完善的质量测试系统,在全国彩电行业首家获得ISO9001质量管理体系和ISO14001环境管理体系国际、国内双重认证,彩电、冰箱被国家质量技术监督局列为首批免检产品。荣获"中国驰名商标",康佳还荣获"中国十佳绩优上市公司"、"中国技术开发实力百强企业"、"全国质量效益型先进企业"等称号。

　　Konka Group has made numerous progresses through its "Mainland-Shenzhen-Overseas" pattern and has invested a huge sum of money to set up five large production bases around China. At the same time, it has established an advanced market-oriented managing system. Besides a perfect Quality-testing System, Konka also has first-class methods of production and marketing as well as technology of environmental protection. Konka is the first group in its industry to be authenticated by the ISO9001 Quality Managing System and ISO14001 Environment Managing System. Its color TVs and refrigerators have been considered to be the products exempted from inspection by the National Quality Bureau. Konka Group has been granted "National Advanced Quality and Benefit Enterprises" and "National Customers Satisfied Enterprise" for several years.

　　从上例我们不难看出,中文中介绍的五大生产基地对于国人来说有着直观的感受,会感慨于康佳集团的生产规模和格局,但对于很多外商和国外消费者来说,华南、华北、西南都是不熟悉的概念,逐个翻译很难在他们中得到同等的交际效果。所以译者用 five large production bases around China 代替了详细的五个地点。四个荣誉称号更是独具中国特色,因此也采用删减的译法,只译其中的两个。"National Advanced Quality and Benefit Enterprise"和"National Customer Satisfied Enterprise"这两个称号反映了康佳在中国的声誉,而逐个翻译只会使译文罗嗦,让读者犯晕。

8.1.2 语言风格差异

中文企业简介突出企业至上，以我为核心，习惯用第三人称表述自己，目的在于给读者树立一个强大而可靠的形象，以获得消费者的信赖。企业简介写作的表达手法有时颇为夸张，四字成语使用较多，形式相对单一，语言明显堆砌；其中还常出现一些中国特色的独特表达。而英文企业简介的语言具有应用英语的特点，即强调简明性、逻辑性、紧凑性和客观性，词汇上往往出现大量专业词汇，语法上多用一般现在时和被动语态。与中文简介不同，英文企业简介强调客户至上，宣扬消费者利益高于一切，形式上多用"We"、"us"来指代自己，而行文则是 You（customer）—Oriented，简洁通俗，易读易懂。

白天鹅宾馆座落在广州闹市中的"世外桃源"——榕荫如盖，历史悠久的沙面岛的南边，濒临三江汇聚的白鹅潭。宾馆独特的庭园式设计与周围幽雅的环境融为一体，一条专用引桥把宾馆与市中心联接起来，实为商旅人士下榻的最佳之处。

白天鹅宾馆拥有843间精心设计的客房，无论是标准房、豪华套房还是商务楼层，室内装潢及设计都经过深思熟虑，设备齐全，舒适温馨，处处显示出以客为先的服务风范。从客房您更可饱览广州市容和珠江美景。别具特色的中西食府，为您提供中、法、日等精美菜肴。多功能国际会议中心是举办各类大小型会议、中西式酒会、餐舞会的理想场所。另有健康中心、美容发型中心、商务中心、委托代办、票务中心、豪华车队等配套设施。近年来，白天鹅宾馆把经营管理的发展和高科技成果相结合，使宾馆的服务水平紧跟国际酒店发展的潮流。无论您是商务公干，还是旅游度假，在白天鹅宾馆都能感受到居停方便、舒适、自然。

白天鹅宾馆在实践中把国际先进酒店的管理经验与中国的国情相结合，走出了一条融中西管理模式于一炉的酒店管理之路，不断追求卓越，以严谨、高效的管理和真诚的服务为海内外宾客提供一个温馨的家外之家。

Located on the historical Shamian Island, overlooking the famed Pearl River and facing the White Swan Pool, the White Swan Hotel remains an oasis of tranquility from the hustle and bustle of this busy city. The main building has the height of 34 storeys. The exquisitely beautiful Atrium lobby is an indoor microcosm of the famed landscapes of Southern China. Here waters abound, with a veil – like cascade and a spectacular rockery. Atop the rockery sits an elegant Chinese pavilion, octagon – shaped, with its richly ornate gold top, and a profusion of luxuriant vegetation and flowers.

　　White Swan Hotel own 843 guest rooms involved standard rooms, deluxe suites and executive floor. Any of them been designed with full consideration to let our customers feel the thoughtful and comfortable during the stay.

　　Restaurants in White Swan Hotel offering a wonderful variety of Chinese and Western food spread over the public areas from the first floor to the third floor. The Jade River Restaurant, Banquet Hall, Coffee Shop, Grill Room, Provincial Restaurant and Japanese Restaurant serve excellent dishes in an elegant ambience with river view. The International Convention Center is equipped with sound and recording facilities as well as simultaneous translation equipment. This is the ideal venue for international conferences, meetings, receptions and exhibitions. The hotel also offers a chain of hardware and services from laundry to the entertainment.

　　White Swan Hotel keeps the constant international standard high level service from the very beginning till now, that makes hotel become the first choice for the customers no matter with business or leisure in Canton.

　　白天鹅宾馆的英文简介不是汉语原文机械地直译转换。译者尝试使用改写和内容重组使译文更加符合英语简介功能特点。然而，对比 the Hotel Belleclaire 的简介，不难发现白天鹅宾馆的简介译文仍然过于笔语化，语势力度明显欠缺，交际对象宽泛。酒店简介是广告形式的一种。参照纽马克文本类型理论，酒店简介的呼唤性特点鲜明，信息型本质明确。酒店简介的呼唤效果又是通过对话形式、形容词使用、语句节奏处理、针对性信息细节选择实现的。白天鹅宾馆的英文简介的第一个词 Located 与 the Hotel Belleclaire 简介同样表示酒店坐落位置的 Nestled 比较，不难看出拟人化处理的魅力所在。Located 适用于任何建筑，Nestled 更适合于宾馆酒店。白天鹅宾馆的英文简介中主角的亮相是 the White Swan Hotel，而 the Hotel Belleclaire 简介的主角却是 we。这样的主语确认无形中在一开始就拉近了宾主关系，在网站和企业促销册中也是语境因素使然。the Hotel Belleclaire 简介中 You can、make your way、you get 把潜在客人带入酒店预设的情境之中，而白天鹅宾馆的英文简介中 to let our customers、during the stay 客观公允的语气很难让人感受到这是提供旅居餐饮服务的宾馆。白天鹅宾馆的英文简介在没有提及 Canton 的情况下使用了 this busy city，而宾馆周遭除了珠江、白鹅潭、沙面或许国人都知之甚少，而 the Hotel Belleclaire 简介不仅在标题中明示 New York's Upper West Side，例举的周边名胜景点也都是纽约的地标。简介翻译中的语言风格选择不应是书斋式的翻译习作处理，而应隐身显示器后、宣传册中，与明确的宾客有针对性地交流沟通。

Contemporary, Chic, Affordable Style on New York's Upper West Side
Nestled in the heart of the Upper West Side on a quiet tree lined street, we are just one subway stop away from Times Square's hectic pace but just a few steps away from Central Park's peaceful surroundings and The Museum of Natural History. Lincoln Center is minutes away if you want to enjoy a concert, a ballet or the opera. As well as The Time Warner Center for a bit of designer shopping and gourmet dining.

You can start the morning off by picking up a complimentary New York Post available at the front desk and head out for a cup of coffee at any one of the many cafes in this Upper West Side location. After a busy day enjoying the sights of the city, take refuge in the comfort of the Belleclaire. Schedule a massage, enjoy a workout in our gym or make your way back up to your room for a nap in our Frette linens before you get ready to enjoy the nightlife that only NYC has to offer.

The lasting impression of the Hotel Belleclaire will be one of a warm, friendly staff coupled with a modern easygoing, professional environment.

现代、锋尚、实惠旅居在纽约上西区
the Hotel Belleclaire 坐落在绿树成荫，安静恬谧的纽约上西区，距人流穿梭的时代广场仅一站之遥，距清幽宁寂的中央公园和自然历史博物馆仅几步之遥，距林肯中心也只有几分钟的路程。如果您想聆听音乐，观赏芭蕾舞或欣赏歌剧，亦或到时代华纳中心搜购名牌服饰，品味名厨美食，下榻于此就再也便捷不过了。

清早您走到前台拿起免费提供的纽约邮报，然后随意坐在在上西区的任何一家咖啡馆，阅读品茗。一天激情游览观光后，您回到 the Hotel Belleclaire 便会有到家的感觉。在您享受纽约独有的夜生活之前，或按摩放松，或在健身操练，亦或回到房间盖上法雅蒂牌寝具片刻小睡。

the Hotel Belleclaire，环境温馨、员工热情、设施现代、位置优越。

以上分别是中国和美国两家酒店的简介，可以很好地说明中英文企业简介在语言风格上的差异。中文简介中全部是以中性的"酒店"来指代自己，四字成语使用较多，行文以酒店为核心，介绍背景信息为主。英文简介则更亲切自然，"we"和"you"的使用自然而然地拉近了与消费者的关系。

8.1.3 篇章结构差异

篇章结构指的是企业简介的篇章构成以及各个组成部分在全文中所扮演的角色。由于中西方文化及价值观的不同，中英文企业简介在内容，结构及篇幅分配上都有比较大的差异，这也使得一些"忠于"原文的译文起不到应有的交际效果。因而，企业简介的翻译很多时候并不是简单的翻译，而更应该是聪明的译写。在充分了解中英文企业简介差异的前提下，按照英文简介的常用结构，进行重新编排，针对不同的读者群进行有针对性的再创作。那么，问题的核心就在于，中英文企业简介的文章结构差异到底在哪里？作者根据体裁分析理论（genre analysis），收集了中国和美国各30家星级酒店简介，并进行了充分的体裁对比分析，得出了中英文酒店简介体裁的异同，相信这能够给广大翻译工作者从微观层面带来一定的启发。

中文酒店简介共分6个语步（Moves），分别是：M1 标题，M2 建立背景，M3 介绍服务、设施，M4 褒奖，M5 提供刺激，M6 总结。在每一个语步中，通常会有更具体的实施步骤（Steps），从而使语步更丰满，达到其每一步的交际目的。M1 标题通常的实现方法是常规的"酒店简介"这种不提供任何具体信息的客观文字，提示读者本文的内容是什么。M2 建立背景是对酒店概况的描述，一般是从外部状况入手。主要包括5个步骤，分别是S1 酒店名称，S2 位置，S3 历史，S4 装修，S5 投资者。M3 介绍服务、设施是对酒店内部情况的详细介绍，通常包括7个步骤，分别是S1 酒店建筑，S2 周边风景，S3 客房，S4 多功能房，S5 餐饮，S6 服务，S7 管理。M4 褒奖指的是各方给予的正面评价，一般有两个步骤，S1 星级、获奖和协会身份，S2 名人褒奖。M5 提供刺激是指酒店通过说明提供的免费服务来吸引客人。最后一个语步 M6 总结对客人提出欢迎或对酒店特点做一综述。一般有四个步骤，S1 邀请，S2 总结，S3 祝愿，S4 承诺。

下表是中文酒店简介的语步及步骤结构：

第八章 简介翻译

Move 1	Headline (H)	Telling what this article is about
Move 2	Establishing Background (EB)	An overview of the hotel and an introduction to the hotel in terms of its external conditions
	Step 1 Name	
	Step 2 Location	
	Step 3 History	
	Step 4 Renovation	
	Step 5 Inventors	
Move 3	Introducing Service/Facilities (IS/F)	Detailed introduction of the hotel in terms of its internal conditions
	Step 1 Hotel Building	
	Step 2 Views	
	Step 3 Guestrooms	
	Step 4 Function Room	
	Step 5 Dining	
	Step 6 Service	
	Step 7 Management	
Move 4	Endorsement (E)	Displaying positive feedback from various sources
	Step1 Rating/Awards/ Association Membership	
	Step 2 Celebrity Endorsement	
	Step 3 Press Accolades	
Move 5	Offering Incentives (OI)	Provision of free items
Move 6	Conclusive Statement (CS)	Giving an end to the introduction by either extending an invitation of staying in the hotel or give a summary to the hotel's feature.
	Step 1 Invitation	
	Step 2 Summary	
	Step 3 Wishes	
	Step 4 Promises	
Move 7	Using Pressure Tactics (UPT)	Attractive discount or special offer upon immediateaction

英文酒店简介共分 7 个语步（Moves），分别是：M1 标题，M2 建立背景，M3 褒奖，M4 介绍服务、设施，M5 提供刺激，M6 总结，M7 使用压力技巧。

下表是英文酒店简介的语步及步骤结构：

Move 1	Headline（H）	A welcome and summary of the most protruding feature of the hotel
Move 2	Establishing Background（EB）	An overview of the hotel and an introduction to the hotel in terms of its external conditions
	Step 1 Name	
	Step 2 Location	
	Step 3 History	
	Step 4 Renovation	
Move 3	Endorsement（E）	Displaying positive feedback from various sources
	Step1 Rating/Awards/Association Membership	
	Step 2 Celebrity Endorsement	
	Step 3 Press Accolades	
Move 4	Introducing Services/Facilities（IS/F）	Detailed introduction of the hotel in terms of its internal conditions
	Step1 Hotel Building	
	Step 2 Views	
	Step 3 Guestrooms	
	Step 4 Function Room	
	Step 5 Dining	
	Step 6 Service	
Move 5	Offering Incentives（OI）	Provision of free items
Move 6	Conclusive Statement（CS）	Giving an end to the introduction by either extending an invitation of staying in the hotel or giving a summary to the hotel's features.
	Step 1 Invitation	
	Step 2 Summary	
Move 7	Using Pressure Tactics（UPT）	Attractive discount or special offer upon immediate action

通过以上两表的对比，我们不难看出，中英文酒店简介的文章结构和实现方式有着很大的区别。

第一，中文酒店简介共6语步，而英文酒店简介共7语步，相比多出最后一个语步M7使用压力技巧。这个语步实际是店方在简介即将结束之时，额外提出优惠，如果客人立即预订将给予特别折扣，这一语步出现在将近半数的英文酒店简介中，而中文酒店却无一应用此步。其实，在文章的开始我们就已经谈到，简介类的文本除了其提供信息的作用之外，还应具有广告的效果，使消费者阅读后有购买的冲动。显然，美国人的市场意识更强，更懂得如何使用压力技巧来获得商业成功，相比较而言，中国人在这方面比较保守，更希望通过建立长久的关系达到商业的目的，其实这也是中美文化和价值观的差异决定的。

第二，在相同的语步中，中英文酒店采取了略不相同的步骤来实现各自的交际目的。比如M1，同为标题，中文简介只是简单地使用"酒店简介"或"酒店概况"来表明文本的内容，而英文简介则充分利用这一机会，使用多重形容词修饰的名词短语，简明扼要地揭示出酒店最具特色或吸引力的特点，达到抓住眼球的目的。如 *The Perfect Combination of Comfort, Convenience and Value*。显而易见，这样的表达在第一时间吸引了客人的注意，宣传的效果当然也更好。这符合美国人直接、开放的性格。

以上两表中，斜体的部分说明是中文简介独有的，英文简介中不存在，而加框标注部分则表明英文简介中存在而中文简介中没有。如M2中的S5投资者，及M3中的S7管理，和M6中的S3祝愿，S4承诺都是中文简介有而英文简介没有的，通过这样的对比，我们知道在中文简介中通常使用很大篇幅说明的投资者，管理方，其实对于西方消费者是没有多大意义的，所以就没有翻译的必要。而文章结束时中文简介中常见的"衷心祝愿您工作顺利、心情愉快！"或"选住天津喜来登大酒店将会给您的天津之行留下美好的回忆"并不能给美国客人留下美好的印象并使他们选住这家酒店。

第三，中英文酒店简介的侧重点不同，体现在它们分配给不同方面的字数有很大差异。在30篇中文酒店简介中，19.4%的篇幅用以描述地理位置和交通，58.2%的篇幅描述设施和服务。而在英文酒店简介中，描述地理位置和交通的篇幅为34.6%，设施和服务占30.7%。这表明，对于中国消费者来说，酒店设施和服务对他们决定入住哪家酒店起到较大的决定作用，地理位置和交通居于次要位置，而对美国消费者来说，两者的重要性是相似的。这也使得我们在翻译的过程中，要根据译入语国家消费者的认知取向，来决定哪部分要增译，哪部分该减译。

Translation of Globalized Business >> 全球化商务翻译

下面分别用中英文酒店简介说明其结构特征。

宾 馆 简 介	Move 1 Headline
大连宾馆建于1909年,原名"大和旅馆",位于大连市金融、商贸、旅游、交通中心的中山广场,	Move 2 Establishing Background Step 1 Name Step 2 Location Step 3 History
是一座欧洲文艺复兴风格的巴洛克式建筑,	Move 4 Introducing Services/Facilities Step 1 Hotel Building
现为全国重点文物保护单位,大连市首批重点保护建筑,三星级宾馆	Move 3 Endorsement Step 1 Rating/Awards
为企事业单位、旅游团队、中外游客提供最佳的住宿、就餐、会议会见、馆内参观、出租写字间、各类宴会等服务。 大连宾馆客房高大宽敞,豪华舒适,分为豪华间、套间、标准间、单人间、写字间、钟点房等类型,还有多套保留原貌日式风格的豪华客房,是您理想的商务办公和居住休闲之所。餐厅由中国烹饪大师领衔主厨,实力雄厚,做工精湛,以正宗中餐鲁菜和大连特色海鲜闻名遐迩,	Move 4 Introducing Services/Facilities Step 3 Guestrooms Step 4 Function Rooms Step 5 Dining Step 6 Services
被评为大连市餐饮名店和海鲜名店。	Move 3 Endorsement Step 1 Rating/Award/Association Membership

· 94 ·

风格各异的多功能厅、宴会厅、会议会见厅，高贵典雅，富丽堂皇，为举办政务宴会、商务宴会、婚宴、寿宴、亲朋聚会宴和百人以内会议、签字仪式、会见等活动的理想场所。 　　2009 年是大连宾馆建馆 100 周年，我们挖掘整理了一批大和旅馆时期的珍贵物品，建立了馆藏陈列室，内有上百年的老家具、老餐具、老照片、老文档等物品，以及金碧辉煌的迎宾厅、欧式宴会厅、五楼观景平台等场所，全面对游客开放，以满足中外游客更好地了解大连宾馆深厚的文化底蕴和历史变迁的愿望。 　　大连宾馆现代化设施齐全，服务功能完备，拥有商务中心、商务咖啡厅、卖店、美容美发室、日餐厅、宽带上网等服务设施。	Move 4 Introducing Services/Facilities 　　Step 4 Function Rooms 　　Step 5 Dining 　　Step 6 Services
且地理位置优越，交通便利，离火车站、海港近在咫尺，距机场 12 公里。	Move 2 Establishing Background 　　Step 2 Location/Transportation
大连宾馆竭诚欢迎国内外宾朋以及各单位、团体通过电话、传真、E-mail、互联网直接与我们联系入住、参观、就餐、举办会议和宴会，或签订长期订房协议。我们将给予优惠、优先安排，提供优质服务。 　　**恭候您，随时光临！**	Move 6 Conclusive Statement 　　Step 1 Invitation 　　Step 4 Promises

Translation of Globalized Business >> 全球化商务翻译

A Distinctly Individual Boston Boutique Hotel. At The Heart Of Your World.	Move 1 Headline

Discover an independent spirit amidst a sea of conformity at the Copley Square Hotel. Set amid a vibrant urban environment, this small Boston boutique hotel presents an extraordinary world of options — both inside and outside our doors. Embrace the exhilarating surroundings of this newly reinvented Boston luxury boutique hotel, where deep-rooted history and contemporary aesthetics converge.
 	
Positioned at the landmark address of Copley Square in Boston
Conveniently situated within walking distance of Fenway Park
Located in the heart of the vibrant, highly fashionable Back Bay neighborhood
Blocks from Newbury Street, Boston Common, and countless other points of interest
Learn more about the Landmark Attractions & Businesses that surround this Copley Square Boston Hotel.
	Move 2 Background
	    Step 1 Name
	    Step 2 Location/Transportation
	    Step 3 History
	    Step 4 Renovation

A Richly Restored Boston Luxury Boutique Hotel. With Expressive Individuality.
 	
Infused with a $18 million dollar intuitive and mindful enhancement, this respectfully restored Boston luxury boutique hotel presents an environment intently focused on individuality. Indulge in luxury as a state of being within our contemporary-style Boston boutique lodging and accommodations, where every effort is taken to consider your needs as an expressive individual. Experience the efficiency and decadence of this refreshingly familiar setting,
	Move 4 Introducing Service/Facilities
	    Step 1 Hotel Building
	    Step 6 Service

(续)

where you know — in an instant — that you truly belong. View the Signature Features & Services offered by this Boston Luxury Hotel	
Embrace your individuality at the Copley Square Hotel, with a vivid stay that is Intuitively Yours.	Move 6 Conclusive statement 　　Step 1 Invitation 　　Step 2 Summary
Book reservations at this custom Boston boutique hotel online today for preferred rates.	Move 7 Using Pressure Tactics

值得注意的是，我们所说的语步和步骤并不是在所有的酒店简介中都全部出现的，根据对数据的分析，我们还对它们进行了划分，分为必选语步和可选语步。在中文酒店简介中，M2 和 M4 是必选语步，其它为可选语步。在英文酒店简介中，M1 和 M2 是必选语步，其它为可选语步。

通过对中英文酒店简介的文章结构差异的分析，不难看出，文章结构的差异，归根结底还是在于文化和价值观的差异，我们在进行其它类型企业简介翻译的时候，也要注意充分了解中英文该体裁的差异，以便使我们的译文获得更好的跨文化交际效果。

8.2　学校简介的翻译

随着我国高等教育网络化信息化的发展，中国各大高校的网页已日益成为展示学校形象，提供各种网上服务的重要平台。绝大多数高校的网页都有中英文两种版本，中国高校的英文网页在开展国际学术交流与合作、国际化合作办学和开展留学生教育等方面起到日益重要的作用。因而高校简介的翻译在当今这个时代，主要体现在高校网页简介翻译方面。要做好高校网页简介翻译，头等大事仍然是找到中英文高校简介的主要差异。李海玲，李海丽在《高校网页简介英文翻译策略初探》一文中将中英高校网页简介的差异作了较好的分析。

8.2.1　语言方面的差异

首先，中文简介注重描述性的词语对所提供的信息进行渲染，四字短语使用频繁表现了中国的文化传统。而英文简介相对来说比较平实。

广州南校区树木葱茏，绿草如茵；广州北校区林路蔓蔓，曲径通幽；珠海校

· 97 ·

区依山面海，景色宜人，均是不可多得的读书治学的胜境。（中山大学中文网页）

Guangzhou South Campus and Guangzhou North Campus are located south and north of the Pearl River, while Zhuhai Campus lies to the west of the South China Sea. All three are beautiful campuses with avenues of green trees and patches of lush grass providing pleasant environment for study and research.（张美芳 译）

原文中一系列的四字短语在中文中给人以美感，也是社会文化广泛接受的，但如果全部不加修改地译为英文，则显得罗嗦，甚至会起到相反的作用。所以译者采用了省略与重组的办法，简化处理，使之在忠实原文的前提下符合英文的审美需要。

其次，中英文高校网页简介的结构也有所不同。中国高校网页中的学校简介是"大拼盘式"的长篇文本，通篇只有一个大标题，普遍篇幅较长。与之不同的是，英国高校网页学校简介部分，大多是通过次级小标题和动态链接将整个篇章内容分门别类地组织成各层级的子文本。如："校长致辞""愿景与使命""著名校友""事实与数据"等，每一个子文本篇幅简短，言简意赅。相比之下，英式简介的风格更加符合信息化时代的要求，能够使读者在较短时间内找到自己需要的有用信息。

8.2.2 文化方面的差异

第一，不少高校网页简介中都有政治色彩浓厚，意识形态极强的内容。常常出现极具中国特色的宣传口号。

"学校以邓小平理论和'三个代表'重要思想为指导，按照校党委关于'围绕一个核心、突出两个重点、强化三项工作、推进四项建设、力争五个突破'的工作思路及发展规划，深入贯彻落实科学发展、和谐校园、国际化的发展战略。"（新疆师范大学中文网页）

这些政治色彩强烈的语句可能会使西方读者有负面解读。

第二，中文简介中中国特色的文化，历史现象和表达。

中山大学，原名广东大学，由孙中山先生于1924年亲手创办。1926年，为纪念孙中山先生，改名中山大学。

中山大学的正式英译名为"Zhongshan University"。而孙中山先生在西方无人不知，然其名为"Sun Yat-sen"，所以如何将二者的关系用英文表达清楚就是关键中的关键了。

Zhongshan University, originally named Guangdong University, was founded in 1924 by Dr. Sun Yat-sen, also known as Sun Zhongshan, the great leader of the democratic revolution in China. To commemorate Dr. Sun, it was renamed Zhongshan

University in 1926. (陈小慰,2006:66)

译文将孙中山先生和中山大学的关系解释得非常清楚,尤其是说明了孙先生英文译名与中山大学的关系,对于西方读者来说,是十分重要的。

上海外国语大学创建于1949年12月,是中国教育部直属并与上海市共建、进入"211工程"的全国重点大学,是一所致力于培养高素质、复合型、多能力、国际化人才的多科性外国语大学,具有严谨的校风、教风、学风,在国内外享有良好的声誉。

"211工程"在国内是重点工程,知名度极高,但对外国读者却不明其所以然,因而在翻译中要确保对其有充分的解释。

Shanghai International Studies University (SISU), founded in December 1949, is a key university in China and one of the universities of Project 211 (the Chinese Government's endeavor aimed at strengthening about 100 institutions of higher education and key disciplinary areas as a national priority for the 21st century). Under the direction of the Ministry of Education of the People's Republic of China, SISU has been jointly nurtured by the Ministry of Education and the Municipality of Shanghai and her mission is to cultivate elites with multidisciplinary knowledge, multiple skills and an international orientation. Having a long tradition of conscientious teaching and learning, SISU enjoys a good reputation both at home and abroad.

本例中"211工程"是翻译的重点,在国内家喻户晓的211,对于西方读者来说,不加解释的直译只能使他们一头雾水,而本译文中,使用括号,将211所代表的含义解释清楚,又不影响整个篇章的行文,实在是绝佳的选择。

通常来说,学校简介包括以下几个方面的内容:1.学校的性质及位置;2.学校成立的时间;3.学校的历史演变;4.学校的文化传统;5.学校下属的院系;6.学校的学科门类及硕士和博士学位点;7.学校的教职工及办学规模;8.校训及学校的办学理念;9.学校的办学成就和培养人才的就业率;10.学校的校园生活;11.学校的办学条件;12.学校的对外交流;13.学校对未来的展望等。

学校简介多属于说明性文字,语言平实,文体的正式程度较高,在对中文学校简介进行英译时,多数情况下译者习惯采用忠实原文的直译方法。而针对上文所列明的差异,学校景物描写可采用简化或结构性调整的翻译方法,对政治色彩浓厚的表达也可采用简译;对有中国特色的文化、历史现象和表达应采取增加解释性文字的补译法。

澳大利亚南昆士兰大学是一个仅有不到50年历史的年轻大学。在这短短半个世纪时间里，USQ 由一所高等教育学院发展为国际化程度极高，教学研究相结合的大学。该校的简介寥寥数笔勾勒出这所大学的时代风貌。与国内高校简介英译的"阳春白雪"相比，USQ 的简介信息筛选更为突出特色，语言使用更关照国际访客，为此跨文化交际效果也就更为显著。

The University of Southern Queensland (USQ) has forged a reputation as one of Australia's leading providers of on-campus and distance education programs in Australia. With more than 75 per cent of students studying via distance or online, USQ is at the cutting edge of flexible delivery of resources and technology.

USQ is a young dynamic university located in three thriving regional locations across Southern Queensland Australia:
- Toowoomba campus
- Fraser Coast campus
- Springfield campus.

The dynamic nature of USQ allows it to remain relevant to global trends. From Arts, Business and Education to Sciences, Engineering and Surveying, the University continues to develop programs and courses that reflect the changing needs of society.

The University is also home to a number of leading Australian research centres including the Australian Centre for Sustainable Catchments (ACSC), the National Centre for Engineering in Agriculture (NCEA) and The Centre of Excellence in Engineered Fibre Composites (CEEFC).

USQ has a diverse student population, and welcomes international students from more than 100 countries each year.

斯坦福大学是美国百年名校。其简介刊载在学校官方网站，不到百字竟将这所世界教学研究型学府历史的期待、时代的责任、培养的目标、学校的定位，以及校区的所在准确、清晰介绍给网站的访问者。

Located between San Francisco and San Jose in the heart of Silicon Valley, Stanford University is recognized as one of the world's leading research and teaching institutions.

Leland and Jane Stanford founded the University to "promote the public welfare by exercising an influence on behalf of humanity and civilization." Stanford opened its doors in 1891, and more than a century later, it remains dedicated to finding solutions to the great challenges of the day and to preparing our students for leadership in today's complex world.

有关斯坦福教学、科研、管理、历史、游览等的简介则分门别类布置于网页上供访问者选择。由此可见，网络化的高校总体简介更加简明扼要，专题简介相对则详实具体。译者在翻译简介时关注译文载体的特点有利于把握译写的度，将媒体和文字整合优势发挥到极致。

　　简介文本短小精悍，寥寥数语就要使读者有对企业、机构、产品、服务的初步认识、了解，进而进入喜爱、偏好、信赖、行动阶段。这无疑对于译者把握信息传播的时、度、量、法是一个严峻挑战。中文简介原文明确服务于汉语为交际或工作语言的（广大）读者，行文措辞中国特色突出，写意写实兼济，感性色彩浓厚；多数中文简介容易留给读者"忽悠"的负面印象。英文简介服务对象明确，传播目的具体，既重视客观史实和事实的陈述，遣词造句直接服务功能，也注重氛围的创建，理性中透着感性，靠真情实意拉近与读者的距离。简介翻译者在中英简介翻译实践中宜脱离字词层面对等、句段结构对应的羁绊，大胆采用跨文化交际法进行译写创作，执着追求简介传播效益的最大化。

第九章
文化产业翻译

　　文化产业是在全球化的消费社会背景中发展起来的一门新兴产业，被公认为21世纪全球经济一体化时代的"朝阳产业"或"黄金产业"。

　　常有人说中国是文化大国，这是说中国的文化资源丰富。文化资源进入国际市场，成为产业的产品，满足海内外文化产品消费者需求才真正意味着我们的文化不仅是中国的，也是世界的。

　　全国政协常委叶朗认为文化产业是国家软实力的重要体现。作为国际事务中的战略资源的软实力，主要依靠文化产业。因为软实力是文化层面的认同的问题。认同是一个动态的过程，具有开放性和建构性。而文化产业的生产和消费过程就是一种建构性的认同实践。

　　文化产业有助于提升中国在国际社会中的软实力，有助于塑造中国文明、友好、开放、包容的形象。

　　然而，传播力决定影响力。只有读者、观众接收到相关信息后，中华文化走进他们的生活，中国文化才能得以传播，中国的文化产业才能得以发展，中国的国家形象才能屹立在世界民族之林。但是，我国文化产业翻译却存在颇多问题。

　　1. 翻译度不高。许多演出项目并未译成英文。长安大戏院的戏曲节目、国家大剧院的话剧、梅兰芳剧院的剧目等都未见英文宣传资料。除国家大剧院官方网站上用英文较详细地提供了演出介绍外，其他场馆网站也以汉语宣传为主。这说明我国文化业对外推介的力度还远远不够，外国观众没有机会了解演出信息，更无法从中获取体现中华文化精髓的文化信息。

　　2. 错误颇多。其中包括语言错误和文化信息错误。这样，就使文稿阅读者理解困难，甚至造成文化误读，我们就无法实现文化传播、共享，无法实现翻译材料所应有的呼唤性价值，翻译便无法推动文化产业的发展，无法促进中华文化走出去，无法体现博大精深的中华文化的价值与意义。

　　而造成以上问题的源头在于译者民族自觉意识与跨文化意识欠缺。第一，民族自觉意识欠缺。翻译稿中文化信息错误分为两类：一类为翻译水平有限，虽然译者理解原文，却无力将其恰当地转换为英文；另一类为译者本人对该文化信息了解不足、知之甚少，便简单地猜测其义，不负责任地将其译出，呈现在对中国文化不甚了解、借此宣传材料了解中华文化的外国人面前。第二，跨文化意识欠缺。译者只顾完成任务，心中没有读者，未能充分考虑到读者所熟悉的文化与中华文化之差异，读者对中华文化的认知度与兴趣点。这样，信息无法以读者易于接受的方式传达，文化信息无法体现中华文化之精髓与博大精深，翻译便无法达到其应有的渲染、呼唤及文化传播的作用，甚至可能适得其反，打消潜在消费者的欣赏意愿与趣味，或者造成文化误读。

9.1 传统与新派文化活动翻译

北京的"老舍茶馆"和桂林的"印象刘三姐"的翻译和对外传播代表了南北传统与新派文化，两者都为中国文化产业的发展和对外传播作出了突出贡献，取得了骄人成绩。在此，深入探讨、分析其在翻译和对外传播方面的得与失，对于中国文化产业同行不无借鉴之处。

9.1.1 老舍茶馆

"老舍茶馆是一张'京城名片'"，"来北京旅游不能不到老舍茶馆"，"老舍茶馆是一座浓缩的京城民俗博物馆"……这些来自各界对"老舍"的点评，形象地道出了老舍茶馆的民俗文化气质。一碗清香的茉莉花茶，一碟精致的艾窝窝、驴打滚，一段韵味十足的单弦，一出声情并茂的京剧表演……不能不说是一番"老北京"的地道享受。做足民俗文化，除了建筑风格上的四合院、宣南民居、故宫元素，装潢风格上的民俗物件儿灯笼、剪纸、皮影、泥人、镂雕等，还有新民乐、武术、皮影戏、手影戏、相声等更多民俗艺术表演的挖掘。老舍茶馆不仅是中国人休闲、品茶、赏剧的好去处，同时，也是展示民族文化艺术的窗口和联结中外友谊的桥梁。自1994年1月15日美国前总统老布什先生光临老舍茶馆，至今老舍茶馆已接待了来自世界五大洲的国家政要、众多各界名流及中外宾客。在2008年北京奥运会期间，就有13个国家的元首政要做客于此，体验中国文化，感受京味气息。

这样一个外国游客的必游之地的宣传资料自然是中英文对照，但其中却存在颇多错误。

首先，我们来看看对老舍茶馆介绍的英文翻译：

1) 老舍茶馆简介

老舍茶馆是以人民艺术家老舍先生及其名剧命名的茶馆，始建于1988年，

Translation of Globalized Business >> 全球化商务翻译

营业面积 2600 多平方米，在这古香古色、京味十足的环境里，您每天都可以欣赏到一台汇聚京剧、曲艺、杂技、魔术、变脸等优秀民族艺术的精彩演出，同时可以品用各类名茶、宫廷细点、北京传统风味小吃和京味佳肴茶宴。自开业以来，老舍茶馆接待了近 40 位外国元首、众多社会名流和 200 多万中外游客，成为展示民族文化精品的特色"窗口"和连接国内外友谊的"桥梁"。

前门四合茶院是老舍茶馆弘扬京味文化和茶文化的又一新手笔。他以古老经典的北京传统建筑四合院为形，以博大精深的茶艺之道为神，融合雍容贵气的京城之韵，创造了一个您梦想中的茶艺馆。在这里，只有悠闲与宁静，只有轻松与自在，听悠扬的古筝，看精湛的茶艺表演，品馨香的好茶，享茶中偷来的半日悠闲。

Profile of Lao She Teahouse

Founded in 1988, Lao She Teahouse is named after Mr. Lao She, a famous artist in China, and Tea House, one of the famous novels he wrote. With service area of more than 2,600 square meters, the teahouse provides an antique-flavor, Beijing-styled environment, where you can watch wonderful performances by celebrities from folk arts and drama on any given day while enjoying famous teas, palace snacks as well as traditional Beijing flavor snacks, regales and Tea banquets. Nearly 40 foreign chiefs of state, numerous celebrities and more than 2 million Chinese and foreign tourists have visited Lao She Teahouse since it was founded. It has been a window for exhibiting the national culture and bridge that connects China with the rest of the world.

Qianmen Courtyard Teahouse is another entirely new offering through which Lao She Teahouse promotes Beijing culture and the tea culture. It is in the form of a courtyard house, a kind of ancient, classic traditional building in Beijing, with the tea art at its core. We've create a graceful, Beijing-unique tea art house that you can only dream about. Here you feel nothing but leisure, tranquility and ease. You may listen to melodious music from Chinese zither, watch wonderful tea art performances and sip fragrant tea and enjoy the leisure brought by tea.

这段文字在语法、文化信息的处理上都存在颇多问题。"Lao She Teahouse is named after Mr. Lao She, a famous artist in China, and Tea House, one of the famous novels he wrote." 就第一句的翻译：首先，时态应为过去时 was named after；其次，after 之后的四个短语似乎是并列关系，初次读来颇费解，读第二次才明白；

第九章 文化产业翻译

第三,"名剧"未作翻译,未充分体现出《茶馆》在老舍的创作及中国现代文学史上的地位,译者缺乏文化自觉意识;第四,第一句中出现的第二个 Tea House,在初次阅读时易使读者误译为指茶馆本身,而非剧名,译文没有对剧名做斜体的处理,不够严谨。第五,Mr. Lao She 易使外国读者误译为姓 Lao 名 She,若讲出中国人取笔名、字、号时的讲究,如舍与舒庆春的关系,或许太过复杂,但笔者认为亦应注出老舍为笔名。试译为: Founded in 1988, Lao She Teahouse was named after Mr. Lao She (pen name of Shu Qingchun), who was a great artist, and his famous novel *Tea House*.

"With service area of more than 2,600 square meters", service area 多指公路边为司机提供的休息区,提供饮品、简餐、洗手间等,而非营业面积。 "the teahouse provides an antique-flavor, Beijing-styled environment, where you can watch wonderful performances by celebrities from folk arts and drama on any given day while enjoying famous teas, palace snacks as well as traditional Beijing flavor snacks, regales and tea banquets."译文结构需调整,品茶点、赏演出似乎不够突出,只是参观茶馆附带的活动。"京味"译为 Beijing-styled,不若译为 with distinctive Beijing ambiance。观看演出译为 watch wonderful performances by celebrities from folk arts,watch 不如 enjoy 可以突出娱乐性及欣赏性。译文中将"汇聚京剧、曲艺、杂技、魔术、变脸等优秀民族艺术"的细节省略似乎不妥,这正是外国观众希望看到的,亦是弘扬中国传统文化的时机。美味佳肴译为 regales 似乎不妥,太过正式了。如果译者心中有读者,有明确的目标读者意识,就会很清楚其对中国文化的了解程度及兴趣之所在。试译为:Here, everyday, in this antique teahouse with a distinctive Beijing ambiance, visitors can enjoy performances of folk arts, including Beijing and other traditional Chinese operas, acrobatics, face changing, etc, and all kinds of teas, palace delicacies, Beijing snacks and delicious dishes with tea as an ingredient.

"Nearly 40 foreign chiefs of state, numerous celebrities and more than 2 million Chinese and foreign tourists have visited Lao She Teahouse since it was founded."是一种客观的介绍。We have received nearly 40 foreign chiefs of state, numerous celebrities and more than two million Chinese and foreign tourists here since it was founded. 更有一种主动迎接、款待之意。"It has been a window for exhibiting the national culture and bridge that connects China with the rest of the world."此处正是突出老舍茶馆之时,却用代词 It 一代而过,不如强调一下,Lao She Teahouse,而前文却可用代词代过。"exhibiting"此处看来,似乎老舍茶馆展示中国文化如展

览般，略显呆板。译者若能有意识注重文稿的渲染性及呼唤性，对于老舍茶馆的发展意义自不待言。试译为：Lao She Teahouse has become a distinctive window on the essence of traditional Chinese arts and a bridge linking China and the world.

"Qianmen Courtyard Teahouse is another entirely new offering through which Lao She Teahouse promotes Beijing culture and the tea culture." "promote" 一词在此使用有宣传、推广之意，易引起外国游客的反感，此处更应体现服务意识，提供优美的环境与优质的服务，使游客体验、欣赏，获得美的享受。

"It is in the form of a courtyard house, a kind of ancient, classic traditional building in Beijing, with the tea art at its core. We've create a graceful, Beijing-unique tea art house that you can only dream about." 这部分中式英文色彩太浓，"形神兼备"是原文作者想要传达的，而这里却不易转换，西方人亦不易理解。"ancient, classic traditional" 是古老、经典、传统三个形容词的字字对译，classic 与 traditional 稍显重复，两词之间也没有逗号。"雍容贵气的京城之韵" 译为 "graceful, Beijing-unique"，雍容贵气没有充分体现，京城之韵 "Beijing-unique" 令人费解。茶艺馆译为 "tea art house" 是中式英文，茶艺指 tea ceremony，"We've create" 语法错误。试译为：Qianmen Courtyard Teahouse, a newly-expanded part of Lao She Teahouse, is another exquisite place to experience and enjoy Beijing culture and Chinese tea culture. Qianmen Courtyard Teahouse creates a perfect teahouse to experience the ancient, classical quadrangle, the essence of the Dao of Chinese tea, and the distinctive charms of Beijing.

"Here you feel nothing but leisure, tranquility and ease. You may listen to melodious music from Chinese zither, watch wonderful tea art performances and sip fragranct tea and enjoy the leisure brought by tea." "You may listen to, watch, sip..." 缺乏形象性，不如以 -ing 形式使人身临其境。"enjoy the leisure brought by tea"，在茶院享受到的快乐不仅来自茶，也包括建筑、音乐、陈设、装饰等创造的氛围。"偷得浮生半日闲" 是中国人所熟知与向往的，而若将其译为 "the stolen leisure of half a day" 对外国游客会造成一定的困惑，此处采用了归化的翻译策略。试译为：Listening to the melodious tunes of the Chinese zither, watching exquisite tea ceremonies, sipping delicious teas, enjoying the uncommon leisure of the modern life.

2）茶的介绍

茶叶富有色、香、味、形四大特长，能饮用、能调和滋味，又具有药理成分。茶被掺入菜肴做食用，早在3000年之前就已存在。由老舍茶馆厨师制作出的茶菜外形精细、色泽亮丽、口感独特,并充分保留住了蛋白质、氨基酸、茶多酚、维生素 C 等茶营养元素和药效成分,为菜品增添了一丝茶的清醇。

The tea possesses four merits of color, flavor, taste and shape. It can be drunk, can be used to flavor, and it also has pharmaceutical ingredients. About 3000 years ago, there had been the way of mixing tea into the dishes for food. The tea dishes cooked by the chef of Lao She Teahouse are exquisite, with bright colour and luster and unique taste. At the same time, it keeps protein, amino acid, tea polyphenols, vitamin C and other nutrient tea elements and pharmaceutical ingredients, and increases a little purity to the dishes.

"The tea possesses four merits of color, flavor, taste and shape." 译文是明显的中式英文。"merit" 用词不妥。"flavor" 更多地指口感、味道,而非气味的香氛。"It can be drunk, can be used to flavor." 也是字字对译,不符合英文读者习惯。试译为:Tea has four characteristics —— color, fragrance, flavor and shape. Tea is not only a drink and a seasoning, it also has important medicinal elements.

"About 3,000 years ago, there had been the way of mixing tea into the dishes for food." "mix" 一词使用不当,有混合之意,无法体现茶之清氛与清雅。对于茶的清雅与茶文化对于中国人的意义不甚了解,放弃了与世人分享茶文化的良机,译者的文化自觉意识需增强,应更多地学习、了解充满智慧的中华文化,充满民族自豪感地将其介绍给世界。此处可译为:3,000 years ago tea was added as an ingredient to dishes.

"The tea dishes cooked by the chef of Lao She Teahouse are exquisite, with bright colour and luster and unique taste." "tea dishes" 令人费解,整句话读来感觉茶菜很精致,以其色泽、口味见长;未充分体现其形、色、味俱佳之意。试译为:The dishes with tea ingredients offered by Lao She Teahouse are delicate in shape, color and taste.

"为菜品增添了一丝茶的清醇" 译为 "increases a little purity to the dishes" 有些令人啼笑皆非,难道其它菜品都不纯洁吗?"purity" 可以被 "increased" 吗?试译为:They preserve the nutrients and medicinal elements in tea, such as protein, amino acid, polyphenol, vitamin C and carry the fragrance of tea, which makes them fresh and refined.

3) 茶院及建筑的介绍

四合茶院融合了"北方庄重、南方素雅"的特点。材质上选用了大量的玻璃和木材,在保留老北京四合院正房原貌的同时,厢房则变得错落有致、变化多端，弥补了场地的不足，也体现了传统与现代的完美结合。而院落中那萋萋草坪、轻盈低唱的小鸟、个性化的装潢则增添了小院的几分灵动。

The quadrangle tearoom harmonizes the characteristics of "the sobriety of North China and the simplicity and elegance of South China", applies abundant glass and wood. It keeps the original appearance of the principal room of the quadrangle in ancient Beijing, and at the same time, the wing-rooms are in picturesque disorder and change their way of arrangement. It remedies the lack of field, and shows the perfect integrity of traditional and modern style. The luxuriant grassland, the lithe birds singing in low voice and the unique fitting make the yard more beautiful.

首先，专有名词的翻译不统一，前门四合茶院译为 Qianmen Courtyard Teahouse，此处又译为 The quadrangle tearoom，前后不一致。sobriety 主要指举止、仪态方面的严肃，非建筑形式。试译为：Qianmen Courtyard Teahouse harmonizes the building styles of Northern and Southern China — majestic, simple yet elegant. The building materials are mostly glass and wood and follow traditional Chinese building principles. 对选用大量木材稍加解释。

中文原文亦非完美，如"厢房则变得错落有致、变化多端"，错落有致很有表现力，而"变化多端"多含贬义，不宜使用。将其译为"in picturesque disorder and change their way of arrangement"，其中 disorder 使用不妥，使人感觉混乱；"change their way of arrangement" 就更是不知所云了。正房不止一间，应为复数 rooms。译者缺乏一定的批判意识，对于不恰当的中文应向相关部门指出，并在英文译稿中加以改进，而非听之任之，以完成任务了事。试译为：Qianmen Courtyard Teahouse preserves the original appearance of the principal rooms of a quadrangle dwelling in ancient Beijing. The wing-rooms are decorated in different styles, which satisfy different customers' tastes and show a perfect combination of traditional and modern styles. 此处对"弥补了场地的不足"未直译，而是将其隐含意义译出，意义反而愈加明晰。

"Grassland"似乎范围略大。"lithe"多指身体的柔韧性，而此处更强调小鸟的跳跃啁啾，使小院更显灵动。译者若能意识到译文渲染、呼唤的功能，则会有意识地突出译文的美感与艺术性。试译为：The luxuriant garden, the active, chirping birds, the unique decorations, create a lively and beautiful courtyard.

4）特色产品及表演的介绍

例1：尹智军总经理将大佛龙井作为茶礼赠送给匈牙利总理迈杰西先生。
General manager Yin Zhijun presented Dafo Longjing as tea gift to Hangarian

premier, Peter Medgyessy.

茶礼译为 tea gift 显然是字字对译，会令外国读者费解。译为 as gift to sb. 即可。

例2：京剧《霸王别姬》霸王扮演者：尹盛喜；虞姬扮演者：陈琪
The actor of King: Yin Shengxi and the actress of Yu concubine: Chen Qi in the Peking oper a Farewell My Concubine

不符合外国读者阅读习惯。

Peking Opera: *Farewell*, *My Concubine*!
The King: Yin Shengxi
Yu Concubine: Chen Qi

例3：著名单弦表演艺术家马增蕙
The famous Danxianr performer: Ma Zenghui
此处若对单弦稍加介绍会使观众不止看热闹，对单弦也可略知一二。

9.1.2 印象·刘三姐

刘三姐是中国壮族民间传说中一个美丽的歌仙，围绕她有许多优美动人、富于传奇色彩的故事。1961年，电影《刘三姐》诞生了，影片中美丽的桂林山水，美丽的刘三姐、美丽的山歌迅速风靡了全国及整个东南亚。《印象·刘三姐》是以山水圣地阳朔的风光实景作为舞台和观众席，以经典传说《刘三姐》为素材的演出。《印象·刘三姐》是海外旅游者到阳朔必定观赏的演出。

演出以"印象·刘三姐"为总题，在红色、白色、银色、黄色四个"主题色彩的系列"里，大意地将刘三姐的经典山歌、民族风情、漓江渔火等元素创新组合，不着痕迹地溶入山水，还原于自然，成功诠释了人与自然的和谐关系，创造出天人合一的境界，被称为"与上帝合作之杰作"。尤其是洗浴一场，身着白色纱巾的少女翩然起舞。水镜晨妆，风解罗衫，山水与袒露中的少女彼此呼应，似乎在告诉每一位注视者，灵性就在大自然的深邃处，少女所有的美丽来自山水的赐予。演出把广西举世闻名的两个旅游文化资源——桂林山水和"刘三姐"的传说进行巧妙的嫁接和有机的溶合，让阳朔风光与人文景观交相辉映。演出立足于广西，与广西的音乐资源、自然风光、民俗风情完美地结合，看演出的同时，也看漓江人的生活。

这样一台杰出的大型演出有着怎样的英文宣传呢？我们选取三个典型段落序/山水传说、红色印象/山歌、尾声/天地颂唱进行文本分析。

序

山水传说

唱山歌，这边唱来那边和……
山歌缘水而起，便有水的灵性。
带出一个美丽的传说，
风，来了；云，动了；
刘三姐，一个歌唱的精灵，在山水间诞生。

The Prelude
Legend of the scenery
Singing folk songs, you asking, I am answering the folk
songs are as clear and intelligent as the water and tells you
a beautiful legend.
The wind comes over, and the clouds flying Liu Sanjie, a
spirit of songs, is in everywhere among the river and the
mountains.

这段文字如诗如画，先不说译文翻译得如何，单就译文的分行、断句就存在颇多问题，大小写亦不合规范，读来莫名其妙，诗性全无。且不论译文如何，就断句来讲，至少应作一下处理。

The Prelude
Legend of the scenery
Singing folk songs, you asking, I am answering
the folk songs are as clear and intelligent as the water
and tells you a beautiful legend.
The wind comes over, and the clouds flying
Liu Sanjie, a spirit of songs, is in everywhere
among the rivers and the mountains.

山水传说译为 "Legend of the scenery"，这一幕的传说，可谓形神皆无。而山水传说意蕴为，这片神奇的山水相应成辉，灵动的漓江、俊秀的山峦孕育了充满灵气的山歌与唱山歌的精灵，浪漫的爱情便在山歌中演绎流传。

"唱山歌，这边唱来那边和……"是在描绘一种气氛，而 singing folk songs, you asking, I am answering，语法不通，字字对译，意境丧失。"山歌缘水而起，便有水的灵性。"译为"the folk songs are as clear and intelligent as the water",山歌缘水而起没有译,对于一方水土一方人的中国人的传统观念没有表现,山水皆有灵气的观念亦没有提及,而只将其作为一种比喻,而且,灵气没有译出。"带出一个美丽的传说"一句,the folk songs tells you a beautiful legend,主谓搭配错误。"风,来了;云,动了";the wind comes over, and the clouds flying,缺乏美感与动感,缺乏目标读者意识。而原文"The wind comes over, and the clouds flying Liu Sanjie"更是让人莫名其妙。"刘三姐,一个歌唱的精灵,在山水间诞生。"a spirit of songs, is in everywehere among the rivers and the mountains. 刘三姐怎么能在山水的各个角落呢?这里的刘三姐并非指当地善唱山歌的女子,而是传说中的人物。试译为:

Prelude

Legend of the extraordinary mountains and rivers; legend of Liu Sanjie.

Songs echoing in the mountains, one falls, another rises…
Folk songs originated from rivers, sharing their nature,
and evoking a beautiful legend,
Breezes blow, clouds drift;
Liu Sanjie, a song fairy, was born midst the extraordinary mountains and rivers.

红色印象/山歌

本场是刘三姐传神的风情篇,编导者大写意地将山歌与渔网做结合,构成"对歌"的印象。满江飞舞的红网,是涌动的旋律,而网中的男人,便是跳动着火一般欲望的音符……

Red Impression

Folk Songs

This section is base on the legend of Liu Sanjie, the producer bravely combine the songs with the fishing net to form an impression of Duige (sing songs with the questions in it and ask the other to sing back with the answer).

上段文字中"legend of the scenery",而此段中又使用 section 一词,前后不一致。"is base on"应为 be based on,编导应为 director,而 producer 为制片人。原译者对英文的把握有待提高。而仅仅将"传神的风情篇"译为 This section is based on the legend of Liu Sanjie,对于传神的风情没有体现。试译为 This is a symbolic scene of the amorous feelings,"the producer bravely combine the songs with the fishing net to form an impression of Duige (sing songs with the questions in it and ask the other to sing back with the answer)."

　　首先值得肯定的是，译者试图通过解释的方式将对歌介绍给外国游客，体现了一定的跨文化意识。但译者对于导演将山歌与渔网结合的本意不甚了解，未能根据上下文作出合理的判断。"满江飞舞的红网，是涌动的旋律，而网中的男人，便是跳动着火一般欲望的音符……" 这是多么美的一幅画，飞舞的渔网如律动的五线谱，网中的男人如跳动的音符，象征着爱情之火。而译文却未将其艺术性、审美性、民族性表现出来。艺术突出的渲染、呼唤功能被翻译消解了。试译为：The directors combine folk songs with fishing nets to depict the scene of Duige. The fluttering red nets are the flowing melody and men in the nets are lusty notes, hot as fire.

尾声/天地颂唱
渔火渐渐走远，灯光已经熄灭，
刘三姐的歌仍然在天地间唱颂着，
令人魂牵梦绕，挥之不去！
多谢了，多谢这片山水的馈赠！
多谢了，多谢美丽山歌的洗礼！
"多谢四方众乡亲，
我家没有好茶饭，
只有山歌敬亲人……"
——多谢了！

The Epilogue
The fishing rafts are gone, the lights is turning off, but the songs of Liu Sanjie is hovering around. Thanks, thanks for the present this land gives; thanks, thanks for the joy the beautiful song brings; thanks for all the fellow villagers, since I have no delicious meal to serve you, the only thing I can do is to sing folk songs to entertain you. Thanks a lot!

"渔火渐渐走远，灯光已经熄灭"是一种渐行渐远的意象，而 "The fishing rafts are gone, the lights is turning off"，却译为 "are gone"，已经离开；而 "turn off" 是熄灯之意，但不可持续，不如选用 fade, dim 等词能恰切地表现渐行渐远的意象之美，并与下文中仍然萦绕耳畔的歌声形成对比。"but the songs of Liu

Sanjie is hovering around."对于 hover 一词的选用,令人想起盘旋的老鹰,不禁心生恐惧,不如 linger 一词;另外,主语复数与谓语单数不搭配。"Thanks, thanks for the present this land gives; thanks, thanks for the joy the beautiful song brings;" thanks 不甚妥当,不若 We express our gratitude to miraculous mountains and rivers; 这片山水的馈赠不宜译为 present,因它不是某一具体的事物,而是这山山水水带给人们的一切物质、精神财富,这丰饶的鱼米之乡,这美妙的山歌、传说、爱情,人们的美好善良……译者若能准确地理解原文,深刻地理解中华文化,以我们独特、博大的文化为骄傲,有着强烈的文化自觉意识,便会以更恰当的方式、生动地将原文之意展现。"多谢了,多谢美丽山歌的洗礼!"译为"thanks, thanks for the joy the beautiful song brings",不甚妥,山歌的洗礼不仅仅指山歌带给人们的快乐 joy,山歌的淳朴、自然、幽默,曲调的婉转动人,令人忘却城市的浮躁喧嚣,回想起人与自然原来可以如此亲近和谐,使人的灵魂得到净化,不若 purify 一词;另外,the beautiful song 应为复数,因此处泛指民歌,非特指某一首。"我家没有好茶饭,只有山歌敬亲人……"译为"since I have no delicious meal to serve you, the only thing I can do is to sing folk songs to entertain you."不甚妥,因此处没有好茶饭,似乎不意味着没有饭来招待,只是 Though the meal be modest, we will entertain you with our songs. 只是饭菜不够丰盛,以精神食粮来补足。否则外国友人可能会认为中国人很是小气,招待客人没有饭吃,只是唱歌而已,造成文化误读。

9.2 剧情介绍翻译

中国步入"小康"并不仅仅是人民物质生活显著改善,家庭收入显著增加,还包括文化精神生活的丰富多彩。文化产业借改革开放之风蓬勃发展。然而无论是在文化名人和名作的对外宣传,还是在影视和文化艺术表演的对外宣传介绍(如节目单和戏剧剧情简介等)方面还存在着十分严重的翻译问题,这在很大程度上制约着中华文化的对外传播,因而需要相关的翻译从业人员和政府各级主管部门给予足够的重视。请看以下原文和译文:

太尉高俅之子高衙内欲夺林冲之妻,定下卖刀计,将林骗至军机重地白虎堂,从而铸成冤狱。将林冲发配沧州,并买通解差欲在野猪林加害于林,幸遇鲁智深相救。高俅又派陆谦等人追至沧州,火烧草料场,欲置林于死地。于是林冲怒杀陆谦等人,与鲁智深一同投奔梁山。

| Translation of Globalized Business >> 全球化商务翻译 |

原译文

The story is from a Chinese historical novel *Romance of the Three Kingdoms*. Magistrate Gao Qiu's son, was struck by a beauty who was Lin Chong's wife and wanted to seize her as his wife, so he used a stratagem for calling Lin Chong into a safe care registry, the White Tiger Hall, and framed a case against Lin Chong. So Lin Chong was sent under escort to Cang Zhou. Gao Qiu told the escorts to kill Lin Chong secretly in the Wild Boar Forest on the way to Cangzhou. In the Wild Boar Forest Lu Zhishen rescued Lin Chong, So Gao Qiu sent Lu Qian and some ones to Cangzhou, where they burned down the fodder ground, so as to bury Lin Chong. Lin Chong killed Lu Qian and his fellows, and went to Liangshan for shelter together with Lu Zhishen.

这是北京某著名剧院网站上有关京剧《野猪林》的简介及其英译文。简单对照原文浏览一下，不难发现译文中存在的众多翻译错误。例如，古典名著《水浒》被译为 "a Chinese historical novel *Romance of the Three Kingdoms*"。首先，《水浒》至少存在着三个英文译名，分别是 "Water Margin"（J. H. Jackson, 1937）、"Outlaws of the Marsh"（Sidney Shapiro, 1980）和 "All Men Are Brothers"（Pearl Buck, 1933），其中前两个译名更为常见。"Romance of the Three Kingdoms" 是《三国演义》的英文译名，在这里显然属于张冠李戴了。"A historical novel" 的意思是历史小说，即以历史为题材的小说，而不是古典小说；正确的译法应是 "a classical novel"。宋朝的太尉为正二品军务高官，可译为 "Marshal" 或 "Grand Marshal"，而不是 "Magistrate"（其意思是地方法官或治安官）。

"欲夺林冲之妻" 不是 "wanted to seize her as his wife"。这样翻译虽然并无语法问题，但却并不符合原文的意思，因为原文 "夺妻" 并非意味着要 "娶……为妻"，可改译为 "lust after her"。原文中的 "卖刀计" 本身就是一段故事，如果采用加注或解释的方式译出来，会使得该简介显得过长，过于罗嗦，因此可以考虑运用编译策略，将其淡化隐去。"军机重地" 应是 "a highly important and confidential place" 或是 "a place of great importance and high confidentiality"，但绝不会是 "a safe care registry"，相关译文纯属不负责任的乱译。此外，该译文中还存在着一些英语语言表达和逻辑方面的错误，例如，英语里一般不会用 "frame a case against somebody" 这样的表达方式，但可以说 "rig a case against somebody"、"cook up a case against somebody"、"concoct a case against somebody" 等，或是用 "frame a person for something"。"burn down the fodder ground, so as to bury Lin Chong" 既不符合英语表达习惯，也存在逻辑问题，可改译为 "set fire to a grain and fodder storage field in the hope of burning Lin to death"。篇幅有限，其他错误就不一一列举了。请看参考译文：

The story is adapted from a well-known Chinese classical novel *Water Margin*, also known as *Outlaws of the Marsh*. Gao Yanei, the lecherous foster son of the Grand Marshal Gao Qiu, lusts after a beautiful woman who happens to be the wife of Lin Chong, head training instructor of the Imperial Guards. Gao tricks Lin into carrying a saber to the White Tiger Hall, where high-ranking officials discuss important and highly confidential military affairs and therefore no officers are allowed to carry a weapon into it. So Lin is framed for an assassination attempt and exiled to Cangzhou. Gao bribes the guards to finish Lin off in a place called Wild Boar Forest while on their way to Cangzhou, but Lin is saved by his friend Lu Zhishen. Gao sends Lu Qian to Cangzhou in an attempt to murder Lin there. Lu Qian sets fire to a grain and fodder storage field in the hope of burning Lin to death. In a fury Lin kills Lu Qian and his men and then flees with Lu Zhishen to Liangshan.

9.3 节目单的翻译

作为介绍演出内容及传递相关文化信息的重要媒介，节目单的功能与作用对于成功的文艺演出而言极为重要。对于一台精心策划的对外文艺演出而言，翻译得体的节目单更是不可或缺。然而，对外文艺演出节目单的翻译目前还有着诸多不尽人意之处，其中包括各种各样的翻译错误，比如将节目单翻译为"menu"（应译为"program"）等；存在着各类传统剧目（曲目）的翻译不统一的现象，比如一个节目可能会有几种不同的译法等。因此，如何规范对外文艺演出节目单的翻译并提高其质量，应引起翻译专家和学者们的重视，成为应用翻译学术研究的新领域。

鉴于我国目前处于文化产品出口弱国的地位，还需要强化对外传播中华文化的力度，因此涉及对外演出的翻译应定位于促进海外观众更好地了解和认识中华文化，特别是传统中华文化。就此而言，在翻译对外演出节目单的过程中应尽量避免采用单纯音译等异化策略，比如将"春晚"译为"chunwan"等，而应以意译、音译加注释等翻译策略为主。

音译加注释的策略适用于传统乐器的翻译，例如把"琵琶"译为"Pipa (Chinese guitar)"、"扬琴"译为"Yang Qin (Chinese Hammered Dulcimer)"、"古筝"译为"Gu Zheng (25-string Chinese zither)"、"二胡"译为"Erhu (2-string

Chinese Fiddle)"等。

意译策略适用于翻译各演出公司、剧团、乐队和剧院的名称，例如上海大剧院（Shanghai Grand Theatre）、中央民族乐团（China Central Chinese Orchestra）、中国对外演出公司（China Performing Arts Agency）、女子十二乐坊（12 Girls Band）等。

一般而言，意译也适用于文艺节目的翻译，例如民乐合奏（Chinese Folk Instrument Ensemble）、魔术（Magic Performance/Routine）、小品（skit）、春节晚会（the Spring Festival Gala）、木偶（Puppet Show）、大型新编史诗京剧（Grand New Epic Peking Opera）、杂技芭蕾舞（Chinese Acrobatic Ballet）等。

传统艺术节目的名称承载着较多的文化信息，因此在翻译过程中既需要考虑文化信息的传递，同时也需要照顾西方观众的审美情趣和接受能力。例如，新创舞蹈《千手观音》的翻译有着若干不同的版本：其中包括（1）Avalokitesvara Bodhisattva；（2）The Thousand-handed Bodhisattva；（3）The Thousand-handed Goddess of Mercy 等。（1）属于佛教术语；（2）部分地选用了佛教术语，雅俗并用；而（3）则采用了归化策略，意思一目了然。相对而言，（2）和（3）的译法更容易为英美观众所理解和接受，因此效果更好一些。川剧剧目《变脸》的翻译看似简单，但是如果译者不清楚 Face Changing 与 Changing Face 之间所存在的差异，也容易造成误译。事实上，由于 Face Changing 易于使人联想到整形手术，所以还是应译为 Changing Face。

古曲《春江花月夜》的译法有七、八种之多，如：A Spring Night on the River、A Night of Flowers and Moonlight by the Spring River、A Moonlit Night on the Spring River、A Moonlit Night by the Spring River、The Night of Spring Flowers, River, and Moon、Moon-lit Night by a Spring River、Spring River and Flowers in the Moonlight、Blossom on a Spring Night 等。

提起《春江花月夜》，许多人都能想起"春江潮水连海平，海上明月共潮生。滟滟随波千万里，何处春江无月明"这样脍炙人口的诗句。事实上，《春江花月夜》原名《夕阳箫鼓》，为中国古典十大名曲之一，后取意唐代诗人张若虚的名诗《春江花月夜》而更名，全曲分为十段，犹如十幅连续的画面，其中包括江楼钟鼓、月上东山、风回曲水、花影层台、水云深际、渔歌唱晚、欸乃归舟和尾声等。据此判断，A Spring Night on the River 比较贴近原文的意境，并且更为简洁；而其他的译法要么有错误，要么过长，不符合剧目或曲目名称应简洁的要求。

以下是为在上海举办的一次国际会议与会代表准备的歌舞演出，请参看其中英文对照节目单（部分）。

节目单
Program

开场歌舞：《茉莉花》 Opening Song and Dance ***Jasmine Flower*** 表演：中福会上海市少年宫小伙伴艺术团 Performed by Little Companion Art Troupe of CWF Children's Palace Shanghai	武术表演：《少林武魂》 Martial Arts Performance ***The Spirit of Shaolin Martial Arts*** 表演：河南嵩山少林武术馆表演团 Performed by Songshan Shaolin Temple Martial Arts Performing Troupe
舞蹈《溜溜的康定溜溜的情》 Dance ***Love Story of Kangding*** 表演：上海歌舞团 Performed by Shanghai Song and Dance Ensemble	京剧 《大唐贵妃》片段"梨花开" Peking Opera ***Pear Blossom***, an Excerpt from ***the Imperial Concubine Yang of the Tang Dynasty*** 演唱：李国静 Performed by: Guojing Li 伴舞：上海歌舞团 Dance Accompaniment by Shanghai Song and Dance Ensemble
民乐合奏《春江花月夜》 Folk Instrument Ensemble: ***Blossom on a Spring Night*** 表演：上海民族乐团七仙女组合 Performed by Seven Fairies Ensemble from Shanghai Nationalities Orchestra	男女声二重唱 《饮酒歌》 Male and Female Duet ***Drinking Song*** 演唱：周进华、刘恋 Sung by Jinhua Zhou & Lian Liu 伴舞：上海歌舞团 Dance Accompaniment by Shanghai Song and Dance Ensemble

如果是纯英文节目单，还可以按照欧美观众的阅读习惯将节目单的格式调整为（1）节目名称；（2）节目类型；（3）节目的作曲家（或编剧等）；（4）表演者等。例如：

| Translation of Globalized Business >> 全球化商务翻译

Program

A Spring Night on the River 　　*Traditional Music* *Performed by Jiangsu Silk & Bamboo Chinese Orchestra*	*Spring Rain* 　　*Pipa (Chinese guitar) Solo* *Arranged by Yi Zhu & Bo Wen* *Performed by Cheng Wang*
Excerpts from The Hu Village 　　*Beijing Opera* *Performed by Yan Yang*	*Changing Face* 　　*Puppet Show* *Performed by Hong Xu*
The Mulberry Tune of Qin 　　*Gu Zheng (25-string zither) Solo* *Arranged by Shuhua Lou* *Performed by Shanshan Cai*	*Spring on Qing River* 　　*Yang Qin (Chinese Hammered Dulcimer) Solo* *Arranged by Weikang Liu* *Performed by Wen Xi*
Moon Reflected on the Second Fountain 　　*Erhu (2-string Chinese fiddle/violin) Solo* *Composed by Yanjun Hua* *Performed by Changyao Zhu*	*Spring on Xiang River* 　　*Bamboo Flute Solo* *Arranged by Baosheng Ning* *Performed by Jian Wang*

　　文化产业翻译是一种跨语言、跨社会、跨时空、跨文化、跨心理、跨专业的交际活动。同其他类型的翻译相比，它在跨文化、跨心理、跨行业交际特点上表现得更直接、更为突出、更为典型、更为全面。

　　文化产业的出现是应对日益增长的市场对文化产品消费需求"应运而生"的，是以市场营销理论为指导的；企业、行业、产业、国家市场营销水平是以消费者的需求和消费满意度高低为尺度进行评估的；消费者的需求和消费高满意度实现又是以信息服务的优质高效来确保的；国际市场文化产业信息服务的优质高效事实是翻译的优质高效。全球化、市场经济条件下的翻译"不再时常把一个语篇变成另外一个用以取代、代表或作为等值的语篇，而是为所服务的对象作一次圆满的、合乎专业要求的服务"（周兆祥，1999：153），翻译已经从"后台"走出，担纲起沟通需求，跨文化交际者的重要角色。

　　文化与产业，以文化的内涵提升产业的附加值，强调其审美性、民族性，考虑观众的需求，在译文中强调气氛的渲染，突出其特色，增强审美性与呼唤性。

第九章　文化产业翻译

　　文化产业翻译以传播中国文化、吸引游客、促进文化产业发展、提升中国国际软实力为宗旨，其特有的文体特点和表达方式要求译者必须重视读者与译文。第一，译者应具有跨文化意识，明确文化不应该只是语言之间的转换，更是文化层面的诠释。第二，在透彻消化理解原文的前提下考虑中西文化差异，顾及译文读者的认知，具有目标读者意识。考虑中西方思维差异、宗教差异、传统文化概念差异、价值观差异、生活方式差异及心理联想的差异等等，从而灵活选用读者喜闻乐见的语言形式，恰当表达原作内容。对于文化问题，应根据具体文化、社会、历史问题灵活处理，尽可能消除文化误译，填补文化空缺，既力求易于西方读者理解，又要保持中国文化的内涵。第三，译者对文化词汇和信息要有很强的文化敏感性，动态选择恰当的表达方式，本着以文化翻译为取向，以译文为重点的翻译原则，在准确理解原文目的、意义、效果的前提下，发挥译语优势，灵活变通采用不同翻译策略，如解释、类比、删减、改写，亦可是直译、意译，或归化、异化，或综合运用这些手段，具体问题具体分析，增加译文的可读性与接受性，使译文在传播文化的同时，使西方读者得到身心愉悦的美的享受，使其在栩栩如生、令人心驰神往的描述中，受到潜移默化的影响，以达到传达文化信息、传播中国文化的目的。第四，文化自觉意识。中国文化源远流长，中文内涵丰富、形式多样，译者有必要加强对中国文化与中文的理解力与掌控力，尤其是经常引用的古文古曲，这些都对译者提出了更高的要求，否则，对于中国文化的误解将贻害无穷。第五，加强对英文的驾驭能力。译者应广泛阅读西方同类资料，学习地道、形象、幽默、优美的英文表达方式。这样，才能在翻译中左右逢源、挥洒自如、有的放矢、深入浅出、雅俗共赏，体现鲜明的中华民族特色，深厚的文化底蕴，将中华文化之博大精深淋漓尽致地展现。同时，关注同类资料的语言特点与风格，突出文化产业翻译的渲染性与呼唤性，真正体现翻译在促进文化传播中的价值与意义。

　　世界翻译家联盟副主席、中国翻译协会副会长黄友义在首届全国旅游暨文化创意产业（多语种）翻译研讨会开幕式上谈到：文化创意产业翻译，由于其特殊性、多样性与复杂性，仍不为我们翻译工作者所熟悉和掌握。文化创意产业翻译任重而道远。（黄友义，2007）

第十章
会展翻译

会展是具有开放性和公众参与性的大型经济、文化交流活动。从宏观层面上而言，随着近年来我国会展业的迅猛发展，特别是我国成功举办昆明世界园艺博览会和上海2010年世博会，会展业日益受到各级政府的高度重视，全国的会展业取得了明显的成就，在各大城市举办的会展的数量和规模都不断扩大，凸显国际化特色浓厚、主题鲜明、品牌效应的特色，对相关产业都产生相应的带动作用，进而对社会经济的整体发展起到了积极的促进作用。从微观层面上而言，会展作为一种商务推介利器所起到的作用为其他手段无法比拟。因为会展可以为观众和消费者搭建一个进行面对面直接交流的平台，以满足消费者"眼见为实"的心理诉求，并且可以通过展示展览很好地向观众推介自身产品、形象和特色等。

随着会展行业的发展，以及这一行业国际化的加强，会展的翻译也越来越受到业内人士甚至普通大众的关注。很多会展行业的行家认为：会展翻译的优劣直接影响到本次活动的国际影响力甚至成败。在会展行业内容翻译的过程中，有许多需要注意的地方，既有一般中英文翻译的特点，同时也具有许多带有行业特征方面的翻译特点。本章主要探讨会展推广的翻译、会展服务类信息的翻译和会展会刊的翻译等方面的理论与实践特点。

10.1 会展推广的翻译

会展推广有相对固定的一套格式化的文本及语汇，为此会展的翻译主要是注重其功能性，高度清晰地表达主要内容，抓住目标受众的眼球和兴趣。这是在会展推广翻译的一个基本原则。

（1）夏季达沃斯——2010年新领军者年会与世界名山合作泰山峰会介绍的翻译

夏季达沃斯
2010年新领军者年会
中国天津9月13日—15日
推动可持续增长

新领军者年会是在亚洲举办的最重要的全球性商业聚会，被誉为"夏季达沃斯"。年会始创于 2007 年，得到了中国政府和温家宝总理的大力支持。

通过可持续性推动增长是在 21 世纪提升全球、国家与企业竞争力的基础。今年的年会议程将关注如何提高能源效率、减少碳排放、开发绿色技术和重建基础设施。

年会还将全面系统展望那些能在可预见的未来重新塑造商业和社会的重大经济、行业与技术发展。

"Summer Davos" in Asia
Annual Meeting of the New Champions 2010
Tianjin, People's Republic of China 13-15 September
Driving Growth through Sustainability

The Annual Meeting of the New Champions, the "Summer Davos", is the foremost global business gathering in Asia. Introduced in 2007, the Meeting is held in close collaboration with the Government of the People's Republic of China and with the personal support of Premier Wen Jiabao.

Driving growth through sustainability is fundamental for global, national and business competitiveness in the 21st century. This year's programme will focus on how to increase energy efficiency, lower carbon emissions, develop green technology and rebuild basic infrastructure.

It will also provide a systematic overview of key economic, industry and technological developments that will reshape business and society for the foreseeable future.

世界名山合作泰山高峰会是在国家旅游局、中国人民对外友好协会、山东省政府的指导下，由山东省旅游局和泰安市人民政府联合组织发起、旨在加强世界名山之间的交流与合作的一次国际盛会。以下内容是关于此次峰会的中英文介绍。

世界名山合作泰山高峰会概况
活动时间：2009 年 9 月 5 日—7 日
活动地点：中国泰安
活动主题：世界的高度，高峰的合作

世界上许多国家和地区都有代表自己独特形象的名山圣岳。随着全球经济的融合与开放，山岳对世界经济、文化交流的重要作用日益凸显。泰山是一座象征中华民族的圣山；泰安是一座寓意国泰民安的城市。为搭建世界名山展示、交流

| Translation of Globalized Business >> 全球化商务翻译 |

与合作的平台，在中国国家旅游局、山东省人民政府、中国人民对外友好协会的指导下，山东省旅游局、泰安市人民政府联合组织发起，举行世界名山合作泰山高峰会。中国泰山、加拿大落基山、希腊奥林匹斯山、德国楚格峰、韩国汉拿山、瑞士皮拉图斯山代表汇聚泰安，举行高峰会议，探索世界名山的保护、管理及旅游开发与营销，共同倡议成立世界名山联盟。众多媒体聚焦大会，对高峰会进行全方位报道。会议期间，还举行世界名山合作泰山高峰会摄影展、世界名山风情展演等活动，世界名山合作泰山高峰会成为展示世界名山风采的大舞台。

Brief Introduction of Taishan Summit of World Famous Mountains Cooperation
Date: September 5th to 7th, 2009
Venue: Tai'an, China
Theme: Height of the World, Cooperation of Summits

Many countries and regions have their own symbolic mountains. With the integration and opening of the global economy, mountains are playing an increasingly important role in the international economic and cultural exchanges. Mount Taishan is a sacred mountain symbolizing Chinese nation and Tai'an is a peaceful city implying that the country is prosperous and people live in peace. Organized and initiated by Shandong Provincial Tourism Administration and Tai'an Municipal People's Government under the guidance of National Tourism Administration of the People's Republic of China, Shandong Provincial People's Government and the Chinese People's Association for Friendship with Foreign Countries, Mount Taishan Summit of World Famous Mountains Cooperation is held on September 5th to 7th, 2009 in Tai'an at the base of Mount Taishan in order to set a stage for display, communication and cooperation among the world famous mountains. The delegations of Mount Taishan of China, Rocky Mountain of Canada, Mount Olympus of Greece, Mount Zugspitze of Germany, Mount Hallasan of the Republic of Korea, Mount Pilatus of Switzerland, participate in the Summit, exploring ways for the protection and development of famous mountains and marketing and promotion of tourism, and exchanging ideas for development, taking the initiative to jointly establish World Famous Mountains Federation. Multiple media focus on the Summit and give comprehensive reports. The Photo Exhibition of World Famous Mountains Cooperation and Folk Custom Performance of World Famous Mountains are held during the Summit to showcase the charm of world famous mountains.

以上是对两个不同会议介绍的翻译，这种推广首先需要对会展的大概情况进行一定的介绍，整体上而言是提供信息型的内容，同时这部分内容也更加突出了具体词汇的呼唤功能。在两者中首先都面临的一个问题是对于会议题目的翻译，

第十章　会展翻译

一般情况下这些大会都有约定的表达，译者在翻译时需要事先了解并且尊重这个表达，例如"新领军者年会"就要翻译成"Annual Meeting of the New Champions"。对于此类信息的翻译，在翻译过程中尤其需要注意语言的正式。例如"推动可持续增长"翻译成英文时考虑语言的工整和正式，最好翻译成"driving growth through sustainability"，而不是按照字面对应翻译成"driving sustainable growth"。同样基于这一原则的是"最重要的"这个词汇就翻译成了"foremost"。另外名词动译也是一个比较显著的特点，例如在表达"通过可持续推动增长是……的基础"中就把"基础"这一名词动译为"is fundamental"；此外，某些词汇在汉语中非常简洁，例如"概述"这个动词非常简洁，但是在英文中没有完全对应的一个单一词汇，所以需要考虑使用一个词组来进行表达，就翻译成了"provide a systemic overview"，在完全达意的情况下，也非常符合英文的表达习惯。

对于世界名山合作泰山高峰会的翻译也有许多值得一提之处。汉语的表达比较正式华丽，经常使用一些四字短语，而相对的英文表达就较为简洁明了，这是由于两种语言不同的特点决定的。例如汉语表达"代表自己独特形象的名山圣岳"在英文中就简单地翻译成"their own symbolic mountains"。在翻译的过程中，对于非主干信息翻译可以灵活一些，同时也可以在译文中略有一些增删以满足目标语中的语言文化习惯，使意思更加清晰或者达到增强宣传效果的目的。例如在泰山高峰会介绍的最后一部分，汉语表达略为复杂，所以当翻译成英文时，则可以进行一定的减省，以更好地符合英文语言表达习惯，例如"成为展示世界名山风采的大舞台"就翻译成了"to showcase the charm of world famous mountains"，这些都是由于中英两种语言的差异所决定的。但是由于会展的宣传推广也多半是提供信息型和告知型的内容，所以对于大部分内容的中英文基本上是一一对应、相互匹配的。此外，一般在对会展的介绍中，经常会提到主办、承办和支持单位等名称，对于这些名称的的翻译也基本上需要完全对应。但是需要注意的一点是，对于机构名称，一般中英文都会有一种固定说法，所以在翻译的过程中需要尊重此固定名称，而不可改译。在泰山高峰会的介绍中，比较有特点的一部分是对于一些世界名山名称的翻译，同样也要遵循尊重其原有固定译法的原则。

（2）北京国际汽车展览会展会资料的翻译

创始于1990年的北京国际汽车展览会（Auto China），至今已连续成功举办了十届。经过近二十年的发展，北京国际汽车展览会的品质、规模、档次逐届提高，展会的硬件设施和各项服务日渐完善。已经成为在全球有相当影响的品牌展览会。2010（第十一届）北京国际汽车展览会在位于北京顺义区天竺地区的中国国际展览中心（天竺）新馆和朝阳区静安庄的中国国际展览中心两个场地同期举行。以下部分是对 2010 北京国际汽车展览会展会的介绍和翻译。

展览会名称：2010（第十一届）北京国际汽车展览会
展览会主题：畅想绿色未来
展览会日期：
整车：2010 年 4 月 25 日-5 月 2 日
零部件：2010 年 4 月 23 日-4 月 27 日
新闻媒体日：2010 年 4 月 23 日-4 月 24 日
专业观众日：2010 年 4 月 25 日-4 月 26 日
公众参观日：2010 年 4 月 27 日-5 月 2 日
展览会地点：
整车：中国国际展览中心（天竺）新馆
零部件：中国国际展览中心（静安庄）
主办单位：
中国机械工业联合会
中国机械工业集团公司
中国国际贸易促进委员会
中国汽车工业协会
承办单位：
中国国际贸易促进委员会汽车行业分会
中国汽车工业国际合作总公司
中国国际展览中心集团公司
中国汽车工程学会
展会的核心价值：
全球汽车及相关产业集中、全面、高水平展示
展示国内外汽车行业新技术、新产品、新水平
全球媒体关注：
组织论坛和技术研讨会、搭建行业交流平台
服务市场、服务广大汽车消费者
参展单位：
乘用车、商用车制造厂、商家
汽车零部件制造厂、商家
车及相关产品设计机构

汽车装饰用品、消费品商家
金融服务机构
汽车及相关产品商贸公司
汽车行业及相关媒体

展品范围：
各种类型的汽车（包括轿车、商用车及专用车）
各种类型的概念车
各种汽车零部件、总成、模块及系统
各种汽车制造设备，工艺装备
各种检测、测试、实验仪器和设备
计算机开发设计系统及应用技术
汽车工业生产的新工艺、新材料
汽车工业新能源技术与产品
汽车工业环保技术与产品
各种汽车用品、装饰件
各种汽车维修设备

2008（第十届）北京国际汽车展盛况：
展览总面积超过18万平方米
国内外观众达到68万人
18个国家和地区的2100多家整车和零部件厂家参展
10120名国内外媒体记者现场参观采访
共有参展车890辆
跨国汽车企业7款全球首发车
55辆概念车
150辆在中国首发车

Exhibition Name: 2010 BEIJING INTERNATIONAL AUTOMOTIVE EXHIBITION
Exhibition Theme: For a Green Tomorrow
Exhibition Schedule:
Passenger cars and commercial vehicles: 25 April—2 May, 2010
Auto components and parts: 23 April—27 April, 2010
Press days: 23 April—24 April
Trade days: 25 April—26 April
Public days: 27 April—2 May

Exhibition Location:

Passenger cars and commercial vehicles: China International Exhibition Center (Tian Zhu) new venue

Auto components and parts: China International Exhibition Center (Jing An Zhuang)

Sponsors:

China Machinery Industry Federation (CMIF)

China National Machinery Industry Corporation (SINOMACH)

China Council for the Promotion of International Trade (CCPIT)

China Association of Automobile Manufacturers (CAAM)

Organizers:

China Council for the Promotion of International Trade, Automotive Sub-Council (CCPIT AUTO)

China National Automotive Industry International Corporation (CNAICO)

China International Exhibition Center Group Corporation (CIEC)

Society of Automotive Engineers of China (SAE-China)

Core Values of the Exhibition:

The centralized, complete and high-level show of international auto industry and related industries

To demonstrate the new techonologies, new products and new level of domestic and international auto industry

Attention of Global Media:

To organize forums and technical seminars, establishing an exchange platform for the industry

To serve the market and vast auto consumers

Exhibitors:

Passenger cars and commercial vehicles manufacturers and related businesses

Auto parts and service parts manufacturers and related businesses

The designing institutions of auto and relevant products

The suppliers of auto decorative products and consumables

Financial service institutions

Trading companies of vehicles and related products

Media of auto industry

Scope of Exhibits:

Passenger cars, commercial vehicles and special purpose vehicles

Concept vehicles

Auto parts, assemblies, modules and systems

Vehicle manufacturing and technological process equipments

Vehicle measuring and testing equipments

Vehicle R&D and design techniques and systems and computer application technologies

New technological process and new material in automotive industry

New energy resource technologies and products in automotive industry

Environmental protection technologies and products in automotive industry

Vehicle ornaments and accessories

Vehicle maintenance

Outstanding participation of Auto China 2008:

Total exhibition area exceeded 180,000 square meters

It attracted 680,000 visitors

More than 2,100 vehicle makers and auto components & parts manufacturers from over 18 countries and regions participated in the show.

10,120 Chinese and foreign journalists were present.

Altogether 890 vehicles were present.

7 world premiers of multinational models of vehicles.

55 concept vehicles were demonstrated.

150 vehicles were debuted in China.

这一部分的展会资料对2010（第十一届）北京国际汽车展览会的基本内容，如展会的时间、地点、主办机构和展品类别等做了介绍，以便参展者更好地了解这个展览会的情况。以上内容显示会展名称、主题、时间和地点的翻译较为简单。首先在展览名称的翻译上，采取了一一对应的基本翻译方法。在展会主题的翻译上，遵循了汉语较为正式而英文简洁的原则，所以汉语的"畅想绿色未来"就简单地译为"For a Green Tomorrow"。另外对于展览场馆的名称翻译，由于有固定译法，所以要尊重这些译法。主办和承办单位名称的翻译也需要遵循这一原则。

一些行业中英文词汇的翻译相差甚大，在翻译的过程中则需要更好地了解本行业内的术语，切实理解源语含意，在找到目标语言中相匹配的词汇以对应。例如各种类型的汽车包括"乘用车"、"商用车"、"专用车"和"概念车"分别译为"passenger cars"、"commercial vehicles"、"special purpose vehicles"和

"concept vehicles"。另一个特点是一些行业词汇在英文中有可能一词多义,但翻译成汉语时就需要考虑译为和本行业相关的那个固定表达方式。例如,"auto parts, assemblies, modules and systems"的中文译文为"各种汽车零部件、总成、模块及系统",其中"assemblies"这个词在汉语中本可以翻译成多种表达,但考虑到此文本的上下文和行业特点,只可译为"总成"。此外还有一些行业内的表达方式值得一提,例如"首发车"的表达在英文中即可翻译成句子也可译为短语,分别译为"vehicles were debuted in China"和"world premiers",而"整车和零部件厂商"则译为"vehicle makers and auto components & parts manufacturers",所以对于一些具有行业特点的文本,需要翻译具有较为丰富的行业知识以便使译文更符合行业规范。

(3) 世界经济论坛主办方资料的翻译

世界经济论坛是以研讨世界经济领域存在的问题、促进国际经济合作与交流为宗旨的非官方国际性机构,总部设在瑞士日内瓦。世界经济论坛的年会因每年的1月底至2月初在瑞士的达沃斯小镇举行,故而又称"达沃斯论坛"或"冬季达沃斯",至今已有37年的历史。按照世界经济论坛组织的定义,"冬季达沃斯"是世界500强企业同各国和地区政府的对话,研讨全球经济问题。世界经济论坛在全世界范围内极具良好声誉和影响力,在其网站上有对于主办方资料的详细介绍。

Our Organization
World-Class Governance

The World Economic Forum is an independent, international organization incorporated as a Swiss not-for-profit foundation. We are striving towards a world-class corporate governance system where values are as important a basis as rules. Our motto is "entrepreneurship in the global public interest". We believe that economic progress without social development is not sustainable, while social development without economic progress is not feasible.

Our vision for the World Economic Forum is threefold. It aims to be: the foremost organization which builds and energizes leading global communities; the creative force shaping global, regional and industry strategies; the catalyst of choice for its communities when undertaking global initiatives to improve the state of the world.

We enjoy a unique global standing by recognizing and responding to two new developments:

● The world's key challenges cannot be met by governments, business or civil society alone.

● In a world characterized by complexity, fragility and ever greater synchronicity, strategic insights cannot be passively acquired. They are best developed through continuous interaction with peers and with the most knowledgeable people in the field.

To carry out its mission, the World Economic Forum has developed an integrated value chain by involving world leaders in communities, inspiring them with strategic insights and enabling them through initiatives.

我们的组织

世界领先水平的治理

世界经济论坛是个独立的国际组织，以瑞士一家非营利基金会的形式成立。我们致力于建立一个世界领先水平的企业治理体制，使价值成为与规则同等重要的基石。我们的使命是"以全球公众利益为本的企业家精神"。我们认为，没有社会发展的经济进步是不可持续的，而没有经济进步的社会发展又是不可行的。

世界经济论坛的愿景表现在三个方面。它旨在成为：建立全球领先社区并为其注入活力的最重要组织；制定全球、地区及行业战略的创新力量；当社区为改善世界状况开展全球倡议活动时，成为推动社区做出选择的催化剂。

由于我们认识到以下两项新的进展并采取相应行动，从而在全球享有特殊地位：

● 仅通过政府、企业或民间团体的单独作用不能应对全球主要挑战。

● 在一个复杂性、脆弱性以及同步程度都达到前所未有高度的世界，不能被动地获得战略洞察力，获得的最佳方式是通过与同僚以及某领域知识最渊博的人不断进行互动。

为完成使命，世界经济论坛建立了综合价值链，将全球领袖汇聚在社区中，以战略洞察力激励他们并通过行动倡议增强其能力。

在对世界经济论坛主办方内容的介绍上，英文语言表达略为抽象，句型结构较为复杂，翻译出的中文在体现这一特点的同时，通过简化句型结构在一定程度上弱化了这一特点。例如"incorporated as a Swiss not-for-profit foundation"这个在原句中的修饰成分在汉语中就翻译成了一个句子"以瑞士一家非营利基金会的形式成立。"同理，对于一些英文中从句的处理也是使用汉语中另外的一个句子来表达，例如从句"where values are as important a basis as rules."就翻译成了独立的一句"使价值成为与规则同等重要的基石。"整篇文中多处体现了这一特点，甚至表现为一个英文长句翻译成多个中文独立短句。除了句型之外，一些词汇的翻译也是需要注意之处，例如"governance, strive towards, motto, entrepreneurship, vision"等词汇需要根据上下文意思以及中文习惯的表达方法分别翻译为"治理、致力于、使命、企业家精神、愿景"等。在世界经济论坛的介绍部分，较多地方也使用了"名词动译"的方法。例如在其三方面的愿景中，英文中都使用了名词短语的并列，"the foremost organization..., the creative force..., the catalyst of choice...,"而在汉语中则使用动词短语"建立……，制定……，成为……"这些无论从语法功能还是表达效果方面考虑都是较佳的表达方式。

(4) 汽车产业会展主办方盖世汽车网资料的翻译

中国的汽车业在今年得到迅猛发展，无论是在汽车的年产量还是年消费量上均居全球首位。每年中国国内举办大量关于汽车行业的会展活动，因此与汽车业相关的会展服务业也水涨船高，催生了一大批汽车业会展公司，其中盖世汽车网就是其中的一位佼佼者，其每年在国内举办多场会议展览活动，具有较好的声誉和国际影响力，以下内容是对这个汽车行业专业会展主办方的介绍。

主办单位——盖世汽车网（Gasgoo.com）是全球领先的汽车产业B2B电子商务平台，致力于整合全球汽车产业资源，积极帮助中国汽车零部件企业创造出口机遇，对接国际采购链。

盖世汽车网拥有37万国际买家数据资源，注册买家约87300家，注册供应商逾43200家，发展迄今，我们已成功为8700家以上全球活跃买家提供中国供应商推荐、筛选和配对服务，超过17500家中国汽车零部件企业成功接触国际买家。

盖世汽车网主要服务项目包括配套采购服务、委托采购服务、采购配对会、买家见面会、海外招展等，通过在线B2B电子商务平台、专业采购杂志和线下采购活动为中国企业提供整合营销服务。

联系我们：
电话：86-21-5169 9066
传真：86-21-5036 6106
电邮：event@gasgoo.com
网址：www.gasgoo.com
地址：上海浦东新区浦东大道720号国际航运金融大厦5楼（邮编：200120）

Organizer — Gasgoo International

Gasgoo International (http://www.gasgoo.com) is China's largest automotive B2B marketplace with over 80,000 global buyers and 43,200 verified member suppliers. With over 10 years automotive purchasing & exporting experience, Gasgoo International is dedicated to connecting global automotive buyers and suppliers.

Gasgoo International provides professional auto parts sourcing assistance service to global buyers. Our service is to help buyers in exploring, prescreening and matchmaking suppliers on a basis of time & cost minimization and sourcing optimization.

Contact Information
Tel: 86-21-5169 9066
Fax: 86-21-5036 6106
Email: event@ gasgoo. com
website: www. gasgoo. com
Add: 5F, International Shipping & Finance Building, No. 720 Pudong Avenue, Shanghai, China (Zip code: 200120)

在对盖世汽车网的介绍中，我们可以看到中英文的翻译并非完全对应。这是根据主办单位对于国内外市场不同情况的掌握，而采取了针对市场情况的介绍。尽管大体信息一致，但具体信息则可根据不同市场特点在中英文版本中有不同的体现。也就是说，对于主办公司情况的介绍，为了让参展商和买家增加对展会的信任度，这种类型内容的翻译可以使用编译法（transediting），即翻译外加编辑（translation + editing）的原则，也就是在保持原有信息不变的基础上，在译文中适当增减一些内容以使所介绍的信息更加清晰，并且更具吸引力。同时，在翻译的过程中需要注意对于一些术语的翻译，例如"buyers"则要翻译成"买家"，"suppliers"则需要翻译成"供应商"，而"sourcing assistance service"也要注意行业内约定俗成的翻译方法，翻译成"采购服务"。对于这一部分中主办方联络信息的翻译需要非常准确，地址上要完全符合当地所惯用的中英文名称。此外对于相同的内容，汉语言中一意有多种表达方式的特点，而英文中此特点并不突出。所以对于一些宣传介绍类型的材料而言，出于印刷版面和对读者眼球吸引力的考虑，可以把中英文的版面大小安排得比较类似，即对于一段中文的翻译，英文可以略微简略一些。反之对于一段英文的翻译，中文则可略为丰富一些。这个特点在以上文本中也有所体现。

10.2　会展服务类信息的翻译

在参会者、参展商和买家完成了报名程序，确认参会参展之后，会展的主办方为了方便参加会展者，还应该提供一系列信息，这其中包括到达展会地点的交通信息、展厅和展位情况、展览现场服务信息、展览之余的旅游、餐饮、购物等信息，以协助参展参会人员和相关客户顺利完成参加此次会展的目的。

10.2.1 会展交通信息的翻译

主办方提供如何到达展会地点的交通信息对于参会和参展者来说是十分必要的，例如：

夏季达沃斯——2010年新领军者年会

如何前往天津？

亚洲的大多数主要机场都有前往天津的短程航班，包括上海、香港特别行政区、首尔和名古屋，可便利抵达。届时，将开通从天津滨海国际机场和北京首都国际机场至会议指定酒店的免费班车。会议期间，还将提供指定酒店至会场之间的不间断班车服务。

Summer Davos — Annual Meeting of the New Champions 2010

How will I travel to Tianjin?

Tianjin can be conveniently reached by frequent and short flight connections from most major airports in Asia including Shanghai, Hong Kong SAR, Seoul and Nagoya. A shuttle bus service from Tianjin Binhai Airport and Beijing International Airport will be provided to the official hotels in Tianjin. A continuous shuttle service will also be provided throughout the meeting between the official hotels and the meeting venue.

第十八届世界翻译大会

交通

与国际会议中心毗邻的东方滨江大酒店门口礼宾部提供出租车服务，出租车起步价格为人民币11元3公里，之后每公里价格为人民币2.1元。如果您想搭乘出租车，又不会说中文，请将用中文书写的目的地地址交给出租车司机。另外，国际会议中心左前方步行10分钟左右有地铁二号线，通往黄浦江对岸的南京路商业街和上海市中心的人民广场。

班车

组委会每日免费提供由推荐宾馆至会场的往返班车。凡通过锦江旅游公司注册并入住推荐宾馆的参会者，可凭参会证乘车。班车详细班次及时间将张贴在各宾馆和会议中心一层的公告板上。

XVIII World Congress of the International Federation of Translators

Transport

Shanghai has well-developed transport facilities, and its bus, trolley bus and subway routes are accessible from all directions. The Concierge Desk at the entrance of the Oriental Riverside Hotel next to the SICC offers taxi reservation service. The base taxi fare, which covers the first three kilometers of a trip, costs 11 yuan, and the price for each additional kilometer is 2.1 yuan. It is a 10-minute walk form the SICC southeastward to Subway Line 2, which stops at Nanjing Commercial Street and the People's Square in central Shanghai across the Huangpu River.

If you want to take a taxi, but you do not speak Chinese, please write down the address of your destination and show it to the taxi driver.

Shuttle Bus Service

The Local Organizing Committee will provide free shuttle bus services between recommended hotels and the SICC once from August 4 to 7. Congress participants staying at hotels recommended by Shanghai Jinjiang Tours Co. Ltd. will be admitted to the shuttle bus by showing their participant badges. Please refer to the notice put up at the registration desks at each recommended hotel and the Bulletin Board at the SICC for detailed bus schedule.

这种交通信息指示的翻译是比较直白的，因为中英文两种语言对于具体信息的描述差异不大。但就翻译形式来说，有些英文中是被动形式的句子可以用汉语的主动句型来表达，使用这种方法翻译出来的语句更符合汉语语言习惯，例如，英文中一个被动句型"Tianjin can be reached by frequent and short flight connections from…."翻译成汉语主动形式则会使读者感到更加熟悉和亲切，即"亚洲的大多数主要机场都有前往天津的短程航班"。在对交通信息这种客观事实的描述时，英文中经常使用被动句型，所以在此类信息的翻译时，需要经常应用此翻译原则。同时有些情况下，英文中的一个起修饰作用的形容词在汉语中完全可以翻译成一个独立的小句子，这样的处理更加符合目标语言习惯。例如"frequent"这个词就翻译成了"可便利到达"这样一个小短语，起到补充说明的作用。

交通类信息的最大特点就是功能性很强。所以有时关于非常具体的交通类信息翻译时，偏重功能性翻译也是较为常用的一种方法。对于第十八届世界翻译大会交通信息的翻译就较好地体现了这一原则。在这种类型翻译的过程中，更多的使用编译（trans-editing）的方法，对原文进行增增减减、变换句型、调整信息位置等都在所难免，以期达到突出重点信息，实现目标语言功能的目的。

此外，一些词汇的翻译也需要考虑汉语中约定俗成的说法，例如"official hotel"，其字面意思是"官方酒店"，但这并不符合汉语表达习惯，所以翻成"指定酒店"较为确切，同样"meeting venue"翻译成"会场"也比直译成"会议地点"更为合适。

10.2.2 展厅展位信息的翻译

在接待参展商以及参展商布展的过程中,展厅展位的信息尤其重要,这些信息可以使参展商布展参展的过程更加顺畅。下面一部分的内容就是伦敦亚洲博览会中与此有关的信息。

<u>Floor Plan</u>

Grand Hall

Olympia Exhibition Centre

(For reference only, Organizer subject to change if necessary without prior notice.)

大厅

奥林匹亚展览中心(仅供参考,主办机构有权进行必要调整,而无需提前通知。)

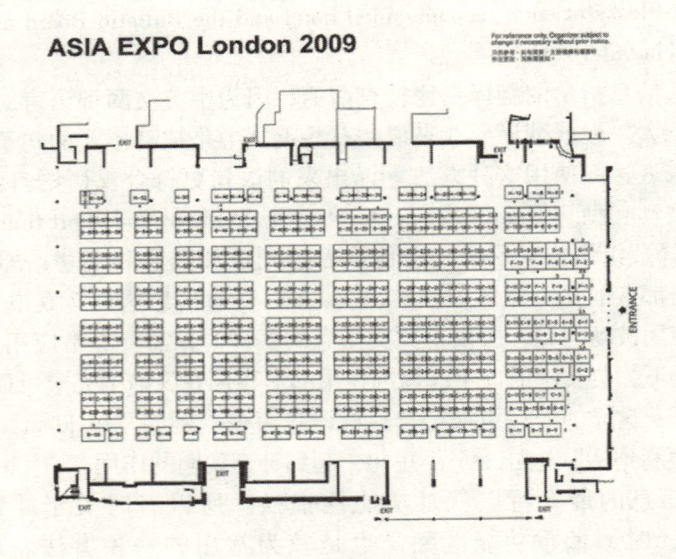

图 11-1　展厅平面图

Booth Specification	展位规格
3m (D) x 3m (W) - (9 sqm)	3m(深)x 3m(宽)-(9 平方米)
-Fascia	-公司招牌板
-Wall panel	-围板
-Carpet	-地毯
-5 Spotlights	-5 只射灯

| 第十章　会展翻译

-1 Square table　　　　　　　　-1 张方桌
-3 Chairs　　　　　　　　　　 -3 张椅子
-3 meter lockable cabinets　　 -3 米带锁储物柜
-6 meter wooden shelves　　　 -6 米木陈列架
-6 meter ceiling beams　　　　 -6 米天花铝条

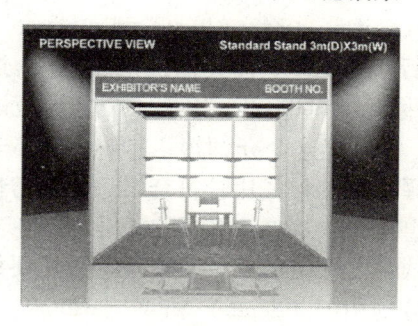

图 11-2

3m（D）x 4m（W）-（12 sqm）　　3m（深）x4m（宽）-（12 平方米）
-Fascia　　　　　　　　　　　　-公司招牌板
-Wall panel　　　　　　　　　　-围板
-Carpet　　　　　　　　　　　　-地毯
-6 Spotlights　　　　　　　　　-6 只射灯
-1 Square table　　　　　　　　-1 张方桌
-3 Chairs　　　　　　　　　　　-3 张椅子
-4 meter lockable cabinets　　 -4 米带锁储物柜
-8 meter wooden shelves　　　　-8 米木陈列架
-8 meter ceiling beams　　　　 -8 米天花铝条

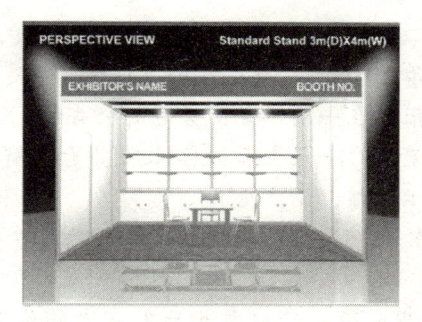

图 11-3

· 135 ·

因为在中英两种文化和语言中的这一类型信息的表达方式都是有固定模式和套路，所以在翻译中掌握好相应模式，注意符合对于同一信息、两种语言的不同表达规范和习惯，就可以完成这种类型信息的翻译。在以上这个范例中，固定的模式本身在原语言中就比较清晰，但是对于翻译形式来说，有些英文的一个句子可以用汉语的多个句子来表达，以贴近汉语的语言习惯。例如，英文中的一句话"Organizer subject to change if necessary without prior notice"可以翻译成汉语的两句话"主办机构有权进行必要调整，而无需提前通知"。这其中值得一提的就是英文名词汉语动译的运用，"prior notice"是一个名词短语，但是翻译成汉语就可以翻成"提前通知"，并且把这个介词短语"without prior notice"翻译成一个句子，使用这种方法翻译出来的形式比较符合汉语语言习惯。

此外，这部分的信息对于参展商来说是非常必要和实用的。对于会展行业，对于展位规格的描述方式都是固定的，一般来说，首先要标明深度和宽度以说明展位的大小，在英文中分别用 D（depth）和 W（width）代表。同时还需要说明的是所提供的其他设施。在上述这个例子中，公司的招牌板（fascia）、围板（wall panel）和陈列架（shelves）等都予以提供，说明参展商如果没有特殊要求的话，只要带去参展商品就可以了。对于此类说明性信息的翻译，需要注意的就是要了解此行业的专业术语，力求专业性和准确性。

10.2.3 会展现场服务信息的翻译

会展服务类信息涵盖的范围非常广，除了上述信息之外，还包括许多在展览现场服务的相关信息以及展览中间，以及结束后为客户提供的服务信息。这些信息对于提升会展的影响，增加客户满意度都起着不可忽视的作用。所以对于此类内容的翻译也显示出其独特的意义，具体的服务信息范例和翻译如下所示：

咨询：国际会议中心一层大厅设咨询台，解答会务问题，处理参会证挂失补办等事宜。

- 进入国际会议中心请随身佩带参会证。如不慎丢失，请凭有效证件立即挂失，并交纳手续费人民币50元（8美元）补办证件。
- 重要变动信息将张贴在一层示意图旁边的公告板上。

学术服务：国际会议中心一层大厅设学术服务台，解答参会者提出的问题，接收论坛发言人会议演示文件，论文全文。

- 请发言人在发言的前一天将电子演示文件提交到学术服务台，已经提交者请勿重复提交。
- 《大会论文集》（印刷版）将收录论坛发言者的论文全文，由外文出版社出版。参会代表可在学术服务台填表预订。

● 《论文集》（光盘版）可在一层纪念品销售台现场购买。

媒体接待：国际会议中心一层大厅设媒体接待台，负责新闻记者的报名工作。五层设大会新闻中心，为记者提供新闻稿件和采访线索，提供电脑、网络等发稿、咨询服务。

展示台：国际会议中心三层、五层公共区域将设展示台，免费提供中、英、日文的上海概况、旅游和地图等资料。

互联网：国际会议中心五层长江厅外专设 9 台电脑，为参会者提供免费互联网服务。

Information: An information desk will be set up in the main hall on the first floor of the SICC to answer questions concerning the Congress and handle reports and replacement of lost participant badges.

- Participant badges are required to and in the SICC. In case of loss, please take a valid identification card and report to the information desk. Each replacement costs 50 yuan, or 8 US dollars.
- Notices of major changes of Congress events will be put up on the bulletin board on the first floor of the SICC.

Academic Services: An academic service desk will be set up in the main hall on the first floor of the SICC to answer questions from speakers, and receive the latest presentation files and discourses.

- Speakers are advised to hand in electronic presentation files to the academic service desk at least one day before their speeches. Please avoid repeated submission.
- The Congress Proceedings book collecting full-text discourses of the speakers will be published in December 2008 by the Foreign Languages Press. All participants may fill in order forms for the book at the academic service desk.
- Additional copies of the Proceedings of the Congress (CD version) will be sold at the souvenir counter on the first floor of the SICC.

Media Reception: A media reception desk will be set up in the main hall on the first floor of the SICC to handle the registration of reporters. The Congress Press Center on the 5th floor will provide reporters with news materials and interview advice, and offer computer and internet services.

Display Shelves: Shelves will be set up in the foyers of the 3rd and 5th floors of the SICC to display materials with general and tourism information, and maps of Shanghai in different languages. Periodicals carrying Congress reports in several languages will also be on display.

Internet: Nine computers with Internet connection will be available in the foyer outside the Yangtze River Hall, on the 5th floor of the SICC, for the free use of Congress participants.

这种类型的翻译一般是说明性的，因此翻译起来要力求意思清晰、用语正规，并且在语言中要体现出一定的服务热情和真诚。此外因为所提供的服务信息内容多种多样，所以在翻译时也需要考虑运用不同的技巧来应对不同的特点，但总体而言都是为了达到以上所述的翻译效果。在"咨询"部分，源语非常正式，在翻译过程中需要尽量在目标语言中体现这一特点。对于第一句的翻译，在英文中使用了一个完整的复合句则体现了语言的正规。另外两个要点信息在翻译过程中的用词和句型也都体现了这一特点。另外对于"咨询"这个词本身的翻译也更多地体现了"意译"和尊重目标语言习惯的特点，所以翻译成了"information"，达到了更好达意的效果。在其他部分，也充分体现了语言正式的这一特点，例如汉语中"请发言人……"这样的一个句型在英文中就使用了较为正式的固定句型"speakers are advised to…"。另外在此类信息中，汉语经常会使用"无主句"，而此类句子在英文中一般是以被动句型的方式来进行表达。例如"《论文集》可在一层纪念品销售台现场购买。"这句话的翻译就体现了此特点。这一部分翻译还体现出的一个特点是，由于此次大会的会议地点是中国上海，所以有时汉语信息的内容就略为简短一些，而针对于有语言困难的国外参会者的英文信息内容有时则会略为详尽一些。

10.2.4 会展相关营销信息的翻译

会展之余的一些活动，例如旅游活动的安排，还有其他的相关信息不仅可以让参会参展者对这个城市和举办地有一个更全面和深刻的印象，同时还可以为这个城市或者举办地提供一个绝佳的对外宣传和制造旅游商机的机会。

Social Programs:

Shanghai Evening Soiree

• Time: 18:30 — 21:00, August 4

• Venue: Grand Ballroom, 7th Floor, Shanghai International Convention Center

• Participants: Registered participants, registered accompanying persons, representatives of exhibitors

• Program: Dinner & Performance

• Shuttle Bus Service: Please refer to the notice put up at the registration desks at each recommended hotel and the Bulletin Board at the SICC for detailed schedule.

第十章　会展翻译

Huangpu River Cruise
- Time: 19:30 — 21:30, August 5
- Location: No. 4 Berth, Shiliupu Tourist Information Center
- Price: USD $ 60
- Shuttle Bus Service: recommended hotels→cruise→recommended hotels. Please refer to the notice put up at the registration desks at each recommended hotel and the Bulletin Board at the SICC for detailed schedule.

The Huangpu River (Huangpu Jiang), revered as Shanghai's mother river, divides the metropolis into two parts: Pudong (to her east) and Puxi (to her west). You will be able to see the two faces of Shanghai at the same time: on its western shore, the colonial landmarks of the Bund serve as a reminder of Shanghai's 19th century struggle to reclaim a waterfront from the bogs of this river; on the eastern shore, the steel and glass skyscrapers of the Pudong New Area point to a burgeoning financial empire of the future. During the cruise, a buffet dinner will be served.

文化活动：

"上海之夜"文艺演出
- 时间：8月4日 18:30 — 21:00
- 地点：上海国际会议中心上海厅
- 参加者：会议正式注册代表、注册家属、参展商代表
- 内容：晚宴、演出
- 班车服务：通过上海锦江旅游有限公司预定宾馆的代表可搭乘锦江公司提供的班车返回推荐宾馆。班车具体时间安排将张贴在各推荐宾馆和会议中心公告板上。

为了创造一个良好的用餐和交流环境，保证演出效果，请参会者遵守国际会议惯例，勿离桌敬酒，勿大声喧哗。

夜游黄浦江
- 时间：8月5日 19:30 — 21:30
- 地点：十六铺旅游中心四号泊位
- 价格：415元/人
- 班车服务：会后，通过上海锦江旅游有限公司预定宾馆的代表可搭乘锦江公司提供的班车返回推荐宾馆。锦江公司还提供大会各推荐宾馆至上船码头，以及码头回酒店的班车服务。班车具体时间安排将张贴在各推荐宾馆和会议中心公告板上。

黄浦江，上海的象征，国内著名的旅游港湾。浦江游览一直是上海旅游中的

· 139 ·

| Translation of Globalized Business >> 全球化商务翻译 |

一个传统旅游节目，每天从上海外滩"浦江之光"码头起航，把您从繁华的上海市区，沿江一路带至雄伟的杨浦大桥。行驶江心，眺望一江之隔，跨越百年沧桑的建筑群，不能不心生感慨。游览期间，将在船上提供自助晚餐。

Tours:

Pre-Congress Tours:

Six-Day Tour to Beijing and Xi'an

Price: USD $ 1154 per person (USD $ 1406 per person for single occupancy)

Duration: July 29 — August 3, 2010

The tour starts from Shanghai on the afternoon of July 29. After two hours' flight, you'll find yourself in Beijing, the nation's bustling capital. You'll visit in the following two days the vast imperial playground of the Summer Palace, the holy Temple of Heaven, the grand Tian'anmen Square, the majestic Forbidden City, and the amazing Great Wall.

On August 1, you'll fly to Xi'an, the "City of Museums". Here you will visit the scholars' beloved Xi'an Forest of Stele Museum, the legendary Buddhist temple Big Goose Pagoda, the world renowned Terracotta Army and the well preserved Xi'an City Wall. The trip ends on the afternoon of August 3 in Shanghai.

Accompanying Persons' Programs and Tours:

Shanghai Jinjiang Tours has designed a number of short excursions to meet the needs of the accompanying persons. A tourist information desk will be set up on the first floor of the Shanghai International Convention Center during the Congress to answer inquiries about travelling and accept booking of different tour programs. Some of the tours provided are listed below:

Half-Day Tours in Shanghai

Destinations: Shanghai Museum, Yuyuan Garden, Shanghai Urban Planning Exhibition Center, etc.

Price: USD $ 29 per person

Time: every morning and afternoon

One-Day Tours

Destinations: Suzhou, Zhouzhuang, Tongli or Xitang

Price: USD $ 65 per person

Time: every day

Two-Day Tour to Hangzhou

Price: USD $ 189 per person

Time: every day

Post-Congress Tours:

Five-Day Tour to Guilin and Xi'an

Price: USD $ 871 per person (USD $ 1036 per person for single occupancy)

The tour starts from Shanghai in the afternoon of August 7. After two hours' flight, you will land in the beautiful city of Guilin, the scenery of which is acclaimed as the "Best under Heaven". Your sightseeing includes the Reed Flute Cave, a delightful cruise down the scenic Li River, on board a deluxe air-conditioned boat to the small market town of Yangshuo.

On August 9, you will head for Xi'an, the ancient capital for 12 dynasties. Visits to the Xi'an City Wall, the amazing Terracotta Army, the Big Goose Pagoda and the Xi'an Forest of Stele Museum are like reading the history of ancient China. The trip ends in Shanghai on the afternoon of August 11.

旅游：

会前旅游：

北京——西安六日游

价格：每人7950元（单人间加1730元）

时间：7月29日下午——8月3日下午

路线：上海——北京——西安——上海

会中旅游：

上海锦江旅游有限公司提供的短程旅游线路适合于随行家属前往。大会报名和召开期间，锦江公司将在会场设置服务台，随时为参会者及家属提供旅游咨询和预订服务。

1. 半日游（上海博物馆、豫园、上海城市规划馆等）每人270元

2. 一日游（苏州、周庄、同里或西塘）每人450元

3. 两日游（杭州）每人1100元

会后旅游：

桂林——西安五日游

价格：每人6000元（单人间加1130元）

时间：8月7日下午——8月11日下午

路线：上海——桂林——阳朔——西安——上海

对于娱乐观光、旅游服务等会展营销类信息的翻译，首先需要注意的是信息的忠实性，同时使用一些增加读者兴趣的语言无疑会为译文增添不少亮点。此外

由于此类信息很多是营销性质的，所以需要根据受众的具体情况而对中英文提供的内容进行不同程度的介绍，进行有目的的增删，以期达到满足不同受众的需求，甚至会起到文化或者礼仪规范提醒方面的一些作用。例如在"文化活动"的介绍中，汉语部分就有一个"勿离桌敬酒"的提示，这是根据国际礼仪惯例对中国人士作出的提醒，并不需要在英文中也体现出来。同样的道理，上海的黄浦江、北京、西安、桂林等地对于外宾来说也是较为陌生的，所以在英文中进行一下介绍可以帮助起到较好的营销效果。而在汉语中相应的信息则并不完全必要。总体而言，对于营销类信息的翻译，在基本信息对应的情况下，完全可以根据两种语言所针对的不同受众而提供一些相应的有助于达到推广效果的信息。

另外此类信息的语言特点是表达非常清晰，同时语体需要正式一些。例如英文中"please refer to the notice…"在汉语中就翻译成了"班车具体时间安排将张贴在……"，中英文在信息内容一致并且表达清晰的基础上，在语言形式和结构上作了一些调整，以期达到符合语体正式的效果。另外需要注意的一点是对于一些地域性旅游观光景点的名称，如果不易翻译或者翻译后容易引起误解，则可不译，或者在译文后把它们在源语中的名称也附于后面，以便参观者可以更好地找到这些景点。

10.2.5 其它服务信息的翻译

其他服务类信息，例如餐饮购物等信息的提供是为了使参会参展者获得一个满意的全方位体验而提供的信息。此类信息的翻译需要注重的是信息的对应性和准确性，语言形式要尽量简洁明了。所以从翻译角度而言，这些提供信息型（informative）内容的翻译，基本上在翻译完成之后，无须过多润色，最重要的一点是要保证信息的完整和精确性，同时也要尽量保证目标语言形式上的简洁、一目了然。以下范例可以较好地诠释这一翻译原则：

Meals:

The Congress will provide lunches on August 4 and 5, and an evening banquet on August 4. Please take the above three meals in the designated areas indicated by your lunch coupons and the invitation to the banquet — Shanghai Evening Soiree. For lunch on August 6, you may use the dining rooms of the Shanghai Oriental Riverside Hotel inside the SICC or take a five-minute walk from the SICC to the Super Brand Mall, where there are over 70 restaurants offering various cuisines.

餐饮：

大会提供8月4日、5日午餐和8月4日晚宴，请分别持午餐券或邀请函到指定区域就餐。8月6日午餐自理，可前往东方滨江大酒店各餐厅就餐，或从会议中心步行五分钟至正大广场就餐，广场内有各类餐厅70余家。

Souvenir Shopping: From August 3 to 7, souvenirs of XVIII FIT World Congress, including Proceedings of the Congress (CD versions), T-shirts, ties, scarves and fans will be available at the sales counter in the main hall on the first floor of the SICC.

纪念品销售：8月3日-7日，国际会议中心一层大厅设销售台，销售第十八届世界翻译大会纪念品，包括：大会《论文集》（光盘版）、T恤衫、领带、丝巾、扇子等。

10.3 会展报告的翻译

会展报告是在会展结束以后对此次会议或者展览进行的总结，一般包括会展的一般性信息，例如：会展名称、时间、地点、组织者和参展人数等；其次还有对于本次会展举办情况的介绍，看其是否达到了会展的预定目标，起到了何种作用等；对于参会参展者的情况总结以及对下一届会展的初步宣传等也是会展报告的一部分重要信息。另外重要的一点是在展会报告中加入一些参会参展者亲身体验的反馈信息，会给整个会展报告增色不少。通过会展报告，一方面可以对本次会展进行回顾和总结，另外一方面，也可以让人们更加了解本次会展，增加其品牌的知名度，从而有助于为下一届会展吸引更多的参会参展者和买家。

会展报告可以是全方位综合性的，也可以是一系列从不同角度进行的不同侧面的总结。下面所介绍的世界经济论坛新领军者年会回顾就是从一个具体侧面总结了2009年的大连年会。

Dalian, People's Republic of China, 10 September 2009 — Wen Jiabao, Premier of the People's Republic of China, opened the World Economic Forum's Annual Meeting of the New Champions, laying out an ambitious agenda to reinvigorate China's economy while meeting social goals. He explained his nation's stimulus plan and called for increased cooperation to meet collective challenges as the world recovers from the recent financial turmoil. "Over the past year, the world economy has experienced the most severe challenge since the Great Depression," said Wen. "Thanks to the concerted efforts and active measures of the entire world community, the world economy has started to recover."

2009年9月10日，在中国大连，中华人民共和国总理温家宝出席了世界经济论坛新领军者年会的开幕式，在发展中国经济以及实现社会目标方面提出了雄心勃勃的计划。他介绍了中国的经济刺激计划并且号召加强合作来面对世界经济从金融危机中恢复所面临的共同挑战。温家宝说："在过去的一年中，世界经济

Translation of Globalized Business >> 全球化商务翻译

经历了自从'大萧条'以来最为严重的挑战。由于整个国际社会的共同努力以及积极的应对,世界经济已经开始复苏。"

The World Economic Forum's Annual Meeting of the New Champions 2009 ("Summer Davos" in Asia) in Dalian is hosted in partnership with the government of the People's Republic of China represented by the National Development and Reform Commission (NDRC). The meeting's focus is "Relaunching Growth" and more than 1,300 leaders from 90 countries are taking part.

在大连召开世界经济论坛新领军者2009年会(亚洲的"夏季达沃斯")是和由国家发展改革委员会为代表的中华人民共和国政府合作召开的。会议的主题是"重振增长",来自90多个国家的1300多名领军人物参加了这个会议。

Wen assured participants that China had halted "the downturn in economic growth." He emphasized that the Chinese stimulus plan "focuses on expanding domestic demand," encourages innovation in science and technology, and increases both rural and urban employment. For example, during the first seven months of 2009, the Chinese economy grew 7.1%, creating 6.6 million jobs in urban areas.

温家宝向参会者说明中国已经走出了"经济增长的低迷期"。他强调中国的经济刺激计划"关注于扩大内需",鼓励在科技领域的创新,增加城乡就业。例如,在2009年的头七个月,中国经济增速为7.1%,在城镇地区创造了660万个工作机会。

Wen also called on the international community to join with China in tackling climate change, opposing protectionism, promoting sustainable recovery of the world economy and protecting intellectual property rights. Furthermore, he specifically asked that the World Economic Forum focus on strategies to achieve the UN Millennium Development Goals, particularly with regard to social welfare in the developing world. "The dark cloud of the global financial crisis will disperse. Let us work together for a more splendid and promising future." Thanking the Premier, Klaus Schwab, Founder and Executive Chairman, World Economic Forum pledged to help to achieve his vision: "We feel that the economy always has to serve society," said Schwab.

温家宝同时号召国际社会和中国一起来应对气候变化,反对保护主义,促进世界经济的可持续性回暖并且保护知识产权。此外,他特别呼吁世界经济论坛关注一些有助于实现联合国千年发展目标的战略,尤其是发展中国家社会福利方面的相关目标。"全球金融危机的阴云将会散去。让我们共同努力来创造一个更加灿烂辉煌的未来。"世界经济论坛的发起人和执行主席克劳斯·施瓦布感谢温总理并且承诺来帮助实现这个愿景。施瓦布说:"我们认为经济必须服务社会。"

这部分信息是对2009年世界经济论坛新领军者年会从一个侧面进行的总结报告及其译文。这一部分的报告更多地从国家高层参与以及评论方面来说明此次会议的层次、意义以及所起到的效果。

对于会展一般信息的翻译,做到信息对应,语言规范即可,但同时也需要运用一些编译的原则,在语言上进行更好的修饰。例如在英文中使用简单的词汇"open",在汉语中则不可直译,而要译为"出席了开幕式",另外"to reinvigorate…"这个在源语中的目的状语在目标语中翻译成了方式状语"在……方面",伴随状语"as the world recovers from…"在汉语中翻译成了定语"世界经济从金融危机中恢复所面临的",这些都是为了更好地符合汉语的语言习惯从而采取的一些编译策略。

另外,在会展报告的翻译方面,一些特殊词汇表达的翻译是需要额外注意的。在翻译一些词汇时,在考虑词意的同时也需要考虑其在目标语言中的用语搭配习惯以及社会文化含义等。例如"reinvigorate"这个词在这个语境之中翻译成"发展"而不是"复兴"就可以较好地满足这一翻译原则。另外在词汇翻译方面还需要注意一些特定词汇在两种语言中的固定表达方法,例如"stimulus plan"在中文中的习惯表达方式为"经济刺激计划",此次年会的主题"Relaunching growth"也一定要尊重其在中文中的固定表达,即"重振增长"。同时还需要洞悉一些词汇在这个特殊背景下的特定含义,在新领军者年会的这个框架下,"leader"这个词出现的频率很高,它在这个框架下的特定含义是"领军者"并不是"领导人"。

会展文本具有鲜明的信息性特点。会展的翻译基本需要涵盖会展先期推广部分的翻译,例如会展介绍、会展主办方介绍以及会展资料的介绍等;会展进行过程中相关内容的翻译,例如关于交通、展厅展位等的服务类信息的翻译;还有会展结束后相关信息的翻译,一般情况是展会报告的翻译。总而言之,这些内容通常是信息性的,所以在翻译过程中,首先需要注意的是目标语言和源语的信息对应,同时在翻译过程中还需要考虑一些特定语言特点和词汇特点,以使译文更加符合目标语言习惯。在此基础上,根据信息的功能,例如是服务性的信息还是营销性的信息等特点,来进行适度的编译,以达到优质服务,有效沟通这个目标。

第十一章
公关翻译

"公共关系"简称"公关",是英语 PUBLIC RELATIONS 一词的汉译。公共关系在经营机构的经营管理中,对外具有进行企业形象推广、创建有利企业发展的外部环境、强化与目标公众沟通、消除误解、化解危机、推广品牌、确立形象等方面的突出优势,对内具有协调企业员工关系、创建现代企业文化、吸引人才流入、防止人才外流等重要功能。

道格·纽瑟姆教授在《实用公共关系写作》中对公共关系写作提出了以下注意要点:

- 公关文本的读者都是自主做出阅读或视听选择的受众;
- 让读者或受众记住一个主要观点;
- 写作的目的是要能让读者理解你的意图;
- 了解你的信息、读者和媒体;
- 确切知道你想说什么;
- 你的信息形式要为你的读者量身定制;
- 读者和媒体两方面的特点决定你的媒体选择。无论如何,你必须使你的信息风格和内容与媒体的特点匹配;
- 清晰表述的文本的特点是易读、自然、多样、悦耳并能引起人们的兴趣;
- 可读性主要由句子和词汇的长度决定;
- 对话风格的作品也是可读性最佳的作品;
- 要通过改变句子的结构和词汇的变换来提高阅读兴趣;
- 写作要"悦耳",但不要牺牲意义;
- 使用人称代词、个性化语汇,让读者置身其中;
- 避免陈词滥调和成见偏执;
- 逐项检查文本的可读性,修改润色;
- 复杂的主题可以简化为易于理解的文本,但要确保准确无误则需作者特别的努力和睿智;
- 仅仅靠使用短句和给术语下定义是不够的,公关人员还要了解你的主题,化繁为简;
- 使用通俗语言,切忌故弄玄虚,话里有话;

·避免使用委婉语、行话、官话和大话；
·一定要使用术语，不要简单机械地下个定义，然后继续下文；一定要予以准确地解释，通俗化处理；
·了解主题，了解受众的认知方面的状况和特点；
·从头至尾，循序渐进，节奏鲜明；
·明确需要传达的信息；
·确定最重要的观点，清晰表述出来，不要让繁复的细节妨碍主题的展示；
·如果你的主题是人们不太熟悉的概念，那么就要用受众熟悉的语汇来阐释；
·遵守公关写作原则，遵守写作一般常规，那么你就会与你的受众实现良好地交流和理解。

(*Public Relations Writing: Form and Style*, 2005: 106)

无疑，道格·纽瑟姆教授在 *Public Relations Writing: Form and Style* 就公共关系写作提出的注意要点对作为跨文化交际中"笔头"交际的一种重要形式的公关文本的翻译，同样具有重要启示意义。

下面就以公关文本中常见的新闻稿、公司简介、演讲稿翻译为例进行分析说明。

11.1 新闻稿翻译

新闻报道一般都包含五个要素，即通常新闻专业人员称为"五个W"或"五何"：WHEN——何时，WHERE——何地，WHO——何人，WHAT——何事，WHY——何故。有时视报道内容的需要，还要加一个H：HOW——如何。

报刊新闻报道的写作结构按几何图形表示为倒三角形，新闻界称为"倒金字塔结构"。新闻报道的事件内容依此结构由最重要到较重要的次序排列。

用这种"倒金字塔"结构写出的新闻报道通常情况下第一层是新闻的导语。这一段包含了全篇报道中最重要的事实。随后的段落将报道的事件由较为重要到相对重要排列。最后一段是一般性说明或新闻背景消息。

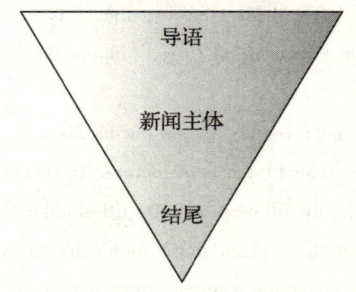

图 11-1 新闻写作的"倒金字塔"结构

这种"倒金字塔"新闻写作方式的优点在于读者可以通过阅读一篇新闻报道的前几段就可了解全部事件的要点。

新闻报道采用这种"倒金字塔"式结构写作决定一篇报道的第一段——导语是一篇新闻报道写作的关键段落。为此写作起来也就要格外用心。

英美国家的新闻媒体应用特定软件可以对新闻报道稿件的语言文字难度进行检测。这类软件可将英语或汉语词汇依据其使用频度划分成甲级词——最常用词、乙级词——常用词、丙级词——次常用词、丁级词——普通词。经营机构的公共关系、翻译人员熟悉各报刊媒体的语言特点和读者特点，进行有针对性的新闻信息发布，是实现企业与公众有效沟通的重要保障。

沃尔玛重登《财富》500 强榜首

2007 年 7 月 13 日

美国《财富》杂志于 7 月 11 日发布了 2007 年世界 500 强排行榜。结果显示，沃尔玛以 3511 亿美元营收超越埃克森美孚，重新夺回榜首宝座。

据悉，《财富》杂志是根据各企业 2006 年的销售额进行排名的。在 500 强企业中，美国公司占据的席位数依然遥遥领先，共有 162 家企业上榜，日本和法国随后。由于石油价格的上涨，石油相关公司在排行榜中的表现依然抢眼。在前十强企业中，石油公司占据了 6 个席位，而与石油有着紧密联系的汽车公司占据了 3 席。尽管石油企业增长强劲，沃尔玛仍然超越了去年位居首位的埃克森美孚，以 3511 亿美元再创历届《财富》榜营业额新高。

根据公布的名单，按年营业收入排序，排名前十位的其他公司分别是埃克森美孚公司、英荷壳牌石油公司、英国石油公司、通用汽车公司、丰田汽车公司、雪佛龙公司、戴姆勒—克莱斯勒公司、康菲石油公司和道达尔石油公司。

Wal-Mart Reclaims Top Spot on *Fortune* 500

July 13, 2007

The world's largest retailer Wal-Mart Stores, Inc. has reclaimed the top rank in the 2007 list of *Fortune* 500 from Exxon Mobil Corp, topping the list five times in the last six years.

The rankings are based on revenues earned during 2006.

Wal-Mart posted a more than 11 per cent increase in revenue to $351.1 billion and profits of $11.3 billion, closely followed by 2006 title-holder Exxon Mobil, which had $347.3 billion in revenue and the highest profit in history by a US company of $39.5 billion. Oil and automobile companies dominate the top 10.

> Collectively, the *Fortune* 500 companies had profits of $ 785 billion in 2006, the highest since the list's inception in 1954 and marking a nearly 30 percent jump over 2005.
>
> According to *Fortune* various economic factors, including lower labor costs, a weakening US dollar and soaring productivity accounted for the record gains.
>
> Apart from Wal-Mart, the rest of top ten are Exxon Mobil, Shell, British Petroleum, General Motors, Toyota, Chevron, Diamler-Crysler, Conocophillips and Total.

有关同一事件的中英文新闻报道，服务的是不同文化背景消费者和公众的信息需求，遣词造句自然也应以目标消费群体和公众的语言文化特点为准绳，避免"翻译味"出现。

美国《财富》杂志于7月11日发布了2007年世界500强排行榜。结果显示，沃尔玛以3511亿美元营收超越埃克森美孚，重新夺回榜首宝座。

The world's largest retailer Wal-Mart Stores, Inc. has reclaimed the top rank in the 2007 list of *Fortune* 500 from Exxon Mobil Corp, topping the list five times in the last six years.

中文报道显然是一条以中国国内读者为对象的典型国际新闻样式。英文报道又是一条以国际英语为交流和信息获取工具的读者为对象的典型的国际新闻。5个W和一个H均有体现，但侧重不同。

美国《财富》杂志（WHERE）于7月11日（WHEN）发布了2007年世界500强排行榜。结果显示，沃尔玛（WHO）以3511亿美元营收（WHAT）超越埃克森美孚，重新夺回榜首宝座（HOW）。

The world's largest retailer (WHO) Wal-Mart Stores, Inc. (WHAT) has reclaimed the top rank in (WHEN) the 2007 list of (WHERE) *Fortune* 500 from Exxon Mobil Corp, (HOW) topping the list five times in the last six years.

中文报道首先把美国《财富》杂志这个权威媒体的权威活动"世界500强排行"予以介绍，然后以能够给中文读者极深印象的数字3511亿美元，而这个数字在英文报道的文稿导语中是没有的。

在英文报道的文稿导语中突出的是Wal-Mart Stores, Inc. 企业名称或品牌，信息来源*Fortune* 500，以及非同寻常的业绩 topping the list five times in the last six years。

中文报道的文稿导语中沃尔玛营收超越埃克森美孚和英文报道的文稿导语中top rank in the 2007 list of *Fortune* 500 from Exxon Mobil Corp 是"动态对应"的重要内容，类似埃克森美孚这类能源生产大户为跨国零售企业超越本身就具有新闻价值，多次超越就更非同寻常。

中文报道和英文报道的文稿导语中细节的选择完全依据传播学，特别是跨文化交际理论，依据的是对语言环境的了解，对读者需求的认知。

新闻标题的内容与结构基本相近，"重登《财富》500强榜首""Reclaims Top Spot on *Fortune* 500"。这些年来，排行上榜成为流行，也就成为具有新闻价值的消息。《财富》500强榜更是世界经济领袖们极为看中的商界"奥斯卡"，荣登榜首无异于囊括奥斯卡多项最佳大奖。

中文报道的第二段基本取代的是英文报道的第二、三、四、五段内容。

The rankings are based on revenues earned during 2006. 在英文报道中是一个自然段。英文的新闻段落一般都比较常规写作的段落要短，一句话可以是一段。而中文采用一句话一段的方式或许会显得单薄，不成段落。这样"据悉，《财富》杂志是根据各企业2006年的销售额进行排名的。"就被编排到第二大段的开头，而且补充了"据悉"和"《财富》杂志"以体现新闻感和可信度。

中文报道的第二段仍然沿用了"重心置后"的信息发布方式，在介绍和比较后推出沃尔玛，有比较才能有鉴别，使读者认识到沃尔玛这个榜首来之不易，当之无愧。中文报道仅仅提供了沃尔玛的总营业额，而英文报道包括了113亿美元的利润；比较埃克森美孚的3473亿美元营收和395亿美元的利润，沃尔玛这个"状元"更是货真价实。

英文报道根本没有提"美国公司占据的席位数依然遥遥领先，共有162家企业上榜，日本和法国随后。由于石油价格的上涨，""在前十强企业中，石油公司占据了6个席位，而与石油有着紧密联系的汽车公司占据了3席。"在这种情况下来审视沃尔玛的业绩，"尽管石油企业增长强劲，沃尔玛仍然超越了去年位居首位的埃克森美孚，以3511亿美元再创历届《财富》榜营业额新高。"其形象意义明确而丰满。

中文报道中的一些细节在英文报道中没有显示，而英文报道中的一些细节在中文报道中也难觅踪迹：

Wal-Mart posted a more than 11 percent increase in revenue to $351.1 billion and profits of $11.3 billion, closely followed by 2006 title-holder Exxon Mobil, which had $347.3 billion in revenue and the highest profit in history by a US company of $39.5 billion. Oil and automobile companies dominate the top 10.

Collectively, the *Fortune* 500 companies had profits of $785 billion in 2006, the highest since the list's inception in 1954 and marking a nearly 30 percent jump over 2005.

According to *Fortune* various economic factors, including lower labor costs, a weakening US dollar and soaring productivity accounted for the record gains.

沃尔玛借助"数字"和比较，以及使用这些英文新闻写作常用技巧使这一消息的新闻价值更高。其后一句是新闻背景介绍和简要分析，为那些需要更多和更为详尽信息的读者准备。

中英文新闻的最后一段是基本对等的信息内容，这些企业名称翻译都有固定译法，网络检索，工具书查找就可以确定。

11.2 公司简介翻译

沃尔玛中国简介 A Brief Introduction to Wal-Mart in China 既是自成一体的企业简介，也是沃尔玛中国媒体簿内容的"前言"。写作也好，翻译也罢，详略处理，写意与写实巧妙结合是这类文本实现公关意图的关键。

11.2.1 沃尔玛公司简介

A Brief Introduction to Wal-Mart in China	沃尔玛中国简介
Wal-Mart Stores, Inc. was founded by American retail legend Sam Walton in Arkansas in 1962. Forty four years later, Wal-Mart serves more than 176 million customers per week. It is the world's largest private employer and retailer with over 1.9 million associates worldwide and more than 7,000 stores in 14 countries. Wal-Mart came to China in 1996. The first Supercenter and SAM'S CLUB were opened in Shenzhen, Guangdong Province. Today, there are 104 units in 55 cities, including 99 Supercenters, 3 SAM'S CLUBs and 2 Neighborhood Markets. Across China Wal-Mart employs over 50,000 associates. As an outstanding corporate citizen, Wal-Mart actively gives back to the community and has donated funds and in-kind support worth more than RMB 36 million to local charities and welfare organizations over the past 12 years. As an organization, we alsocommit ourselves to environmental protection and sustainable development with our	沃尔玛公司由美国零售业的传奇人物山姆·沃尔顿先生于1962年在阿肯色州成立。经过四十多年的发展，沃尔玛公司已经成为美国最大的私人雇主和世界上最大的连锁零售商。目前，沃尔玛在全球开设了超过7000家商场，员工总数190多万人，分布在全球14个国家。每周光临沃尔玛的顾客1.76亿人次。 沃尔玛1996年进入中国，在深圳开设了第一家沃尔玛购物广场和山姆会员商店。经过十一年的发展，沃尔玛目前已经在全国共55个城市开设了104家商场，包括沃尔玛购物广场、山姆会员商店、沃尔玛社区店三种业态，其中沃尔玛购物广场99家、山姆会员商店3家，社区店2家。沃尔玛至今在华创造了超过50,000个就业机会。 作为一个出色的企业公民，沃尔玛自进入中国就积极开展社区服务和慈善公益活动，十二年累计向各种慈善公益事业捐献了超过3,600万元的物品和资金。沃尔

Translation of Globalized Business >> 全球化商务翻译

Sustainability 360 drive, which we integrate throughout our Chinese business and among our thousands of suppliers.

In China, as elsewhere, we follow the Wal-Mart tradition of building our business one store and one customer at a time. We strive to provide our customers with friendly service and a wide selection of quality products at Every Day Low Prices. With each Wal-Mart store we bring advanced retail know-how to the local market. By fostering a healthy, competitive environment, we hope to constantly improve our business operations and customer service in order to contribute to the prosperity of the local economy.

Wal-Mart firmly believes in local procurement. We recognize that by purchasing quality products, we can generate more job opportunities, support local manufacturing and boost economic development. Over 95% of the merchandise in our stores in China is sourced locally. We have established partnerships with nearly 20,000 suppliers in China. At Wal-Mart, we always work with our suppliers to grow together. In August 2007, Wal-Mart once again secured the top spot of the 2007 *Supplier Satisfaction Survey* conducted by Business Information of Shanghai. Additionally, Wal-Mart directly exports about US $ 9 billion from China every year. The export volume by third party suppliers is also estimated to be over US $ 9 billion.

Wal-Mart strives to be a good corporate citizen wherever it operates. In China Wal-Mart has won a number of awards at the national level and numerous others at local level. Some of the most recent awards are listed below:

1. Most Supplier-friendly Retail Chain by Business Information of Shanghai

2. Academician-recognized Best Employers in China by www. ChinaHR. com

玛十分重视环境保护和可持续发展，并把环保360 的理念融入到沃尔玛日常工作的每一个环节，同时沃尔玛也鼓励合作伙伴成为沃尔玛环保360 计划的一部分，共同致力于中国的环境保护和可持续发展。

与在世界其它地方一样，沃尔玛在中国始终坚持公司的优良传统，即专注于开好每一家店，服务好每一位顾客。始终为顾客提供优质廉价、品种齐全的商品和友善的服务。沃尔玛在中国每开设一家商场，均会为当地引入先进的零售技术及创新的零售观念。在激发竞争的同时，帮助提高当地零售业的经营水平和服务质量，从而促进当地经济的共同繁荣。

沃尔玛在中国的经营始终坚持本地采购，提供更多的就业机会，支持当地制造业，促进当地经济的发展。目前，沃尔玛中国销售的产品中本地产品达到95% 以上，与近2 万家供应商建立了合作关系。沃尔玛一贯视供应商为合作伙伴，与供应商共同发展。2007 年8 月，在由上海商情——供应商满意度测评办公室中心发布的《2007 供应商满意度调查报告》中，沃尔玛问鼎多项满意度最高指标，再次被供应商选为"综合满意度最高的连锁卖场"。此外，沃尔玛每年直接采购中国商品出口金额约为90 亿美元，估计间接采购金额也超过90 亿美元。

无论在哪里运营，沃尔玛都致力于成为优秀的企业公民。在中国，沃尔玛赢得了许多奖项，其中最近获得的几个具有代表性的奖项包括：

● 连续四年在由上海商情发布的供应商满意度调查报告中名列榜首

● 由中华英才网评选的"中国大学生最佳雇主"

3. Top Multinational Company in Asia by *The Wall Street Journal Asia*

4. China Retail Industry's Best Employer Award by the China Chain Store & Franchise Association

5. Most Valuable Brands in China by *FORTUNE China*

6. Top 25 Most Influential Fortune 500 Companies Operating in Mainland China by *Nanfang Weekend*

7. Top Performer in China by *Global Entrepreneur* and The China-Europe International Business School

8. Best Employer in China by *FORTUNE China* and Watson Wyatt

9. Most Generous MNC Donors in China by *Forbes China*

10. Most Admired Companies in China by *FORTUNE China*

11. Community Involvement Award in China by the *Guangming Daily*

Wal-Mart will continue to grow in China and contribute to the local economy in the following areas:

〇 Increase procurement and support the export of Chinese products to international markets

〇 Increase investment in China, especially in the western provinces, in response to the governmental policy of "Developing the West"

〇 Create more employment opportunities and generate more tax revenues to benefit the local economy

〇 Work closely with consumer goods manufacturers, sharing information and resources, in order to help improve their production, technology and management skills

〇 Introduce advanced retail technology and experience to China and advance China's retail industry standards and development

• 由《亚洲华尔街日报》评选的"亚洲领先跨国企业"

• 由中国连锁经营协会颁发的"中国零售业最佳雇主"

• 由《财富》中文版颁发的"中国最有价值的品牌"

• 由《南方周末》评选的世界500强在华十佳投资企业

• 由《环球企业家》和中欧国际工商学院评选的"业界翘楚"

• 由《财富》中文版和华信惠悦评选的"卓越雇主"

• 由《福布斯》中文版评选的"跨国公司慈善捐赠榜"

• 由《财富》中文版评选的"最受赞赏公司"

• 由《光明日报》颁发的"最佳社区奖"

沃尔玛将继续从五个方面加大在中国的投资与合作，促进经济的发展：

• 加大在中国的投资，为消费者提供质优价廉的商品，降低生活成本；

• 继续加大在中国的采购，支持中国商品出口到世界其它国家；

• 通过投资提供更多的就业机会，增加政府的税收；

• 与中国的消费品制造商紧密合作，分享沃尔玛的信息和资源，支持国内的制造企业提高生产、技术和管理水平；

• 把自己全球领先的零售技术和经验带到中国，促进国内零售业水平的提高。

Translation of Globalized Business >> 全球化商务翻译

尽管简介文本基本属于信息型，但是组织上并没有完全依照原文次序处理转换。原文中 Forty four years later, Wal-Mart serves more than 176 million customers per week. 在译文中的位置发生变化，放在了段落最后；有关沃尔玛在全球的国家分部、分支、员工数量、顺序也进行了调整，读起来觉得似乎有些随意，当然并不妨碍理解和关键信息的传达。It is the world's largest private employer and retailer with over 1.9 million associates worldwide and more than 7,000 stores in 14 countries. 目前，沃尔玛在全球开设了超过7000家商场，员工总数190多万人，分布在全球14个国家。每周光临沃尔玛的顾客1.76亿人次。这里 Forty four years later 的翻译处理巧妙达意，只是后面的句子的处理受原文结构约束，翻译腔浓厚，试调整：

目前，每周有1.76亿人次的顾客光临沃尔玛遍布全球14个国家，员工总数超190万的7,000多家商场购物消费。这样的行文避免了翻译腔，简明不失准确。

In China, as elsewhere, we follow the Wal-Mart tradition of building our business one store and one customer at a time. 与在世界其它地方一样，沃尔玛在中国始终坚持公司的优良传统，即专注于开好每一家店，服务好每一位顾客。

原文的 one store and one customer at a time 形式、意义都很到位。译文没有直接把 at a time 体现出来，"专注于开好每一家店，服务好每一位顾客"事迹也蕴涵了这层意义。如果简单调整为：开一家店，就经营好那家店；来一位顾客，就服务好那位顾客。这更像是企业理念或传统，可传承延续。

获得的奖励和继续加大合作的领域都是以 LIST FORM 显示的，具体而鲜明，是当今应用文体常用的内容组织技巧。获得的奖励是名词词组，而继续加大合作的领域是动宾结构，显示了作者和译者的交际意图和创作技巧。但是中译文本"由"反复使用，尤其是在句首，显然会使关键信息的传播力度衰减。简单处理，删除"由"，并不影响意义的转达。颁奖机构名号突出也符合中文表述习惯。

Most Admired Companies in China by *FORTUNE China*
《财富》中文版评选的"最受赞赏公司"
Community Involvement Award in China by the *Guangming Daily*
《光明日报》颁发的"最佳社区奖"

另外，沃尔玛在中国将继续努力的五个方面原文与译文无论是次序，还是重点都进行了调整：

① Increase procurement and support the export of Chinese products to international markets

1. 继续加大在中国的采购，支持中国商品出口到世界其它国家；

② Increase investment in China, especially in the western provinces, in response to the governmental policy of "Developing the West"

2. 加大在中国的投资，为消费者提供质优价廉的商品，降低生活成本；

③ Create more employment opportunities and generate more tax revenues to benefit the local economy

3. 通过投资提供更多的就业机会，增加政府的税收；

④ Work closely with consumer goods manufacturers, sharing information and resources, in order to help improve their production, technology and management skills

4. 与中国的消费品制造商紧密合作，分享沃尔玛的信息和资源，支持国内的制造企业提高生产、技术和管理水平；

⑤ Introduce advanced retail technology and experience to China and advance China's retail industry standards and development

5. 把自己全球领先的零售技术和经验带到中国，促进国内零售业水平的提高。

译文的①和②的次序颠倒是有意为之，因为中国的改革开放其关键内容之一就是吸引投资，对内地政府尤其如此。至于投资何处原文明确是西部 especially in the western provinces，译文却含糊了这点。第三句 Create more employment opportunities and generate more tax revenues to benefit the local economy 译为③通过投资提供更多的就业机会，增加政府的税收，也是含糊了 the local economy。这样做并不是说译文不可以做到具体准确，是有利于与各级政府打交道，尤其是像沃尔玛这样的跨国、跨地区经营机构更是要与各级政府和谐相处。

内容的表述采用简单的句式，通俗的词汇，大众化的术语，使全文庄重而不稚气，高雅而不流俗。

11.2.2 沃尔玛的企业文化

The Wal-Mart Culture

Wal-Mart Stores, Inc. was founded on principles developed by Sam Walton. These principles carried out every day by hard-working and friendly associates have created a unique corporate culture that is key to Wal-Mart's competitive edge. The basic beliefs guiding Wal-Mart Stores, Inc. are:

沃尔玛公司文化

沃尔玛百货有限公司是在山姆·沃尔顿所倡导的原则上建立起来的。这些原则已体现在同事每天的辛勤工作及待客服务中，成为沃尔玛独特的企业文化，使沃尔玛更具竞争力。沃尔玛百货有限公司是由以下的基本信仰所指导：

Translation of Globalized Business >> 全球化商务翻译

阅读英文原文 "have created a unique corporate culture that is key to Wal-Mart's competitive edge." 后会觉得译文 "成为沃尔玛独特的企业文化,使沃尔玛更具竞争力。" 的力度和重点强调 that is key to 都没有反映出来。如果讲企业文化时忽略了这个重点,顺理成章翻译下来,译文读者仅仅了解了大意,而笔译应当是比口译更为精确的跨文化传播,尤其是需要沃尔玛在华 204 家分店的 70000 名员工共同遵守,向过亿的消费者和媒体受众传播,对译文精准度的要求非同寻常。此句话可试译为:

构成沃尔玛独特的企业文化;正是这一独特的企业文化使沃尔玛(在国内外市场)独具竞争优势。

Three Basic Beliefs
Respect for the Individual
Every associate's opinion is respected. Managers are considered "servant leaders" who help new associates realize their potential through training, praise and constructive feedback. An "open door" management philosophy encourages associates to raise questions and concerns in an open atmosphere.

三项基本信仰
尊重个人
尊重每位同事提出的意见。经理们被看作"公仆领导",通过培训、表扬及建设性的反馈意见帮助新的同事认识、发掘自己的潜能。使用"开放式"的管理哲学在开放的气氛中鼓励同事多提问题、多关心公司。

尊重个人是美国企业文化的重要特点。通过对个人的尊重,建立起企业员工和管理者之间的相互尊重,进而提高效率。"servant leaders" 译为 "公仆领导",其他译法包括 "服务型领导"。至于取 "公仆",还是 "服务" 自然都有依据。在此,对 servant 的解释是关键。servant 包含仆人、佣人、公仆等含义,但英语里的 "公仆"(Public Servant)是指有偿服务社会公众事务的工作人员;汉语常涉及的 "公仆"(Civil Servant)是政府供职的公务员。"servant leaders" 译为 "公仆领导" 对于沃尔玛企业而言是欠准确的。了解一下 "servant leaders" 概念的来龙去脉,就不难断定如何诠释。"servant leaders" 的概念首先由 Dr. Robert K. Greenleaf 在 1960 年提出,他认为服务型领导人主要的动机是先服务,而非权威式的领导,他把别人的需求、抱负与利益放在个人之上,并在服务的过程中改造追随者,使他们 "……成长,成为更健康、更聪明、更自由、更自立自主的人",更重要的是受其影响的人,日后也愿意将自己变得更像 "服务他人者"。由此看来, "servant leaders" 译为 "服务型领导人/者" 更为符合这个特定的语境。

An "open door" management philosophy 在国外发达国家已经施行多年,促进了企业员工与管理人员的和谐关系和沟通理解。服务和利他是 An "open door" management philosophy 的主旨。"'开放式'的管理哲学"没有体现原文"open door"的准确形式。如果采用"门户开放"式管理则形神兼备。总而言之,精准体现字面意义的文化内涵还需要对文化有更为精准的了解。

> **Service to the Customer**
>
> The customer is the boss. Everything possible is done to make shopping at Wal-Mart and SAM'S CLUB a friendly, pleasant experience. The "Ten-Foot Attitude" means that associates are to greet each person they see. The "Satisfaction Guaranteed" refund and exchange policy allows customers to be fully confident of Wal-Mart and SAM'S CLUB's merchandise and quality.
>
> **服务顾客**
>
> "顾客就是老板"。沃尔玛公司尽其所能使顾客感到在沃尔玛连锁店和山姆会员商店购物是一种亲切、愉快的经历。"三米微笑原则"是指同事要问候所见到的每一位顾客;"保证满意"的退换政策使顾客能在沃尔玛连锁店和山姆会员商店放心购物。

"Everything possible is done to make shopping at Wal-Mart and SAM'S CLUB a friendly, pleasant experience."译为"沃尔玛公司尽其所能使顾客感到在沃尔玛连锁店和山姆会员商店购物是一种亲切、愉快的经历。"只是变化了原文的被动语态,而意义表述却显得更为贴切顺畅。原文中并没有出现"使顾客",但是,其存在却是不容置疑的。为此,必要的添加会使主动语态的句式规范,宾语——即动作承受者——顾客突出。"Satisfaction Guaranteed" refund and exchange policy allows customers to be fully confident of Wal-Mart and SAM'S CLUB's merchandise and quality. "保证满意"的退换政策使顾客能在沃尔玛连锁店和山姆会员商店放心购物。这句话的翻译仍然是意犹未尽。首先"policy"确实有"政策"的含义,但是对于一家商场来说这个词就太大了,他也不是制定政策的机构。译为"条件"还是可以接纳的,在国内很多商场也是这么使用的。

> **Strive for Excellence**
>
> Wal-Mart and SAM'S CLUB associates share an exceptional commitment to customer satisfaction. At the start of each day, store associates gather for the Wal-Mart or SAM'S CLUB cheer and review sales from the previous day, as well as discuss their daily goals. "The Sundown Rule" requires a continual sense of urgency, with questions asked in the morning answered before the end of the day.
>
> **追求卓越**
>
> 沃尔玛连锁店和山姆会员商店的同事共同分享使顾客满意的承诺。在每天营业前,同事会聚集在一起高呼沃尔玛口号,查看前一天的销售情况,讨论当天的目标。"日落原则"要求同事有一种急切意识,对当天提出的问题必须在当天予以答复。

Translation of Globalized Business >> 全球化商务翻译

"share an exceptional commitment to customer satisfaction" 翻译为"共同分享使顾客满意的承诺。"显然力度不够。share 在此也不仅仅是"分享",而应是共同信守。"承诺"必须加上体现"无与伦比"之类的形容词强调这个承诺非比寻常。试译为"信守使顾客满意的特别承诺"似乎接近原文意义,体现了原文的功能。

11.2.3 沃尔玛公司文化的故事

The Sundown Rule

One Sunday morning, Jeff, a pharmacist at a Wal-Mart store in Harrison, Ark., received a call from his store. A store associate informed him that one of his pharmacy customers, a diabetic, had accidentally dropped her insulin down her garbage disposal. Knowing that a diabetic without insulin could be in grave danger, Jeff immediately rushed to the store, opened the pharmacy and filled the customer's insulin prescription. This is just one of many ways your local Wal-Mart store might honor what is known by our associates as the Sundown Rule.

日落原则

一个星期天的早上,阿肯色州哈里逊沃尔玛商店的药剂师杰夫接到店里打来的电话,一名店面的同事通知他,有一个顾客,是糖尿病患者,不小心将她的胰岛素扔进垃圾箱处理掉了。杰夫知道,一个糖尿病患者如果没有胰岛素就会有生命危险,所以他立即赶到店里,打开药房,为这位顾客开了胰岛素,这只是实现我们沃尔玛商店所遵循的日落原则的众多事例和方法之一。

故事,讲述过去的事。虚构、渲染、陈述、描述等写作手法是故事写作的重要手段。沃尔玛的故事是以往发生过的真人、真事,是作为榜样示范给员工的,为此,叙事清晰、简短、语言简炼、通俗是其特点。这个故事的写作有些像寓言,重点是通过说故事,交代要学习什么。

Jeff, a pharmacist at a Wal-Mart store in Harrison, Ark., received a call from his store. A store associate informed him that one of his pharmacy customers, a diabetic, had accidentally dropped her insulin down her garbage disposal.

阿肯色州哈里逊沃尔玛商店的药剂师杰夫接到店里打来的电话,一名店面的同事通知他,有一个顾客,是糖尿病患者,不小心将她的胰岛素扔进垃圾箱处理掉了。

原文的一句话,翻译成汉语就成了半句话;原文中员工名字在前,其后是限定性成分职务、工作地区；而中文译文就将这些限定性成分安排在员工名前，这体现了两种语言的不同结构特点。"accidentally dropped her insulin down her garbage disposal.""不小心将她的胰岛素扔进垃圾箱处理掉了"中"accidentally dropped"被译为"不小心……扔"是有明显出入的。"扔"往往是主动、意图明确的动作。绝对不会是不小心的结果。所以"不小心随垃圾倒掉了"还是可以理解，也是很多人经历过的事。

Knowing that a diabetic without insulin could be in grave danger, Jeff immediately rushed to the store, opened the pharmacy and filled the customer's insulin prescription.

杰夫知道，一个糖尿病患者如果没有胰岛素就会有生命危险，所以他立即赶到店里，打开药房，为这位顾客开了胰岛素。

"filled the customer's insulin prescription."翻译为"为这位顾客开了胰岛素"似乎欠妥，因为 fill a prescription 是配药，原文没有明确是商店送药，还是顾客来取药；即便是商店送药上门，也不一定就是杰夫，胰岛素是成药，只需照方拿药，所以"filled the customer's insulin prescription"翻译为"为这位顾客备好了胰岛素"还是比较准确的。

The Sundown Rule was our founder, Sam Walton's twist on that old adage "why put off until tomorrow what you can do today." It is still an important part of our Wal-Mart culture and is one reason our associates are so well known for their customer service. The observation of the Sundown Rule means we strive to answer requests by sundown on the day we receive them. It supports Mr. Sam's three basic beliefs: respect for the individual, customer service and striving for excellence. At Wal-Mart, our associates understand that our customers live in a busy world. The Sundown Rule is just one way we try to demonstrate to our customers that we care.

日落原则是我们的创始人山姆·沃尔顿对那句古老的格言"今天的事情今天做"的演绎。它还是我们沃尔玛文化的重要组成部分，也是我们的员工为什么以他们的顾客服务而闻名的原因之一。日落原则意味着我们要努力做到日落以前答复所有当天的来电，它与山姆·沃尔顿先生的三个基本信仰，即尊重个人，服务顾客和追求卓越是一致的。在沃尔玛，我们的同事懂得我们的顾客生活在一个忙碌的世界里，日落原则是一种向顾客证明我们想他们所想，急他们所急的一种做事方法。

"twist"翻译为"演绎"再恰当不过了。It is still an important part of our Wal-Mart culture and is one reason our associates are so well known for their customer service. 它还是我们沃尔玛文化的重要组成部分，也是我们的员工为什么以他们

的顾客服务而闻名的原因之一。在这里 is still 实际对应了前句的 was，这样翻译为"还是"只能说是照顾了字面的对应工整，而忽略了段落、篇章的内在联系。"为什么以"体现了原文和含义，但仍觉得有些寡淡，平直。整句试译为"它仍是我们今日沃尔玛文化的重要组成，是我们的员工何以为他们的顾客服务而闻名的原因之一。"

11.2.4　主要领导介绍

The Founder of Wal-Mart: Sam Walton	沃尔玛公司创始人：山姆·沃尔顿
If judged by appearance Sam Walton was a very ordinary man. He was raised in the Depression years, and served in the army during World War II. It was he, who from humble beginnings built the world's most admired retail organization. Sam had a passion to compete and an appetite for adventure. He realized that Wal-Mart needed to do more than offer low prices to be successful — it also had to exceed customers' expectations for quality service. Sam devoted his life to expanding and improving upon this concept. He was also a good motivator of people, because he practiced what he preached. He remained guided by the old-fashioned principles of hard work, honesty, neighborliness and thrift. Even after his death in 1992, those principles continue to guide the company as it expands into other countries and cultures.	从外表来看，山姆·沃尔顿是一个普通人。他在美国经济大萧条时期长大，二战时期曾在军中服役，正是这个名不见经传的人后来创建了世界上最大的零售企业。 山姆有着极强的竞争意识和冒险精神，他意识到，沃尔玛要想获得成功，除了为顾客提供低价位的商品之外，还必须超越顾客对优质服务的期望。山姆倾其毕生精力为此理念而不懈努力。他激励并鼓舞员工，并身体力行地实践他所倡导的一切。 山姆一直以勤奋、诚实、友善、节俭的原则要求自己。虽然他已在 1992 年去世，但随着沃尔玛业务的扩展，这些精神依然在不同的国家和文化中得以体现。

为了新闻媒体及有关方面使用方便，高层管理人员的简介都是以第三人称形式介绍。

If judged by appearance Sam Walton was a very ordinary man.

从外表来看，山姆·沃尔顿是一个普通人。

如果仅仅是句子翻译练习，那么，这句话的翻译就可以认为是基本、动态对应了原文。一旦意识到，介绍山姆·沃尔顿从普通的外表开始，到他成为世界最大的零售帝国经营领导者是可以采用对比和逐级推进的写作手段的话，"一个普通人"的处理就显得太"普通"了。这句话可以试译为：如果仅从外表来看山姆·沃尔顿，他其貌不扬，普通平凡。

He was raised in the Depression years, and served in the army during World War II. It was he, who from humble beginnings built the world's most admired retail organization.

他在美国经济大萧条时期长大,二战时期曾在军中服役,正是这个名不见经传的人后来创建了世界上最大的零售企业。

不见经传:经传中没有记载,指人或事物没有什么名气(现代汉语词典,2005)

如果依据原文意义译文调整为"正是这个原本默默无闻的人创建了世界上令人刮目相看,最大的零售企业。"

默默无闻:不出名;不为人知道(现代汉语词典,2005)

"名不见经传"是固化的事实,不会哪天"名见经传"了。这显然与山姆·沃尔顿的经历不符。"名不见经传"虽与"默默无闻"都指人没有什么名气,但"默默无闻"却可是发展变化,一鸣惊人的不乏其人。原译文"创建了世界上最大的零售企业"没有把沃尔玛要突出的信息,也就是与"其貌不扬,普通平凡","默默无闻"的创建之初和形成强烈反差的 the world's most admired retail organization 对比。为此,修改为"正是这个原本默默无闻的人创建了世界上令人刮目相看,最大的零售企业。"以突出沃尔玛创业者山姆·沃尔顿不平凡的创业历程。

He remained guided by the old-fashioned principles of hard work, honesty, neighborliness and thrift. Even after his death in 1992, those principles continue to guide the company as it expands into other countries and cultures.

山姆一直以勤奋、诚实、友善、节俭的原则要求自己。虽然他已在1992年去世,但随着沃尔玛业务的扩展,这些精神依然在不同的国家和文化中得以体现。

前一句翻译处理为"山姆一直以勤奋、诚实、友善、节俭的原则要求自己。"未尝不可,但是,作为生平介绍,以及紧接的 Even after his death in 1992,改译为"山姆一生恪守勤奋、诚实、友善、节俭的为人处事原则"比较好。

后半句改译为:山姆·沃尔顿于1992年去世,他的精神,随着企业在全球的扩展,正走向世界,继续引导着沃尔玛员工从一个辉煌迈向又一个辉煌。

改译文采用的是归化法,也可以说是改写。经过这样的调整,沃尔玛所要实现的交际意图可以得到更为有效地传播;无论是读者,还是员工都会心领神会。

11.3 演讲稿翻译

演讲稿以文本形式出现在译者面前,对于这类文稿的翻译,译者除了依据常规处理译文外,还有一点需要格外注意就是演讲稿译文的发表形式是现场信息发出者与信息接收者之间的言语传播交流。如何使译文在现场产生演讲者期待的效果有赖于译者对听众认知特点的了解和对口译特点的把握。演讲稿翻译与其他类别的书面文稿在翻译程序上还有一点不同就是译者在处理完文稿后要模仿译语演讲者"讲"一遍。让自己的口和耳都发挥主观能动性。条件允许也不妨请其他译者作为听众,或请他人试讲一遍,以听的方式对译文进行审校。演讲词的翻译虽不同于影视对白翻译需要对口型,可在节骨眼上仍然需要与演讲者的节奏合拍,同时不能牺牲意义。

在此我们选择李·斯科特在"可持续发展峰会—北京2008"演讲稿原文部分段落、语句及其译文,就演讲稿翻译特点进行探讨。

Remarks as Prepared for Delivery Lee Scott CEO and President Wal-Mart Stores, Inc. China Sustainability Summit Oct 22, 2008	可持续发展峰会—北京2008 沃尔玛百货公司总裁兼首席执行官 李·斯科特演讲稿 2008年10月22日

沃尔玛的企业名称 Wal-Mart Stores, Inc. 告诉人们它不是一家百货公司,而是一家以 Supercenters 沃尔玛购物广场、SAM'S CLUBs 山姆会员商店、Neighborhood Markets 沃尔玛社区店构成的跨国零售企业。译为"沃尔玛百货公司"实则限制了这个企业的发展空间,也与事实不符。如果 Wal-Mart Stores, Inc. 翻译为"沃尔玛公司",丝毫不影响其名称的内涵与外延,也预留了充分的发展空间。

Let me begin by thanking everyone for being a part of what I think has already been a very successful summit. Many of you have traveled hundreds and even thousands of miles to be here and to make this day possible. All of us at Wal-Mart are grateful.	首先,请允许我向所有在座的来宾表示诚挚的谢意,你们当中的很多人不远千里来到这里,为可持续发展峰会成功奠定了坚实的基础,到目前为止,我认为峰会已取得成功。 沃尔玛全体员工对大家的支持致以衷心的感谢。

everyone for being a part of… summit 似乎与"向所有在座的来宾"对应，但考虑到沃尔玛为每一顾客提供优质、个性服务的经营管理理念，译为"在座的各位来宾"就显得周到到每个个人。原文中 Many of you have traveled hundreds and even thousands of miles to be here，在此 hundreds and even thousands of miles 不等同于中文的"不远千里"，因为英语的 miles 英里要比我们传统概念的"华里"长。一英里相当于 3.219 华里。这里的"千"是复数 thousands；即便是"不远千里"，这个概念在汉语中从来就不是一个精确的里程或距离概念，更何况原文中 thousands of miles 前刻意使用了 even，翻译为"不远万里"比较恰当。

不远万里汇聚到一起意味着什么？重在参与意味着什么？政府高官、非政府组织代表、供应商和企业员工代表踊跃到会意味着对于沃尔玛倡导的可持续发展理念与实践的大力支持和积极参与。译者在翻译演讲稿时不仅要注重字面意义的阐发，还应意识到这个语境还需要关照情感、氛围的创建。如果 Many of you have traveled hundreds and even thousands of miles to be here and to make this day possible. 转换为：不远万里，为了一个共同目标汇聚于此时此地。您的参与足以证明这次峰会已经了取得了巨大的成功。现场演讲者和参与者之间的情感互动效果定会更为显著。

| It just makes sense that Wal-Mart would be committed to being a more sustainable company here in China through our Sustainability 360 approach. We think it's essential to our future success as a retailer — and to meeting the expectations of customers.

For us, sustainability is about building a better business. It is about making a positive difference in people's lives and their communities. And it is about staying out in front of the changes that will take place in the world not just next month or next year, but for decades to come. | 沃尔玛可持续发展 360 战略让沃尔玛在中国成为更环保的可持续发展企业成为现实。这是我们今后在零售领域取得成功的关键，同时也满足顾客对我们的期望。

对于沃尔玛来说，可持续发展意味着更完善的商业模式，是为人们的生活和社区带来积极的改变。同时，可持续发展意味着积极面对未来的挑战和变化，着眼于在未来的几十年而不是未来的几个月或者几年，为我们的未来带来积极有益的改变。 |

Translation of Globalized Business >> 全球化商务翻译

But don't just take this from me and Wal-Mart. We have heard from some very influential business leaders today. It is great to see Fred Smith of FedEx, Chairman Yang of Lenovo and David Steiner of Waste Management lend their support and expertise to our effort and to sustainability in general.

I have also had the chance to talk with political leaders that have been engaged on sustainability — like Tony Blair, Bill Clinton, U. S. Treasury Secretary Hank Paulson, and Chinese Vice Premier Wong Chi Shawn. They recognize the importance of this meeting and what we are all trying to do together today. And they think the time is right.

Just think about that for a second. Look around. We have 1,000 suppliers here. A year from now, each and every one of you who chooses to make a commitment will be a more socially and environmentally responsible company.

And that will make a difference. It will make a difference for you, for Wal-Mart, for China, for our customers and, yes, for the planet.

但是，这不仅仅是我和沃尔玛的事情，我们今天也听到了一些非常有影响力的企业领袖的演讲。我们非常荣幸能在这里见到美国联邦快递的 Fred Smith 先生，联想集团的杨元庆主席，废弃物管理公司的 David Steiner 先生，他们支持沃尔玛的可持续发展努力，并提供专业知识，同时也为全世界的可持续发展事业贡献了巨大的力量。

我曾有机会和致力于可持续发展的政治领导人谈话，例如托尼·布莱尔，比尔·克林顿、美国财政部长汉克·保尔森以及中国副总理王岐山。他们肯定了这次峰会的重要意义以及我们今天作出的努力。他们认为这是可持续发展的最佳时机。

如果您花一秒钟环顾一下你的周围。在您的周围，现场有 1000 家沃尔玛供应商。一年后，每一个今天在此对可持续发展作出承诺的公司都将成为对社会和环境更负责的公司。

可持续发展将改变你们，改变沃尔玛，改变中国，改变我们的顾客，当然，还有我们赖以生存的地球家园。

We think it's essential to our future success as a retailer — and to meeting the expectations of customers. 被处理为：这是我们今后在零售领域取得成功的关键，同时也满足顾客对我们的期望。仅仅是字面意义的诠释，如果考虑演讲语言的形式风格，关照目前国内社交场合的一些通行惯例，这句话转换为：这是我们今后在零售领域取得成功的关键，同时也是满足顾客对我们期望的关键。前半句保留了原译文结构形式，后半句只是插入"也是"和"关键"，重点得以突出，结构工整对称，节奏得到关照，琅琅上口。

And they think the time is right. 译为：他们认为这是可持续发展的最佳时机，对于中方参会人员来说触动有限，因为这是英文原文意义到形式的直接转换。如果借鉴归化理论，换个视角来审读原文，美国人讲"the time is right"是否就是

第十一章 公关翻译

中国人所言的"天时、地利、人和"呢？从演讲稿的全篇来审读，不难发现，可持续发展占尽"天时、地利、人和"。

郭建忠教授在第 18 届世界翻译大会应用文体翻译论坛的主旨发言中详尽地诠释了"译写"的实践意义。译者的翻译实践是跨文化交际实践，译者承担着跨文化交际咨询和顾问的重要角色。在处理译文时采用译写法就是要对原文在跨文化交际过程中所要实现的目的进行整合，以期在目的语和受众中取得最佳交际效果。李·斯科特演讲稿中 Just think about that for a second. Look around. 被译为：如果您花一秒钟环顾一下你的周围。译者不仅对关键词 think 没有进行处理，还似乎忽略了原文中 think…. Look…. 结构使用的特殊用意。如果通读整段，然后再来处理这句话，"您不妨花上片刻这样认真想想，再环顾一下您的周围"，一定会取得更好的现场交际效果，也与后面的陈述保持了有效衔接。

这一节最后一句 And that will make a difference. It will make a difference for you, for Wal-Mart, for China, for our customers and, yes, for the planet. 可持续发展将改变你们，改变沃尔玛，改变中国，改变我们的顾客，当然，还有我们赖以生存的地球家园。如果译者把地球和家园的前后位置倒一下，再在家园的地球之间添加一个破折号，"还有我们赖以生存的家园——地球。"便可借助节奏的抑扬顿挫使重点更加突出。

In October 2005, I stood in the auditorium at our headquarters in Arkansas and gave a speech about sustainability and "Leadership in the 21st Century." I committed our company right then and there to three goals: to be supplied 100 percent by renewable energy, to create zero waste, and to sell products that sustain our resources and the environment.	2005 年 9 月，我在阿肯色州的沃尔玛总部作了一个有关可持续发展和"21 世纪领导力"的演讲。从那时起，沃尔玛就承担起了使命，制定了三个目标：100% 使用可再生能源；实现零浪费；出售对资源和环境有利的产品。
A lot of people thought I was crazy to give that speech. We did not know how we would achieve those goals, or even if we could achieve those goals.	很多人听了我的演讲觉得我很疯狂。我们不知道如何实现那些目标，甚至不知道是否能实现。
And in order to make any meaningful progress, we knew we would need the help of people and groups that, quite frankly, wanted nothing to do with Wal-Mart. And let's be honest — our business performance at that time was not as strong as it could have been.	为了实现一些有意义的进展，我们需要一些人和团体的帮助，老实说，那时候我们的业绩还没有那么好。

Translation of Globalized Business >> 全球化商务翻译

But I stand in this room today as the head of a company that has made a tremendous amount of progress. While we still have a long way to go, we are a much better company, a much better business, and a much better partner. We are so proud of this.

Today, all of us in this room will make a commitment to being more sustainable companies and building a more socially and environmentally responsible supply chain. This must be something we do together. We cannot achieve it alone.

We need to learn together and innovate together, so we can succeed together. And we will succeed.

I know there is a lot of work ahead, and that this is a very difficult environment.

Some may wonder, even inside Wal-Mart, with all that is going on in the global economy, should being a socially and environmentally responsible company still be a priority? You're darn right sustainability should be a priority.

Some may also be wondering, should Wal-Mart have gone to the expense of hosting this meeting and paying for people to travel here from all around the world? You're darn right it is worth the expense.

The global economy will turn around. Even if it is not next week, next month or next year, it will get better. But the social and environmental challenges we are addressing today will be with us for decades. And let me ask the businesses in the room — will there ever come a day when you do not want to reduce costs, be a better employer, make a better product, or be more relevant to your customers? Of course not.

但是今天，我作为全球最大的企业的最高领导者站在这里，可以自豪地说我们已经取得了巨大的成功。虽然还有很长的路要走，但我们已经成为更好的公司——有了更出色的商业模式和业绩，同时也是一个更可靠的合作伙伴，我们感到很自豪。

今天，在座的所有人将致力于成为在可持续发展方面更优秀公司，并建立对社会和环境更负责的供应链。这些目标必须依靠我们的共同努力，沃尔玛的力量是不够的。

我们需要共同学习，共同创新，共同成功，而且我们一定能够成功。

我知道大家需要付出很多，市场环境也很艰难。

一些人，包括沃尔玛内部的人可能会顾虑目前的全球经济状况，在这样的情况下，社会和环境责任还会是优先的选择吗？可持续发展当然是优先。

还有一些人会怀疑，沃尔玛是否应该花钱主办这个峰会，承担从世界各地来的与会者的旅费吗？这些花费很值得。

全球经济状况会好转的，虽然不是下周、下个月，也不是下一年，但一定会好转。但是我们今天面临的社会和环境问题将始终伴随我们。在座的各位，会不会有一天，你们不需要节约开支，也不需要成为一个更好的雇主，不需要生产更好的产品，也不需要和顾客有任何联系？当然不会。

In the end, I am certain that it will be worth it. I believe that as a businessman. I believe it as a person who has a responsibility to shareholders. And I believe it as a father and a grandfather.	最后，我相信，作为一个商人，一个对利益相关者负责的人，作为一个父亲和爷爷，这一切都值得。
We will have better companies, better communities, and an even stronger commitment to a cause that is greater than each of us and unites us all. And we will leave a better world for future generations.	我们将拥有更好的公司，更好的社区，更强烈的使命感。这个使命将我们团结在一起。 我们要为后代创造一个更美好的世界。

我们生活在一个变化发展的世界。新概念、新词语日日出新，天天出现在演说里、报纸上、网页中。次贷危机使我们认识了"Sub Prime 次贷"，金融风暴又使很跟多人熟悉了"CPI 消费者物价指数"这个经济学术语，日益加重的环境危机使得"carbon emission 二氧化碳排放"几乎每日都出现在我们的视野里。翻译人员要保持这种对变化的兴趣和敏感。李·斯科特在可持续发展峰会上谈及环境保护，使用与环保相关的术语就再自然不过了。原文中 to be supplied 100 percent by renewable energy, to create zero waste, and to sell products that sustain our resources and the environment. 一句话几乎包括了目前谈及环保最常用的语汇，如 renewable energy、zero waste、sustain。译文处理为：使用可再生能源；实现零浪费；出售对资源和环境有利的产品。可以这样讲，从术语使用上就可以判断译者环保知识需要补课。

什么是"Zero waste"，阅读以下定义便可以了解：It is a philosophy that aims to guide people in the redesign of their resource-use system with the aim of reducing waste to zero. Put simply, zero waste is an idea to extend the current ideas of recycling to form a circular system where as much waste as possible is reused, similar to the way it is in nature.

在充分了解目前经常使用的环保术语原文和标准译文后，将这些术语译语插入句中相对应位置，"使用可再生能源；实现零废物排放；出售有利资源循环利用和环境持续发展的产品。"就可以准确传达原演讲稿作者和演讲者、企业的意图与情感了。

翻译实践中最容易出的问题就是线性思维，翻译和审校是在字词、句子层面转换运作，而对句子之间和段落之间的关系，此篇章与彼篇章的关系就关注较少。李·斯科特的演讲译稿上面一节中有这样一句话：But I stand in this room today as the head of a company that has made a tremendous amount of progress. While we still have a long way to go, we are a much better company, a much better business, and a much better partner. We are so proud of this. 但是今天，我作为全球最大的企业的最高领导者站在这里，可以自豪地说我们已经取得了巨大的成功。虽然还有很长的路要走，但我们已经成为更好的公司——有了更出色的商业模式和业绩，同时也是一个更可靠的合作伙伴，我们感到很自豪。"我们感到很自豪"对应"We are so proud of this."似乎无甚不妥。实际这是一个因果关系句，否则"自豪"只能解释为轻狂。译为"对此，我们感到无比自豪。"有助于体现上下文的逻辑关系。We are so proud of this. 是一句独立完整句子。作者如此处理就是要利用停顿、节奏突出演讲主旨和意义。这实际也是演讲稿写作和现场演讲常用取得现场效果的技巧和策略。

　　李·斯科特的演讲译稿也试图对原文进行一些结构调度、编译，This must be something we do together. We cannot achieve it alone. 这些目标必须依靠我们的共同努力，沃尔玛的力量是不够的。被转换为中文时句子结构也发生了变化，成为一个复合句。前句与后句的联系除了一个逗号外，并没有显示出明显的关系。而且，"沃尔玛的力量是不够的"是实际，如果缺失一些体现前后句关系的联系成分，这样的表述并不是沃尔玛管理者的意图。如果译为"这些目标的实现仅靠沃尔玛的力量是远远不够的，必须依靠我们大家的共同努力。"在句子结构上进行较大的调度，把"仅靠沃尔玛的力量是远远不够的，"前移，把"必须依靠我们大家的共同努力。"置后，使"大家"的概念得到强调，既显示沃尔玛的谦逊，又体现沃尔玛和大家的关系，这应当是沃尔玛管理者的本意所在。

　　李·斯科特的演讲稿最后一句应当是全文最给力的一笔。We will have better companies, better communities, and an even stronger commitment to a cause that is greater than each of us and unites us all. And we will leave a better world for future generations. 我们将拥有更好的公司，更好的社区，更强烈的使命感。这个使命将我们团结在一起，我们要为后代创造一个更美好的世界。阅读这段原文和译文，忽然觉得译文不像是笔译的成果，倒接近现场口译的效果。因为工作状态不同，对于笔译和口译的译文质量不能用统一标准来衡量。然而，如果是本来可以笔译，然后再来现场口头传播的演讲稿译文来说，这样的译文处理就显得粗糙、凌乱，重点不够突出，也缺乏流畅与韵律感。如果将原译文遗失的信息补充进来，结构上再略加调整，"我们将拥有更好的公司，更好的社区，为了这个神圣使命采取更加有力的行动；这是一个远比任何一家企业的使命都更加神圣的使命，为此，我们将携手并肩，（我们要）为后代创造一个更美好的世界。"译文中"更"的使用不仅起到较好的修辞效果，还调剂了节奏，突出了重点，完善了逻辑关系，有助于把演讲者与听众的互动推向高潮。

第十二章
旅游休闲翻译

中国的改革开放不仅迎来了源源不断的国际旅游者，大量常驻中国从事外交、商务、教育、科技交流的外籍人士也与普通中国人一样在工作之余娱乐、休闲。

12.1 旅游翻译

新世纪伊始，我国旅游业就呈现出从新的经济增长点迈向新的支柱产业，从世界旅游大国迈向世界旅游强国的态势。根据世界旅游组织的预测，我国到2015年将成为世界第一大入境旅游接待国、第四大出境旅游客源国和世界上最大的国内旅游市场。

面对巨大的国内和国际旅游市场需求，旅游业在政府旅游部门的指导下，精心策划并积极推出了可满足不同细分市场需求的特色旅游产品，如民俗旅游、探险旅游、体育旅游、摄影旅游、乡村旅游、红色旅游、生态旅游、文化旅游、工农业旅游、休闲度假、会展旅游、商务旅游、科技旅游、海洋旅游等。诸如网络营销、博客营销、关系营销、俱乐部营销、绿色旅游外宣等新型营销传播模式应运而生，向国外潜在客源传递有关我国旅游服务和产品信息，从而对旅游外宣翻译提出了更高的要求。

12.1.1 旅游文本特点及其翻译策略

旅游文本属于应用文范畴，其特点是形式多种多样，内容五花八门、包罗万象，体裁类别丰富多彩，并且蕴藏着大量的文化信息。例如旅游广告，讲求创意、言简意赅、用词新颖，具有极强的吸引力和感染力；旅游指南本，讲求用词生动形象，但具有一定的呼唤功能，在提供信息的基础之上力图激发旅游者的旅游体验兴趣；旅游接待企业宣传手册或旅游景点介绍重在向旅游者提供准确和必要的信息。

鉴于旅游外宣传播的功能不仅是向旅游者传递有关旅游产品的信息，而且还要通过对旅游产品的介绍、宣传推广来引起旅游者或潜在旅游者的兴趣，激发他们亲身体验旅游产品的愿望。因此，在翻译旅游外宣材料的过程中，应以译文和译文读者为导向，重视译文的可读性和语用效果，提高译文的美学价值，避免过度地追求忠实原文，片面地追求两种语言在语义和信息量之间的"对等"转换。

旅游外宣文本往往承载着大量的文化信息，而中西方文化之间存在的巨大差异不可避免地会给旅游外宣推广材料的翻译带来诸多的困难。为此，需要根据旅游外宣文本的类型及其功能采用不同的翻译策略加以应对。常用的翻译策略包括音译、直译、意译、文化替代（类比）、文化补偿、删减文化信息以及摘译、编译和改译（改写和译写）等。

(1) 音译、直译和意译

音译（transliteration）主要用于地名和人名的翻译，如 Beijing（北京）、Shanghai（上海）、Sun Yet-sen（孙中山）等以及在英文中缺乏对应词的汉语文化词的翻译，如 qigong（气功）、Yin Yang（阴阳）、tofu（豆腐）等。此外，在翻译我国行政区的名称、一些旅游景点和菜肴的名称时，也可以采用音译与直译结合的方法，如河北省（Hebei Province）、泰山（Mt. Tai）、豫园（Yu Garden）、宫爆鸡丁（Kungbao chicken）等。

作为最常用的翻译策略，直译和意译适用于各类旅游宣传词汇和文本的翻译，如中华世纪坛（the China Millennium Monument）、北京植物园（Beijing Botanical Garden）、窗口行业（service trade）、国家大剧院（National Center for the Performing Arts）、中华老字号（China Time-honored Brand）、端午节（Dragon-boat Festival）等。

如果希望在翻译过程中尽量保留原文句子结构和修辞，努力再现原文的形式、内容和风格，译者通常会采用直译策略，即把原文的语法结构转换为译文语言中最接近的对应结构，词汇尽量做到一一对应。例如：

例1：中国河南——功夫的摇篮。（河南旅游广告）

译文：Henan in China — the cradle of Chinese Kung Fu

显而易见，英语广告基本是按照汉语广告的结构和词序对应翻译的，宣传河南（少林寺）是中华武术的发源地，从而激发那些痴迷于中国功夫的外国功夫迷们产生到河南旅游，甚至朝拜的愿望。

例2：上有天堂，下有苏杭。

译文：Above is paradise, below are Suzhou and Hangzhou.

Just as there is paradise in heaven, there are Suzhou and Hangzhou on earth.

这句话具有浓厚的汉文化色彩，常用于各类苏州和杭州的旅游宣传材料里；而两句译文都运用了直译策略，大同小异，各有千秋。

如果中英文在词序、语法结构和修辞手段等方面存在着很大差异而无法直译，则可以考虑采用意译（free translation 或 paraphrase）策略，即摆脱原文表达形式和结构的束缚，运用更符合译入语文化的表达方式来进行翻译。

例3：优雅言行——迎奥运礼仪文明行动。
译文：Grace and Charm—Campaign for Refined Behavior
例4：爱护市容——迎奥运环境文明行动。
译文：Clean City, Clean Capital — Campaign for Better Environment
例5：排队礼让——迎奥运秩序文明行动。
译文：Care and Courtesy — Campaign for Perfect Social Order
例6：提升市民文明素质，提升城市文明程度。
译文：Better Manners, Better City Outlook

以上例句均是北京市在筹办和举办2008年奥运会期间推出的迎奥运口号，旨在规范市民行为，提升北京乃至中国的整体形象，因而具有很浓厚的中国文化特色。如果采用直译策略，很难准确表达其意思，甚至产生误解；因此需要运用意译策略。

例7：多少年，魂牵梦绕，
一个东方古国的帝王之梦。
多少年，身归心许，
尊荣、富丽，种种极致，尽在一楼之中。（广告宣传翻译）

这是介绍北京一家著名五星级酒店的电视宣传片画外音之开场白，采用了诗歌的格式，使解说词显得很有文采，汉语修辞效果不俗，但对翻译而言却颇具挑战性。首先，"一个东方古国的帝王之梦"很容易产生歧义，可能会被误读为中国古代帝王所向往的奢华生活。实际上，这句话旨在迎合西方观众向往神秘古老中华文化的东方情结，暗示他们渴望享受东方帝王奢华生活的欲望可以在该豪华酒店得到满足。鉴于该电视宣传片的受众是西方观众，第二种解读更符合该宣传片解说词的创意以及所希望获得的传播效果（经核实，这的确是原文作者的初衷），因此应译为"Of becoming an Oriental Emperor"。此外，诸如"魂牵梦绕"、"身归心许"和"种种极致"等具有汉语鲜明表达特色的四字词组也构成了该文本翻译的难点。在选择相应的英文词汇时，需要留意各种英文同义词和近义词之间的细微差异。例如，翻译"种种极致"时，应考虑选择 extravagance 而不是更常用的 luxury，因为对于英美人士而言，extravagance 可以使人联想到帝王的奢华生活，而 luxury 则容易让人联想到工薪阶级（working class）。同样，"一楼"最好译为 a grand place 而不译为 hotel 或 a grand hotel，因为在英文里 hotel 一词容易给人以档次不高的印象。请看译文：

For so many years, you have dreamt

Of becoming an Oriental Emperor;

For once, this dream of yours will be fulfilled

In a grand place of dignity, glory, magnificence and extravagance

(2) 文化替代与文化补偿

在翻译的过程中，如果出现词汇空缺现象或是现有的词汇难以使英语读者产生同样的联想，甚至会导致误解，那么可以考虑采用文化替代策略（cultural substitution），即运用英语读者所熟悉的表达方式来解说富有文化色彩的汉语词汇。例如：

例8：苏州——Oriental Venice（东方威尼斯）

例9：海南——Oriental Hawaii（东方夏威夷）

例10：茅台（或任何其他白酒）——Chinese Vodka（中国的伏特加）

例11：西施——a Chinese Cleopatra（古埃及艳后，西方家喻户晓的美女）

例12：月下老人——Chinese Cupid（中国的丘比特，罗马神话中的爱神）

例13：鱼米之乡——land of milk and honey（源自《圣经》）

文化替代也可以被视为是一种仿译（calque）或借译（loan translation），恰当地运用一些英美人士耳熟能详的英语词句来表达某些汉语文化词或概念，可以在他们心目中产生类似的共鸣和联想，有助于提升他们愉悦的审美感受，并取得理想的语用效果。

在翻译过程中，意义走失在所难免。为此，众多翻译学者纷纷著书立说，提出了翻译补偿这一措施。

在旅游翻译实践过程中，补偿或文化补偿（compensation 或 cultural compensation）已成为保障译文完整，准确传达原文信息、意义、语用功能、文化因素、审美形式的必然选择。补偿策略通常包括加注、增译、视点转换、释义、归化等，并可分为显性补偿和隐性补偿，前者指明确的注释（包括脚注、尾注、换位注、文内注以及译本前言、附录等）；后者包括增译、具体化、释义、归化等。请看以下旅游产品简介《青藏之旅》的文本翻译（部分）：

例14：西藏简介

西藏境内有200多万人口，主要从事农牧业和手工业。藏族的主食为糌粑、酥油茶、牛羊肉、青稞酒。藏族是个勤劳、好客的民族，每逢节日、重要仪式及尊贵的客人来临，总要敬献"哈达"、青稞酒、酥油茶，以示庆祝。藏族是一个笃信佛教的民族，受宗教影响极为深刻，因此游客进藏旅游千万注意尊重藏民族的风俗习惯及禁忌。

第十二章　旅游休闲翻译

原文中的"糌粑"、"酥油茶"、"青稞酒"和"哈达"具有非常浓厚的藏文化特色，在英美文化中没有相应的概念，在英语中自然也缺乏对应词。由于受到文化缺省和词汇空缺因素的制约，翻译这些词汇非常具有挑战性，是翻译该简介的主要难点，因此在翻译过程中需要采用文化补偿策略，如音译加注等。

首先以"糌粑"为例，"糌粑"是藏族人一日三餐的主食，相当于青稞炒面，通常放在碗里，加点酥油茶，用水不断搅匀，直到用手把糌粑捏成团为止（"粑"就是成团的意思），所以可以按照藏语的发音译为 Tsamba，并以加注的形式给予解释（a parched/roasted Tibetan barley bread）。

目前，国内有关"青稞"一词的译法主要有三种，分别为 Tibetan barley, highland barley, naked barley。highland barley 容易使人联想起苏格兰高地；而 naked barley 主要是指生长在欧洲山区的大麦。Tibetan barley 则可以清楚地表明其产地或其地域特色，因此为最佳选择。"青稞酒"被译为 Tibetan barley wine 或 Tibetan barley beer，这似乎并不准确，因为根据维基百科或是简明英汉字典的定义或解释，barley wine 属于一种烈性啤酒，而"青稞酒"既不是啤酒，也不属于果酒或葡萄酒类，而是有点像低度白酒。因此，可以考虑译为 Tibetan Chiang（在国外也被译为 Chaang），并加注（a Tibetan alcoholic drink）。

翻译"哈达"一词也应考虑采用音译加注的方法，即 Khata（a traditional ceremonial scarf）。"酥油茶"则应译为 yak butter tea（意译）。需要指出的是，在翻译涉及藏文化概念词汇时，最好采用藏语拼音，以展示当地藏族的语言文化特色，体现对藏语的尊重以及汉藏民族之间的平等关系。请看译文：

A Brief Introduction to Tibet

The Tibetan Autonomous Region only has a population of over 2 million who are mostly engaged in agriculture, animal husbandry and handicraft. The Tibetan people mainly eat Tsamba (a parched Tibetan barley bread), beef and mutton and drink yak butter tea and Tibetan Chiang (a Tibetan alcoholic drink). Being industrious and hospitable, the Tibetan people have the custom of presenting Khata (a traditional ceremonial scarf), Tibetan Chiang and yak butter tea at festivals and important ceremonies or upon the arrival of distinguished guests. As the Tibetan people believe in Buddhism, religious influence can be seen in every aspect of Tibetan life. So visitors are advised to show respect for the Tibetan customs and taboos while in Tibet.

（3）删减文化信息、摘译、编译和改译

众所周知，中西方在生活方式、思维方式、行为举止、语言表达、历史传统、风俗习惯、审美情趣、道德规范、政治观点和法律概念等诸多方面存在着巨大的差异。由于这种文化差异，在涉外旅游外宣传播过程中很容易出现某些程度的文化碰撞，甚至是文化冲突。为了避免此类情况发生，在旅游外宣翻译过程中，采用更改、删除、编译和译写等策略有时是十分必要的。例如，可以考虑不翻译一些极具汉语文化特色但却无关宏旨，甚至可能与某些西方价值观念产生冲突的信息，以免使外国读者或游客感到费解，难以接受，甚至产生误解并导致跨文化交际的失败。

有鉴于此，在翻译旅游外宣材料时，应充分考虑到译文受众的价值观、思维模式以及译入语的表达习惯等语外因素，并据此选择行之有效的应对策略，比如修改或删除原文中无助于目标受众理解的低效和无用信息，以突出营销宣传材料的主旨信息，从而获得理想的信息服务和促销效果。

例15：黄山集名山之长，泰山之雄伟，华山之险峻，衡山之烟云，庐山之瀑，雁荡之巧石，峨嵋之秀丽，黄山无不兼而有之。(景区简介)

译文：Other great mountains in China are well known only for either grandeur or elegance, precipitous cliffs or grotesque rocks, clouds or waterfalls. But Mt. Huangshan has them all.

旅游景区景点简介属于一种辅助性的旅游外宣材料，旨在提供有关旅游景区景点的有效信息，以达到吸引游客前来游览欣赏之目的。由于具有一定的呼唤功能，旅游景区景点简介往往词汇丰富、辞藻华丽，讲求修辞效果，追求意境。如果直接译为英文，英美旅游者要么会觉得过于夸张，要么会感觉抓不住重点，不知所云。因此，即使译文语法正确，并且符合译入语的表达习惯，也难以产生理想的语用效果，进而实现有效的跨语言和跨文化交流。

在各种版本的黄山风景区简介中均会出现类似上述原文的描述。以中国六大名山的不同特色来烘托黄山风景之秀美，可以唤起中国游客先睹为快、眼见为实的欲望。但是，对于不太了解中国地理文化、甚至是一无所知的外国游客而言，这些名山则难以使他们产生有效的联想意义和渴望前往游览的意愿，反而有可能喧宾夺主，弱化了主旨信息。因此在翻译时，可以考虑采用淡化的策略，将这些名山隐去，以突出黄山。此外，还应改变原文的句子结构，将这些不同的特色分门别类以符合译语的表达习惯，如把性质相似的名词 grandeur 和 elegance、cliffs 和 rocks、clouds 和 waterfalls 放在一起。

例16：都乐碑林，汇集了不同流派、不同风格的现代书法名家精品，刘海粟、赵朴初、舒同、李天马、欧阳中石、伍纯道等著名现代书法家的墨宝均留于此。(景点简介)

这是有关都乐风景区内都乐碑林的简介，其中提及了许多我国当代著名的书法家以显示该景点书法收藏之份量。但对于外国游客来说，有关这些中国书法界名人的信息显然超出了他们的期待视野，因此既不会使他们产生任何有效的联想意义，也无法提升他们的审美情趣。所以在翻译过程中，应考虑删除或部分删除此类信息。请看参考译文：

译文：Dule Stele Forest boasts of calligraphic masterpieces of different styles and schools from such well-known contemporary Chinese calligraphers as Liu Haisu and Zhao Puchu.

12.1.2 旅游翻译中的显性与隐性错误

旅游外宣翻译中存在的错误可以分为显性错误和隐性错误两种。显性错误主要是一些语言类错误，比如语法错误、用词错误、拼写错误、标点错误、印刷错误等；隐性错误主要包括逻辑概念错误、语用错误、文化错误和文本风格错误等。显而易见，隐性错误难以察觉，因而更容易导致跨文化交际失败。

就北京而言，旅游外宣传播过程中存在的显性和隐性翻译问题在酒店方面尤为突出，甚至连一些四星和五星级酒店也不能幸免。请看以下北京某五星级酒店的宣传材料及其译文：

五星级北京XX饭店地处首都外交及商贸区的中心地段长安街上，与中粮广场、恒基中心、光华长安大厦形成了北京最具发展前景的商贸区域之一，1987年开业。酒店距机场仅28公里，距离京城历史名胜紫禁城（故宫）咫尺之遥，交通畅捷，闹中取静，为商贸及度假人士居停北京之首选豪华酒店之一。（旅游接待企业简介）

原译文：Open in 1987, Beijing XX Hotel is a 5-star hotel located on Chang'an Street, the central area of foreign affairs and business, forming one of the most potential business area of Beijing with COFCO Plaza, Herderson Center and Bright China Chang'an Mansion. Only 28 kilometer from the airport, and also very close to the Forbidden city (the Imperial Palace), it has a convenient traffic and a quiet environment in the prosperity as the first choice for businessmen and people spending holidays in Beijing.

原译本中各种翻译错误比比皆是，语法错误首当其冲，如"Open in 1987"。"open"一词作为形容词时表示"营业"，比如：The store is open on Sunday.（这家商店星期天营业。）"Open"在作为动词时才有"开业"或"开始营业"的意思。显而易见，在这里应译为"Opened in 1987"。其次是英语拼写、名词的单复数形式和字母的大小写等低级错误，如"Her<u>d</u>erson Center"、"28 kilometer"和"the Forbidden <u>c</u>ity"等，应分别改为"He<u>n</u>derson Center"、"28 kilometer<u>s</u>"和"the Forbidden <u>C</u>ity"。

在翻译旅游外宣文本的过程中，应遵循约定俗成原则，避免自造一些新的表达方式，例如原译文中的长安街应译为 Chang'an Avenue，而不是 Chang'an Street 或 "Chang'an Boulevard"。

"potential" 一词作为形容词的意思是 "潜在的" 或 "有可能的"，因此如果把 "北京最具发展前景的商贸区域之一" 译为 "one of the most potential business area of Beijing"，可能会产生 "北京市最有可能成为商业区的区域之一" 之类的歧义了。

原译文中最后一句的问题最为严重，其中 "has a convenient traffic" 完全是在中式思维和表达方式影响下选择对号入座式翻译的产物，根本不符合英文的表达习惯。应运用转换表达视角的策略，把 "交通畅捷" 译为 "to be conveniently located" 或 "to be close to various transportation facilities" 等。而 "a quiet environment in the prosperity" 与汉语 "旺中取静" 的意思也是相差甚远，可以改译为 "the hotel is peaceful and tranquil in the bustling downtown area"。综上所述，可以将该饭店简介改译为：

Opened in 1987, Beijing XX Hotel is a five-star hotel located on Chang'an Avenue, in the heart of Beijing's diplomatic and business district. Together with COFCO Plaza, Henderson Center and Bright China Chang'an Mansion, it has become an essential part of Beijing's business areas with the greatest development potential. Conveniently located, it is only 28 kilometers away from the Beijing Capital International Airport and adjacent to the Forbidden City (the Imperial Palace). As a peaceful and tranquil luxury hotel in the bustling downtown area, it is the best choice for business and leisure travelers to Beijing.

12.2 休闲翻译

如今，中国国际化程度在不断提高，对外交往日益密切，越来越多的外国人选择在中国工作生活、休闲度假。这是他们认识中国、了解中国，体验中国文化的一种选择，也是中国休闲业接轨国际市场，走向世界的必然。这其中休闲业的对外宣传起着连接海内外宾客，提供信息服务的重任。

12.2.1 休闲文本特点及其翻译策略

休闲与旅游有着千丝万缕的联系，为此休闲文本除具有应用文本的一般属性和特点外，还涉及行业复杂，形式体裁多样，信息功能繁复，受众特点多元，文化内涵突出。

　　休闲活动发生在一市、一地，但服务对象是外籍商务、外交、文教、科研人员，其跨文化特点十分突出。为此，休闲翻译更应注重以译文和受众的文化思维、价值观念、消费方式为导向，密切关照译文传播文化语境的变化与发展；因时、因势利导，不以形式对应和功能对等作为译文的终极追求目标，将受众需求的信息以目的语文化语用形式进行整合，以达到最佳语用和信息服务效果。

　　一些休闲活动既具有时尚性、国际性特点，如卡拉OK、体育舞蹈等，另外一些休闲活动传统性、地域性特点鲜明，如太极拳、传统手工艺制作等。休闲文本往往承载着大量的文化信息，休闲翻译在追寻译文时代潮流和风尚的同时还要转换诠释大量本土特色的文化理念、文化形式、器物形制等，这就需要译员有强烈的跨文化意识，娴熟的跨文化交际技巧，对于原语文化和目的语文化的深刻认知，以及对于包括音译、直译、意译、文化替代（类比）、文化补偿、删减文化信息以及摘译、编译和改译（改写和译写）等翻译策略的有的放矢，实事求是的整合应用经验。

12.2.2 休闲场所简介翻译

　　公园和休闲区是市民休闲、娱乐、健身的好去处。位于北京市朝阳区东部的兴隆公园与位于美国旧金山海湾的金门休闲度假区的简介从不同角度展示给休闲者特有的休闲文化、地域文化。

　　（1）兴隆公园

| 兴隆公园（原名兴隆片林）高碑店乡政府为落实市政府以绿引资、以资养绿政策建设此林，初始建于1992年2月22日，1995年12月建成，总占地面积1017亩，建有八座小山、45亩人工湖，总投资约3000万元。

湖面上的白玉石桥成为一座中心景观，湖面西侧为水榭，南侧山峰上建有一座八角重檐亭，北湖边为揽月亭，公园内有各种乔灌木2万余株。2002年3月被北京市园林局批准为北京市一级公园。 | As a part of the Gaobeidian Township Government's afforestation strategy, the construction of Xinglong Park started on February 22, 1992 and was completed in December 1995. Construction of the 68-hectare park which includes eight hills and a 3-hectare artificial lake cost almost RMB 30,000,000.

A beautiful white marble bridge, the centerpiece of the park, is nicely set off by several traditional Chinese-style buildings around the lake. There are over 20,000 trees in the park. In March 2002, it was rated as a first class park by the Beijing Municipal Bureau of Afforestation. |

1995年3月12日,军委副主席刘华清、张震以及国防部长迟浩田率领58位将军来公园植树。刘华清、张震栽种了两棵高大的华山松和三棵白皮松。此次植树共栽植桧柏、国槐、栾树、柳树、椿树、毛白杨等共1200余棵,给兴隆公园留下了一片有纪念意义的将军林。 2005年9月随着兴隆庄村的拆迁,2006年6月完成了公园南部的整体规划建设。2007年4月借奥运契机,结合绿化隔离带建设,启动"公园环"建设工程。 新建完成西大门广场、西门景墙、湖心岛连廊及铁索桥一处,新改增建各类园内道路3千余米,兴隆湖又一次修整增加了一处石坊。进一步完善了公园的景点、增植树木、配套设施工程。将军林立碑汇入历史史册。 兴隆公园是以生态环境、以树木为主的郊野式的森林公园。以人性化管理,为周边居民和游人提供一个良好的休闲、散步、健身,以环境优雅、体验大自然的清新气息、达到身心锻炼的活动场所。	Former Vice Chairmen of the Central Military Committee Liu Huaqing and Zhang Zhen, and former Minister of Defence Chi Haotian visited Xinglong Park together with 58 generals on March 12, 1995, the Chinese Arbor Day of China. Mr. Liu and Mr. Zhang planted five pine trees. A total of about 1,200 trees were planted. They are named "Woods of the Generals" to mark this meaningful event. With the removal of Xinglong Village in September 2005, the southern part of the Park was successfully completed by June 2006. In April 2007, to welcome the Olympic Games, the "Park Chain" project was launched in addition to green belt development. A public square and decorative walls were built beside the park's west entrance, a corridor, an iron-chain bridge and a marble pleasure boat were placed at or around the lake, and a memorial archway was erected at the "Woods of the Generals". Another three kilometers of roads were added and more trees were planted. This project improved both the environment and the park facilities. Xinglong Park is an admission-free forest park in the suburbs of Beijing. It is an ideal place for local residents or travelers to stroll, do physical exercises or simply breathe fresh air and relax.

兴隆公园简介原文庄重、流畅,信息性特点明显。译文采取译写结合的策略,追求动态对等,突出关键信息,如兴建背景、重要事件、奥运渊源等;对于"将军林"种植的树种则一笔带过,"栽种了两棵高大的华山松和三棵白皮松"被译为"planted five pine trees";"兴隆湖又一次修整增加了一处石坊……将军林立碑汇入历史史册。"被整合为"a memorial archway was erected at the 'Woods of the Generals'."在此译者或将"石坊"与"碑"混为一谈了。当然,这个细节的含糊似乎不伤大雅。译者对原文最后一段进行了更为大胆的处理,增加了"is an admission-free forest park",而原文并未提供这一内容;译文结尾还强调了"It is an ideal place for local residents or travelers to stroll, do physical exercises or simply breathe fresh air and relax."以满足休闲者的功能性和文化需求。

（2）金门国家级休闲娱乐区

美国旧金山金门国家级休闲娱乐区的简介信息性和服务性特点更突出。

GOLDEN GATE NATIONAL RECREATIONAL AREA The National Park Service invites your discovery and enjoyment of the Golden Gate National Recreation Area. The Golden Gate Bridge links miles of coastal parkland. In San Francisco, shoreline trails connect historic sites, beaches, and urban parks. North of Golden Gate the parkland is wilder, more open — a green retreat from the cities nearby.	金门国家级休闲娱乐区 国家公园服务处邀您尽情领略、欣赏金门大桥区这一国家级休闲娱乐胜地。金门大桥连接海岸数英里的公园区。在旧金山，延绵的沿海步道纵贯各历史名胜、海滩及城市公园，其中金门北公园区更具野趣，地势也更开阔——是城市附近的一处绿色清幽之地。
GGNRA in Marin Explore beaches, redwood forests, and historic gun batteries. Hike to coastal hilltops for spectacular views.	马林县景区 您可游览海滩、红杉树林及古老的炮兵阵地。也可登临海边小山之巅欣赏壮观的景致。
Marin Headlands Wind-swept ridges, protected valleys, and beaches offer nature's best on the city's doorstep. Hiking trails traverse the terrain, and historic fortifications remaining from former days.	海岬 在进入这座城市之前，那些海风掠过的山脊、受保护的大盆地地区和海滩就向您展现出无以伦比的自然胜景。徒步便道贯穿这一地区，沿途欣赏旧时的防御要塞。
Tennessee Valley A gentle trail meanders through the narrow, secluded valley and ends at a small beach.	田纳西谷 一条清幽狭长的布道蜿蜒于峡谷之中，连接一处小海滩。
Muir Woods Conservationist John Muir called this redwood grove the best tree-lovers' monument that could be found in all the forests of the world.	穆尔森林 资源保护主义者约翰·穆尔认为这片红杉树森林是"树木保护主义者在全世界森林中所能找到的最佳爱树丰碑"。
Muir Beach and Stinson Beach Muir Beach is a semi-circular cove, while Stinson Beach stretches beneath the steep hills rising to Mount Tamalpais. Lifeguards are on duty at Stinson Beach during the summer season.	穆尔海滩和斯丁森海滩 穆尔海滩是一处呈半圆形的小峡湾，而斯丁森海滩则从陡峭的海边小山延绵至塔玛拉帕斯山。夏季斯丁森海滩配有救生人员。
Olema Valley This pastoral landscape includes historic farm buildings, forested canyons, grassy slopes, and good hiking trails.	欧里玛山谷 这是一片牧歌式的景区，包括历史农庄、森林密布的峡谷、绿色如茵的草坡以及绝佳的徒步旅游路线。

Translation of Globalized Business >> 全球化商务翻译

When to Visit and How to Get There Many Marin areas are popular. A few-Muir woods, Muir Beach, and Stinson Beach-are often crowded at mid-day or on weekends, and during warm weather. To avoid traffic problems, the National Park Service recommends using public transit when it's available. Call Golden Gate Transit (453-2100) for routes and schedules. Hiking Trails in Marin County extend from the Golden Gate Bridge to point Reyes National Seashore, crossing land owned by different public agencies, Detailed trail information is available at ranger stations. Avoid climbing coastal cliffs - they are prone to landslide. Hikers should carry water. Camping and Overnight Stay The park offers various group and backpack camps. Reservations are required. Contact the Marin Headlands Ranger Station. Other camping opportunities available in Marin County: point Reyes National Seashore, Mount Tamalpais State Park, Samuel P. Taylor State Park. Private camping is also available in San Rafael and near Olema. The park provides overnight accommodations in cooperation with the American Youth Hostel. Hostels are located at Fort Mason in San Francisco, in the Marin Headlands, and at Point Reyes National Seashore. Park Regulations Pets are restricted in certain park areas. Dogs are prohibited on most hiking trails. Contact the ranger stations for the specific regulations. Camping is allowed only in designated areas by reservation.	何时游览为佳 如何到达 马林景区的很多景点都相当受欢迎，在每日正午、周末及天气和暖的日子里，其中一些地区，包括穆尔森林、穆尔海滩、斯丁森海滩，则经常人满为患。为了避免交通拥堵，国家公园服务处建议游客尽量使用公共交通工具前往。 如需了解公交路线及时间表，请致电金门运输部（453-2100）。 在海滨地区，徒步旅行的线路穿越分属不同公共行政部门的管辖之地，由金门大桥延伸至瑞斯角国家海滩。游客可在森林护卫站获取徒步旅行线路的详细信息。 请勿攀爬海边峭壁－这些峭壁有发生坍塌的危险。徒步旅行者务请自备饮用水。 露营和在景区过夜 公园方面向游客提供各种团体帐篷及背包帐篷。需提前预定。游客请联系海岬森林护卫站。 在海滨地区其它可供露营的地方有：瑞斯角国家海滩、塔玛拉帕斯山国家公园、塞谬尔·P·泰勒国家公园。在圣拉菲尔及欧勒玛附近还有私人露营地。 公园方面与美国青年旅社合作为过夜的游客提供膳宿设施。旅社位于旧金山的梅森堡、马林海岬地区及瑞斯角国家海滩。 公园规章制度 公园的一些区域禁止宠物进入。大多数徒步旅行线路禁止狗进入。游客可联系森林护卫站了解具体规定。 只有在指定区域并提前预约方可露营。

第十二章　旅游休闲翻译

Fires are prohibited in backcountry areas. For Information or Assistance： Contact the ranger station nearest you or park headquarters at Fort Mason in San Francisco. General Park Information ………… 556-0560 U. S. Park Police Emergencies …… 556-7940 Changes in park facilities/boundaries, and transit lines may have occurred since these maps were produced. Park visitor centers can provide current information.	在边远地区禁止烟火。 如需了解信息或寻求帮助，请联系附近的森林护卫站或旧金山市梅森角的公园管理处。 公园基本信息……………………… 556-0560 美国公园警务紧急处理站………… 556-7940 以上地图所印关于公园设施、边界及交通线路等信息内容或有些许改动。可至公园游客中心获取最新信息。

　　这则景点牌示介绍了金门大桥附近的国家级休闲娱乐区域－金门国家游乐区。该牌示为游客提供信息和旅游服务，其性质为全景式度假景点总体介绍。简介分为6部分：欢迎致意/概要性介绍、主要休闲区及其特点介绍、休闲游览建议、规章制度、服务电话、必要申明。

　　第一部分首先表示了对休闲旅游者的欢迎，简明扼要介绍了该游乐区的性质特点。第一句"The National Park Service invites your discovery and enjoyment of the Golden Gate National Recreation Area."中的"discovery, enjoyment"等词的运用都带有呼唤性，激励休闲者行动起来。随后牌示的第一段对休闲游览设施做了概要介绍，列举了游客可以领略的地方：历史名胜、海滩及城市公园等等，而wilder, more open, a green retreat 等词的使用试图增加游客对该地区的期待。文本的第一段是典型的信息性文本，以提供信息为主，语言平实，毫无矫揉造作的感觉。

　　主要休闲区及其特点介绍在随后的各个名目下详细介绍了金门游乐区各个休闲游乐点的特色，所能提供的各种休闲内容和服务信息。为了让所有游客都能看懂，该景点牌示采用了平实语言、简单句式；同时，根据各个景点的自然环境与安全情况，园方还提供了必要的提示。休闲游览建议部分对最佳休闲时段、区位、交通、安全、饮食、住宿等都事无巨细一一说明，具有明显的可操作性。本节标题下的要点处理突出服务信息，介绍与提示也力求准确、具体、通俗。

　　规章制度采取提纲挈领的方式介绍了有关宠物、用火、露营管理规定，同时提供相关的信息咨询和服务联系机构，想休闲者之想。

　　必要申明实际是一种格式化信息处理。美国休闲业极为重视信息的时效性，在信息更新服务方面力求与时俱进。

　　国家级休闲娱乐区域－金门国家游乐区简介将似乎很松散的信息通过节标题、段核心词语，以及段落之间空行处理等安排得层次鲜明、主次突出、详略得当,为我们从目的语角度了解休闲区点简介语用特点提供了重要参照。

12.2.3 休闲场所规定翻译

休闲场所往往人员成分复杂,服务设施多样,对人员和设施的管理要求也就非同一般。

以下"游泳池管理规定"为北京市民讲外语办公室主持翻译和美国拉斯维加斯一游泳场实地采集范例的对比。

（1）北京市"游泳池须知"

游泳池须知	Swimming Pool Notice
凡是来游泳的客人,须持有效证件入馆。	Present your valid membership card before entering.
无人带领的小学生、少年儿童严禁入馆。	Unaccompanied children are not allowed into the pool area.
游泳者需遵守游泳馆的各项规定,看好各种提示牌。	Swimmers must follow instructions and safety notices.
禁止穿便服,携带宠物进入泳区。	Wear swimming suits. Pets are not permitted in pool area.
禁止带玻璃制品等一切危险品进入泳区。	Glass or any other dangerous items are prohibited.
耳环、项链、手镯、戒指及身上饰品,请勿带入游泳馆内及泳池,以防丢失掉入水中。	To avoid any loss, please do not wear earrings, necklaces, bracelets, rings or other accessories.
严禁有心脏病、精神病和各类传染性疾病的人员和醉酒者参加游泳活动。	Those with cardiac diseases, psychiatric conditions, contagious diseases, or under the influence of alcohol are not allowed to swim.
为了您和他人的健康,请您进入泳池前先淋浴并戴好泳帽,穿标准的泳衣裤,不准在泳区吃东西、吸烟、吐痰、擤鼻涕、乱扔东西、排尿等。	Take a shower and put on your swimming cap before entering. Eating or smoking is strictly prohibited.
请您不要在浴室内清洗个人衣物、不要将有色饮料带进泳池。	Please do not wash clothes in the bathroom, or bring colored drinks in the swimming pool.
进入深水区游泳要有《深水合格证》。	Certification required to swim in deep water zone.
泳池内严禁打闹、跳水、潜水和抛球抛物等游戏。	Horseplay, diving, jumping, or ball-throwing of any type is not allowed.
深水区内勿用游泳圈,禁止攀压水线、横穿水线,游泳者按泳道右侧顺游。	Buoys and other swimming aids can not be brought into the deep water zone. Keep off the waterlines. All patrons must swim on the right of the swim lane.
以上须知望每个游泳者严格遵守,违反者按有关规定进行处理。	All swimmers must abide by the above rules.

第十二章 旅游休闲翻译

北京市的"游泳池管理规定"既有其详尽具体的一面，也有含糊，可操作性欠缺的一面。而英译是参考国外相关规定基础上提交的文本，语用方面明显贴近英语语言特点和游泳场所语用环境特点。原文中"须持有效证件入馆"在英译中为"Present your valid membership card before entering"，英译显然具体明确。原文中"无人带领的小学生、少年儿童严禁入馆。"同样不具操作性，也与"有效证件"或"membership card"矛盾。美国在此方面的规定就具体，可操作性明显："UNSUPERVISED USE BY CHILDREN UNDER THE AGE OF 14 IS PROHIBITED 无人监护的14岁以下儿童禁止入内。"

原文中的"请"在译文中基本得到体现。这样的礼貌用语会冲淡条规的约束性、严肃性，在以下的美国范例中未见使用。

原文"深水区内勿用游泳圈"的实际意义应为"深水区内勿用自带游泳圈"，否则出现溺水情况时就不知所措。这句话的英译受原文影响，"Buoys and other swimming aids can not be brought into the deep water zone."如因译文产生一些误解是不能怨他人抠字眼的。

译者在处理原文与译文关系时注意到内外有别，为此："不准在泳区吃东西、吸烟、吐痰、擤鼻涕、乱扔东西、排尿等。"被简化处理为"Eating or smoking is strictly prohibited."这与美国环球影城的导游图图例中文版中刻意提示来自华语区的游人在指定区域吸烟一样采取的是信息筛选的针对性原则。

最后一条同样采取中外游人区别对待的方式："以上须知望每个游泳者严格遵守，违反者按有关规定进行处理"，英文"All swimmers must abide by the above rules"。这样的处理体现了文化差异，译者在译文中反映的意思实际也正是管理方的考虑。

（2）美国拉斯维加斯的"游泳池管理规定"

美国拉斯维加斯的"游泳池管理规定"分为三部分，第一部分为人工呼吸急救指示；第二部分为警示性规约；第三部分才是与游泳池直接相关的管理规约。

ARTIFICIAL RESPIRATION

1. CHECK BREATHING AND CLEAR AIRWAYS. TILT HEAD BACKWARD, PUSH JAW UPWARD. IMMEDIATELY START MOUTH TO MOUTH.

2. PINCH VICTIM'S NOSTRILS SHUT, OPEN YOUR MOUTH WIDE, PLACE OVER VICTIMS MOUTH AND BLOW REPEAT 2 FULL BREATHS FOR 1-1/2 TO 2 SECONDS EACH.

3. REMOVE YOUR MOUTH FROM VICTIM'S. LOOK, LISTEN AND FEEL FOR BREATHING AND PULSE. CHECK AIRWAYS, CONTINUE MOUTH TO MOUTH IF NECESSARY.

4. HAVE SOMEONE CALL THE PARAMEDICS. KEEP VICTIM WARM, CONTINUE TO CHECK PULSE AND BREATHING UNTIL MEDICAL AID ARRIVES.
EMERGENCY DIAL 911   MEDICAL   POLICE   FIRE

人工呼吸急救

检查并清理呼吸道。将溺水者头部后仰,下巴向上。立即开始口对口人工呼吸。

捏住溺水者鼻孔,先张大口对溺水者的口腔吹气,重复吹气,每次持续1.5至2秒。

将口离开溺水者的面庞,倾听、感觉有无呼吸声和脉搏。一直要进行检查,如果需要,继续进行口对口人工呼吸。

叫人去找医务辅助人员,保持溺水者的体温,持续检查脉搏和呼吸,等待医务人员的到来。

紧急情况拨打911请求医疗,警察和消防救助

"人工呼吸急救"不是规约,但是设置这个指示性公示语牌确是卫生管理机构的规约决定。祈使句动词开头指示施救者如何进行人工呼吸急救。句子虽短,但描述具体准确,条理有序,有很强的操作性。个别处采用省略处理,如 IMMEDIATELY START MOUTH TO MOUTH 是因为这部分内容就是讲"人工呼吸急救"。

CAUTION

1. ELDERLY PERSONS, PREGNANT WOMEN, INFANTS AND THOSE WITH HEALTH CONDITIONS REQUIRING MEDICAL CARE SHOULD CONSULT WITH A PHYSICIAN BEFORE ENTERING A SPA

2. UNSUPERVISED USE BY CHILDREN UNDER THE AGE OF 14 IS PROHIBITED

3. HOT WATER IMMERSION WHILE UNDER THE INFLUENCE OF ALCOHOL, NARCOTICS, DRUGS OR MEDICINES MAY LEAD TO SERIOUS CONSEQUENCES AND IS NOT RECOMMENDED

4. LONG EXPOSURE MAY RESULT IN NAUSEA, DIZZINESS OR FAINTING.

5. DO NOT USE ALONE

NO DIVING

CAPACITY

MAX. NUMBER OF BATHERS ALLOWED IN THIS POOL

MAX. NUMBER OF BATHERS ALLOWED IN THIS SPA

警告

1. 老年人、孕妇、婴儿或有健康问题的人在进入温泉前需与医生咨询。

2. 无人监护的14岁以下儿童禁止入内。

3. 不建议酒后、服用麻醉剂、毒品及药物后进行热水浸泡,这可能导致严重的后果。

4. 长时间浸泡可能引起恶心、眩晕、昏厥。

5. 不要独自泡温泉。

禁止跳水

客容量

此泳池能容纳的最多人数

此温泉能容纳的最多人数

第十二章 旅游休闲翻译

警告部分是由系列警示性公示语组成。对于那些因健康原因可能出现的危机生命情况一一予以警示。这部分内容基本采用单句，但涉及对象所指明确，一句一事，以加强警示效果，确保设施使用者人身安全。"NO DIVING"超大字号印制，也从前面的 PROHIBITED、NOT RECOMMENDED 转换为警示性更为强烈的"NO"。

RULES

1. ALL PERSONS USING POOL OR SPA DO SO AT OWN RISK. WE ARE NOT RESPONSIBLE FOR ACCIDENTS OR INJURIES.

2. POOL OR SPA IS FOR PRIVATE USE ONLY. OTHERS WITH MANAGEMENT PERMISSION. NO GLASS, FOOD, ANIMALS RUNNING OR ROUGH PLAY

3. POOL USE PROHIBITED AFTER HOURS. SHOWER BEFORE ENTERING POOL MANAGEMENT RESERVES THE RIGHT TO DENY USE TO ANYONE AT ANY TIME.

4. USE POOL AT OWN RISK WHEN LIFEGUARD IS NOT ON DUTY. DIVING IS ALLOWED ONLY IN DESIGNATED AREAS. PEOPLE WITH LONG HAIR MUST WEAR CAPS.

5. DO NOT USE POOL WHILE UNDER THE INFLUENCE OF ALCOHOL OR DRUGS. UNNECESSARY NOISE IS NOT PERMITTED AT ANY TIME

6. LONG EXPOSURE IN ANY SPA MAY RESULT IN NAUSEA DIZZINESS OR FAINTING. (MAX. SPA. TEMP 104)

注意事项

1. 使用泳池和温泉者自担风险，我们对意外事件和受伤不承担责任。

2. 泳池和温泉只供私人使用或经过管理人员的允许使用。不准带入玻璃器皿、食物、动物；不准奔跑或有打逗动作。

3. 规定时间外禁止使用。在进入泳池前要淋浴。在任何时间管理人员都有权制止人们使用游泳池。

4. 当救生员不值班时，使用泳池责任自负。在规定的地方可以跳水。长发泳者需戴泳帽。

5. 酒后或服药后禁止游泳。任何时间不许大声喧哗。

6. 长时间浸泡温泉可能导致恶心、眩晕或昏厥。

（温泉最高温度为华氏104度）

"ARE NOT RESPONSIBLE FOR"、"RESERVES THE RIGHT TO"都是法律用语，正式、规范。即便是游泳设施拥有者，服务提供方，在告知的情况下，那些有行为能力者再选择游泳就要自负其责。尽管这部分采用了全大写处理，但句子相对而言比较短，词汇多常见，即便是个别法律术语使用也不会影响休闲者阅读、理解。个别警示性规约在此再次出现 DO NOT USE POOL WHILE UNDER

THE INFLUENCE OF ALCOHOL OR DRUGS. 说明反反复复警示的必要。另外，从对游泳池使用者的行为约束要求来看，如：UNNECESSARY NOISE IS NOT PERMITTED AT ANY TIME、NO GLASS, FOOD, ANIMALS RUNNING OR ROUGH PLAY，都在告诫游泳池使用者这里不是海滨浴场。

  北京市游泳规定的英译本与拉斯维加斯的游泳规定相比，最为明显的差别是拉斯维加斯的规定采用了所有词汇全大写方式处理，以示其重要性、严肃性和特殊性。由此可见，译者在转换中英文字面意义的同时，还应特别注意这种应用性文本字里行间体现的文化内涵和语用特点。

  中英旅游休闲文本都承载着提供信息与诱导行动这两大功能，但两种文本实现这些功能的途径却多有不同。提供信息时，英文具体详实，多用简单词汇，也常用"片段语"节省篇幅，加快节奏；英文的宣传功能是通过使用祈使句、注意人文情感因素、并且运用一些广告手段来实现的。而汉语叙述事实的部分多采取"公文化"的形式，和读者拉开距离，保持客观公允；而描绘景物时喜用华丽的词句，注意烘托意境，通过描绘的氛围让读者"心动"。所以，旅游休闲翻译不能简单地逐字照搬原文，追求一一对应，而是要按照英文读者的思维方式、语用特点来译，适当时候还要整合和改编。在翻译实践中，译者要多阅读英语平行文本，熟悉英文应用文本的写作风格，模仿原文，力求写译出符合英文习惯的旅游休闲材料来。

第十三章
商务规约翻译

　　为了维护消费者权益，确保商业经营规范，世界各国都制定有"消费者权益保护法"、"食品卫生法"、"未成年人保护法"、"广告法"、"合同法"等法律法规；依据这些法规原则，更有大量须知规定、安民告示、注意事项、保修条件、赔偿标准、使用说明、操作规程、收费罚款标准等确保消费者权益得到切实维护，企业正常经营得到有效支持，消费和服务质量得到提高，消费者与商家生命财产安全得以保障。

　　这些商务规约在内容、风格、语气和格式方面都与我们相对比较熟悉的应用文体有较大区别。商务规约多具有法律效力，为此，商务机构的规定要体现法律的权威性、严肃性，文字通常都正式规范，文体语气庄重；同时也要体现其服务性，使用语汇简明、礼貌客套。此外，这些规定在文体、语气、措词、句型结构方面也体现这一体裁语篇特有文风。使用、借用、套用法律语言句式与词汇组合屡见不鲜。段落乃至篇章的全大写处理既体现了语篇的正式性、规范性，也体现了其严谨性、重要性。由于受篇幅限制，规则的撰写必须尽可能利用有限空间承载尽可能多的信息，这就要求译写人员充分利用各种手段，例如用数字代替文字，用短语代替长句，利用字号变化和色彩突出主题。空间的限制也要求制作人员精选规则要求的内容，保留最重要的内容。尤其重要的是，用中英双语书写的规定服务不同的受众。规定的中文内容是针对国内百姓，英译针对外籍人士。因此，在翻译时，除了准确传达内容外，还应注意形式和表达方式的得体性以及目标受众的心理及文化感受。

13.1　购票须知与"注意事项"

13.1.1　世博会入场券的"注意事项"

　　到上海参观世界博览会的观众都会注意到入场券背面的"注意事项"。

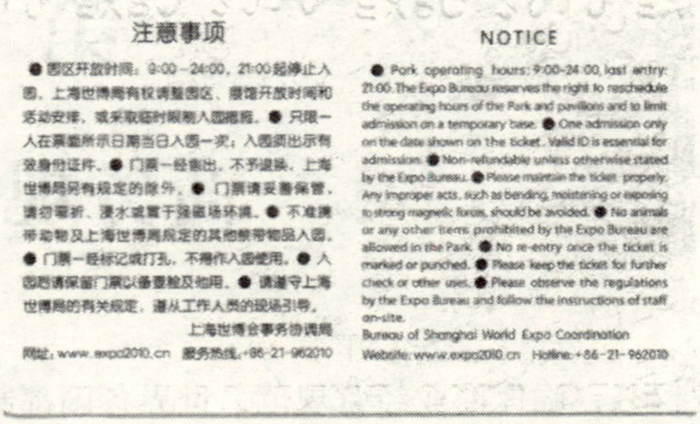

Translation of Globalized Business >> 全球化商务翻译

图 13-1

"注意事项"将参观者购票后所应注意的事情以条条方式一一说明，语句结构简单，词汇意义通俗，语气既体现权威性，也注意了参观者作为服务对象所应受到的尊重。

"注意事项"也可以说是相关公示语的有机组合，如园区开放时间、宠物管理、留票待查验等。

尽管持票人都明确知道"注意事项"是针对他们而言，可"你"或"You"并没有直接显现，这一语境已经十分明确，无庸赘言。

尽管"注意事项"的语言通俗简明，整个短篇的语体风格却是正式书面文体，行文严谨，逻辑性强，被动语态，以及一些法规短语，如 unless otherwise stated by, reserves the right to, on a temporary base 使用频率高。

"注意事项"内容的前后组织也是类似超大型商务文化活动票券"注意事项"的结构形式，基本参照了参观者持票的行为方式，以购票后行为次序一一提示，最后归纳"请遵守上海世博局的有关规定，遵从工作人员的现场引导。"

注意事项的内容布局受票面空间限制，并没有采用逐条分列形式，而是借助圆点将要点一一陈述；"落款"的中文格式是右对齐，而英文格式却是左对齐。

NOTICE

● Park operating hours: 9:00-24:00, last entry: 21:00. The Expo Bureau reserves the right to reschedule the operating hours of the Park and pavilions and to limit admission on a temporary base.

● One admission only on the date shown on the ticket. Valid ID is essential for admission.

● Non-refundable unless otherwise stated by the Expo Bureau.

● Please maintain the ticket properly. Any improper acts, such as bending, moistening or exposing to strong magnetic forces, should be avoided.

● No animals or any other items prohibited by the Expo Bureau are allowed in the Park.

- No re-entry once the ticket is marked or punched.
- Please keep the ticket for further check or other use.
- Please observe the regulations by the Expo Bureau and follow the instructions of staff on-site.

Bureau of Shanghai World Expo Coordination
Website: www.expo2010.cn
Hotline: +86-21-962010

注意事项
- 园区开放时间: 9:00-24:00, 21:00 起停止入园。上海世博局有权调整园区、展馆开放时间和活动安排,或采取临时限制入园措施。
- 只限一人在票面所示日期当日入园一次; 入园需出示有效身份证件。
- 门票一经售出,不予退换,上海世博局另有规定的除外。
- 门票请妥善保管,请勿弯折、浸水或置于强磁场环境。
- 不准携带动物及上海世博局规定的其他禁带物品入园。
- 门票一经标记或打孔不得作入园使用。
- 入园后请保留门票以备查验及他用。
- 请遵守上海世博局的有关规定,遵从工作人员的现场引导。

上海世博会事务协调局
网址: www.expo2010.cn
服务热线: +86-21-962010

13.1.2 购票乘车

为提醒乘客持票上车,铁路客运部门制定购票标准和罚款细则,并在车站入口处醒目位置张贴。

图 13-2

Translation of Globalized Business >> 全球化商务翻译

Warning: have you paid?

注意：您购票了吗？

Warning 经常用于与乘客和公众安全等切身利益相关的警示性公示语。这个 Warning 既有"注意"的意思，同时也有"敬告"、"警告"的意味，一语双关。所以 Warning: have you paid? 也可以直接解释为"敬告：乘车购票"。

Please buy your ticket before you travel, otherwise you may have to pay a Penalty Fare (at least £20).

请购票上车，无票者将被处以不低于 20 英镑的罚款。

If you can not produce a valid ticket for your entire journey, or permit to travel when asked to do so you may be charged a Penalty Fare of £20, or twice the full single fare (whichever is the greatest) to the next station stop at which your train stops. Also, you may be charged the full single fare to your destination if you continue your journey on the same train.

无有效车票或乘车卡乘车者将被处以 20 英镑或两倍于到下一站单程票价的罚款（二者中以较高者为准）。如果乘客希望继续旅程，必须全额支付单程车费。

最后一部分是购票及使用乘车卡的细则。

Buying your ticket 购票

Please buy your ticket from the ticket office or the self service ticket machines (where available).

请在售票窗口或通过自助售票机购票。

If the ticket office is closed and you cannot buy the ticket you want from a self service ticket machine, you must buy a permit to travel (where there is a machine available), paying as much of your fare as possible. A permit to travel is only valid for 2 hours and you must exchange it for a ticket as soon as possible.

如果售票窗口已关闭，如果自助售票机出故障，请在"乘车卡机"上购买乘车卡，尽量多交钱。乘车卡的有效期为 2 个小时，乘客应尽快把它换成有效车票。

Examples of when a Penalty Fare may be charged

If you:

Travel without a valid ticket

Are unable to produce an appropriate Railcard for a discount ticket

Travel in First Class accommodation with a Standard ticket

Are aged 16 or over, traveling on a child rate ticket

Travel beyond the destination on your ticket

下列情形将被罚款：

无有效车票
无铁路优惠卡，使用打折票
持普通票使用头等车厢
16 岁以上持儿童票
超出车票规定里程

13.1.3 补票

Penalty Fares

Please buy your ticket before you board the train.

Buy your ticket before you travel, or you risk being liable for a Penalty Fare of £20, or twice the full single fare to the next station stop (whichever is the greatest) in accordance with The Railways (Penalty Fares) Regulation 1994.

Passengers who intentionally evade fares may be prosecuted by XXX Trains.

Our Revenue Protection staff reserve the right not to charge the penalty on the spot, but to take matters further through the courts.

XXX Trains applies Penalty fares regulations across its network with the exception of stations west of Salisbury (Tisbury-Pinhoe) and stations on the Hounslow Loop (Bames Bridge — Hounslow).

Please buy your ticket from the ticket office or ticket machine (where available).

When the ticket office is closed and you cannot buy the ticket you require from the machine, a Permit To Travel must be obtained from the Permit To Travel machine (where available).

The ticket machines and/or Permit To Travel machines are normally sited in the ticket office area, on the platform or on the appropriate station entrance.

XXX TRAINS

补票罚款规定

请先购票，再上车。根据1994年制订的铁路（罚款）规定无票乘车者将被处以20英镑或两倍于到下一站单程票价的罚款（二者中以较高者为准）。

对于故意逃票人员，XXX铁路当局将予以处罚。

对于逃票人员，铁路查票员保留不作现场处罚权力，而随后通过法律手段处理逃票事件。

XXX铁路公司罚款规定适用于Salisbury（Tisbury — Pinhoe）以西及Hounslow Loop（Barnes Bridge — Hounslow）各站。

请在购票窗口或通过售票机购票。

如果购票窗口已关闭，或者售票机出故障，请在"乘车卡机"上购买乘车卡。

售票机及乘车卡机通常设置在购票窗口、站台或车站入口处。

XXX 铁路局

针对个别乘客未购票就上车的现象，铁路和公路部门在醒目的位置提醒乘客在上车前购票。

在两个 Please 之间是严厉的罚款标准、处理方式的陈述。如果第一个 Please 是在提示，那么第二个 Please 意在导引，既通知乘客 Where，也指示乘客 How，以免那些不熟悉票务系统的乘客因不知情而被误罚。

铁路交通部门在翻译相关规定时，可借鉴参考此规定。

13.1.4　购票须知

从伦敦，到纽约，戏剧演出票"一经售出 概不退换"成为行规。同样，那些国际性演出场馆在付款方式方面也是多有默契。

TICKET POLICIES:

ALL SALES ARE FINAL

NO REFUNDS OR EXCHANGES

ACCEPTED METHODS OF PAYMENT: CASH, VISA, MASTERCARD, AMERICAN EXPRESS

PHOTO ID IS REQUIRED FOR WILL CALL PICK UP

WILL CALL DROP OFF IS NOT PERMITTED

TO AVOID PROBLEMS WITH COUNTERFEIT, STOLEN, OR VOIDED TICKETS, PLEASE PURCHASE YOUR TICKETS THROUGH THE BOX OFFICE OR TICKET MASTER

购票须知

一经售出，概不退换

只接受以下付款方式：现金、维萨卡、万事达卡、运通卡

如通过网上购票或者票务公司购买，取票时必须出示有照片的身份证件，网上购票或通过票务公司购买不能退票

为防止假票、丢失或废票，请直接到票房或者通过正规票务公司购买

ALL SALES ARE FINAL NO REFUNDS OR EXCHANGES 一经售出，概不退换斩钉截铁，没有任何商量余地。顺应这一正式文体风格，其他语句也采用了规定类语体常用的固定搭配、被动语态等。

购票须知文字全大写处理，是正式文体中最为正规形式；这意味着所有条款均具有法律效力。

13.1.5 景点参观票

```
The Official                    The Official
Residences of                   Residence of
The Queen                       The Prince of Wales
Buckingham Palace Windsor Castle    Clarence House

WINDSOR CASTLE
Monday    18-July-2005
Voucher Adult
Admissions to the Castle continue until 16:00
Last Entry Times:
St. George's Chapel:                        16:05
State Apartments and Queen Mary's Dolls' House: 16:30
   St. George's Chapel Closes:              16:15
   Castle Closes:                           17:15
Booking Reference:  1758425
Not for resale       VAT No. GB 597 4495 73
          See reverse for Terms and Conditions
```

图 13-3

温莎城堡

周一　　　　2005 年 7 月 18 日
成人票
下午四点前允许进入城堡
最迟进入时间
圣乔治礼拜堂　　　　　　　　　　　　　　　16：05
State Apartments 玛丽皇后玩偶屋　　　　　　16：30
圣乔治礼拜堂关闭时间　　　　　　　　　　　16：15
城堡关闭时间　　　　　　　　　　　　　　　17：15
订票号码：1758425
不得转售　增值税票号 GB 597 4495 73
请参考背面条款

　　温莎城堡建于 1066 年，英国女王最钟爱的周末度假城堡，雄踞泰晤士河岸山丘上，是世界上有人居住的最大城堡之一，内有琳琅满目的皇室瑰宝。温莎城堡分为上、中、下三区（Lower Ward、Middle Ward、Upper Ward），由于皇室成员仍经常在此度假或举行重要国宴，因此在城堡中须依照一定路线参观。上区主要有 13 世纪的法庭、滑铁卢厅和圣乔治厅、女王交谊厅（Queen's Ballroom）等房间。下区主要有圣乔治礼拜堂、爱伯特纪念礼拜堂等建筑。圣乔治礼拜堂（St. George's Chapel）是温莎城堡的建筑经典，豪华的哥德式建筑，以细致艳丽的彩绘玻璃著称，有 10 位英国王室成员埋葬于紧邻圣乔治礼拜堂的爱伯特纪念礼拜堂。爱伯特纪念礼拜堂初建于 1240 年，为晚期垂直式样的哥特式礼拜堂，在 1863 年改建为爱伯特王子的纪念礼拜堂。

温莎城堡丰富的内容不可能浓缩在一张小小的票据上，但是通过这张参观门票，客人还是能得到参观温莎城堡所需要了解的基本信息，例如：景点名称 Windsor Castle，门票类型 Voucher Adult，门票有效时间 18-July-2005，各主要景点关闭时间等。当然门票的主要功能是作为进入里面参观的有效凭证，所以门票的背面附有参观的注意事项和说明。VAT No 是 Value Added Tax Number（增值税票号）的缩略语。

附：门票背面条款说明

Terms and conditions of sale

Tickets for admission to the official residences of The Queen and the official residence of the Prince of Wales (Tickets) are issued by Royal Collection Enterprises Limited (RCEL), subject to availability, and subject to RCEL's Full Terms and Conditions which include the following terms:

1. Tickets cannot be exchanged, refunded or replaced after purchase.

2. Resale or any alteration or defacing of a Ticket will render it void. Tickets cannot be resold. Tickets may be transferred to third parties by way of gift.

3. Ticket holders will be admitted upon presentation of a valid ticket. RCEL reserves the right in its sole and absolute discretion to refuse admission to any person without giving any reason. RCEL may require that any visitor whose behavior is in any way disruptive should forthwith leave the Royal Residence and its grounds.

4. For safety reasons, visitors and their belongings will be subject to security checks. Visitor belongings must not be left unattended.

5. All children under age of 12 must be accompanied by a ticket holding adult.

6. The use of photography, film and video equipment is strictly prohibited in the interior parts of the residences. Non-commercial photography is permitted in the outdoor areas, except at Clarence House. All mobile telephones must be switched off whilst within the residences. Smoking and the consumption of food and drink within the residences are strictly prohibited.

7. Except in the case of death or personal injury caused by negligence, RCEL excludes liability to the fullest extent permitted by law for any loss or damage suffered by any ticket holder or occurring to any items belonging to the ticket holder and will not be liable for any loss or expense due to circumstances beyond RCEL's control.

A copy of the full Conditions of admission is available upon application to the ticket sales and Information Office or to view on our web site: www.royal.gov.uk

门票发售，购买和使用须知

女王和威尔士亲王官邸的门票由皇家收藏有限公司（RCEL）发售，门票销售、购买和使用条款包含以下具体规约：

1. 购票后不得交换、退票以及用作它用。

2. 票据如若转售、更改或者损坏将视为无效。此票不允许转售，但可以作为礼物赠送给第三方。

3. 持票人出示有效票据后方可进入。RCEL 保留绝对判断权，以及无条件拒绝任何人入内的权力。RCEL 有权利要求任何有异常行为的游客立即离开皇家官邸以及本区域。

4. 为了安全起见，游客及其随身物品须接受安全检查。游客随身物品应该照看好。

5. 未满 12 岁儿童应有一个持票的成年人伴随。

6. 室内严禁使用照相机、录像机以及其它照相设备。室外区域除了 Clarence House 外，可以进行非商业用途的拍照。室内必须关闭手机，并且严禁吸烟和吃零食。

7. 除了由于疏忽导致的伤亡，RCEL 依法不承担持票人本人以及其物品的任何损伤或损失责任，并且不承担超过 RCEL 控制范围的任何费用和损失责任。

详细规定条款可在购票处与咨询处获取，或者访问我们的网站：www.royal.gov.uk

13.1.6 戏剧观赏券

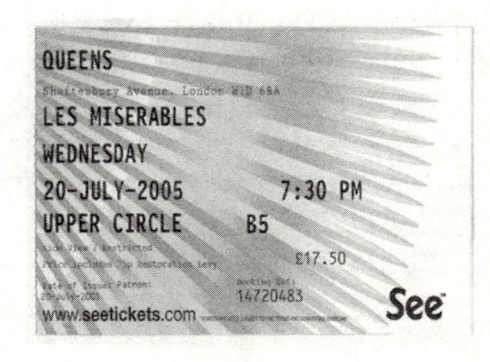

图 13-4

Translation of Globalized Business >> 全球化商务翻译

王后剧院
伦敦沙夫茨伯里大街，W1D，6BA
悲惨世界
星期三
2005年7月20日　　　　　　　　7：30 pm
楼厅后座，上层环形观众席　　　B 5
禁止站在过道观看
此价格包含75便士的维修费　　　17.5英镑
出票日期：2005年7月20日
订票号码：14720483
访问我们的网站获取更多信息 www.seetickets.com

　　英国的戏剧艺术闻名世界，在剧目创新、演出质量及演员整体素质方面都达到了很高的水准，称伦敦为世界戏剧之都并不为过。如果单以上演戏剧的种类和数量或观众人数而论，就连纽约的百老汇也难以与其抗衡。伦敦每天公开售票的舞台表演多达200余场，其中最有名的演出主要集中在伦敦西区。准确地说，伦敦西区已成为英国戏剧中心的代名词。在不到一平方英里的面积里，聚集了42家商业性经营的剧院。这些剧院在商业和娱乐业高度发达的市中心形成了一个剧院区，被称为伦敦西区。

　　本票券是王后剧院的入场票。王后剧院位于伦敦西区沙夫茨伯里大街，是经过重新装修的较老的剧院。票券上面显示了剧院的具体地址（伦敦沙夫茨伯里大街，W1D，6BA）；演出的剧目（悲惨世界）；演出具体时间（2005年7月20日，7：30 pm）；具体的席位（楼厅后座，上层环形观众席，B 5）；门票价格（17.5英镑）；出票时间（2005年7月20日）；注意事项（禁止站在过道观看）等。在门票的背面印有关于观看演出的具体条款说明。

图13-5

Terms and conditions

For your information this ticket is issued on behalf of the organization responsible for the performance or event shown on the other side, and is subject to the following terms and conditions.

1. You need a valid ticket that must be produced to get in to see the show event.

2. The theatre owner or venue management reserves the right to refuse admission in reasonable circumstances. If you arrive late then you may have to wait until a convenient break in the show before you can take your seat.

3. Please don't be offended if the theatre owner or venue management asks to look in your bag — to ensure everyone's safety they may have to conduct occasional security searches.

4. Only in the event of a show of event being cancelled will we refund your ticket.

5. Reselling this ticket for profit or commercial gain makes it void.

6. Sometimes the Producer or Event Promoter needs to make an alteration to the advertised details for the performance at short notice. If this happens then the producer or event promoter is not obliged to refund your money or exchange tickets.

7. If you can't see the show properly or there are any other issues hindering your enjoyment then you should complain promptly to the theatre or venue manager prior to or during the show, if possible.

8. On rare occasions the show or event may be filmed or recorded. Buy a ticket affirms your consent to the filming and sound recording of yourself as a member of the audience. If you have any objection, should this happen when you attend a show or event, please contact a member of the theatre or venue management.

9. We're sorry if any of your personal property is lost or damaged while at the venue, but neither the producer/event promoter nor theatre owner/venue management can be held responsible.

10. The unauthorized use of a camera, video camera or any other sort of recording equipment is strictly forbidden.

注意事项：

本票由票页背面显示的负责演出单位发放，持票人应遵守以下条款：

1. 必须持有效票据入内观看演出。

2. 剧院方或者其经营者有权在理由充分的情况下拒绝持票人入内。如果迟到，必须等到演出中场休息期间才能对号入座。

3. 如果剧院方要求检查您的随身包裹，请您配合——例行随机安全检查是为了确保每个人的安全。

4. 只有在演出取消的情况下才能退票。

5. 如果为了盈利或商业目的转卖此票，票据则视为无效。

6. 有时演出方或者活动宣传策划方需要对演出广告宣传过的细节做一些临时调整，这种情况下演出方和活动宣传方没有义务退票或者换票。

7. 如果您未能顺利地观看演出或者是出现一些问题妨碍了您欣赏演出，您应该在演出之前或者演出过程中立刻投诉。

8. 在极少数情况下，演出可能被拍摄或者录像。购买此票等于确认您已经同意自己作为观众被录像或者录音。如果您有不同意见，请与我们的工作人员联系。

9. 如果您的随身物品在观看演出时丢失或损坏，我们深表遗憾。但是演出方和剧院管理方均对此不承担责任。

10. 严禁未经批准使用照相机、摄像机和其它录像设备。

票券在日常生活中应用非常普遍，种类繁多，涵盖面也非常广泛，因此票券的制作也不可能有一个普遍适用的格式或者模版。但是不论是何种票券，其作用和目的都是一样的，即作为一种有效凭证，方便人们的日常活动。制作带有英文解释的票券应该包括以下基本信息：票券用途及类型、票券价格、有效时间、注意事项。一般情况下背面还要附上补充说明以方便使用者了解更多信息。

13.2 收款、收费、罚款规定

现金消费、银行卡消费、支票消费是目前多数商家接受的付款方式。为了吸引顾客消费，笼络老客户，很多商家特别是那些超市连锁店、娱乐休闲机构、百货公司还推出了名目繁多的"会员卡"。因为在办卡时申请者的个人信息和信用情况等都得到审核、确认，商家在支付手段和价格方面也向持卡人提供各类优惠。

13.2.1 支票兑付规定

XXX 店在以下条件符合情况下接受您的支票 XXX WILL ACCEPT YOUR CHECK IF

• 您是 PRICE PLUS CLUB CARD 持有者 YOU HAVE A PRICE PLUS CLUB CARD

• 您的姓名打印在支票上 YOUR NAME IS IMPRINTED ON THE CHECK

• 您的住址、电话都在支票正面 YOUR ADDRESS AND PHONE NUMBER ARE ON THE FRONT OF THE CHECK

• 出票人开户行是纽约或新泽西地区银行 YOUR BANK IS LOCATED IN NEW YORK OR NEW JERSY

- 支票收款人为 XXX YOUR CHECK IS MADE OUT TO XXX

XXX 店在以下条件符合情况下不能接受您的支票 XXX DOES NOT ACCEPT
- 新户支票 STARTER CHECKS
- 汇票 MONEY ORDER
- 无购物支票 CHECKS WITHOUT A PURCHASE
- 美国以外国家发行的旅行支票 TRAVELERS CHECKS OUTSIDE THE U. S.
- 无记名旅行支票 TRAVELERS CHECKS WITHOUT IDENTIFICATION
- 无记名政府支票 GOVERNMENT CHECKS WITHOUT IDENTIFICATION
- 手写或打印的工资支票 HANDWRITTEN OR TYPED PAYROLL CHECKS
- 为了您的方便，XXX FOR YOUR CONVENIENCE IN XXX
- 将允许您签署 30 美元支票支付最低 30 美元的所购物品，发放一个用于支票兑付授权的通用 PRICE PLUS CARD 卡 WILL PERMIT YOU TO WRITE A CHECK FOR $ 30.00 OVER THE ORDER WITH A $ 30.00 MINIMUM PURCHASE AND A UNIVERSIAL PRICE PLUS CARD AUTHORIZED FOR CHECK CASHING.
- 店方在顾客出示通用 PRICE PLUS CARD 卡情况下将接受工资支票 WE WILL ACCEPT PAYROLL CHECKS WITH A UNIVERSIAL PRICE PLUS CARD.
- 工资支票总额不得超过 500 美元，并在事前经服务台值班经理同意方可使用 ALL PAYROLL CHECKS MUST NOT EXCEED $ 500.00 AND MUST BE PRE-APPROVED BY A STORE MANAGER AT THE COURTESY DESK.
- 交易额至少在工资支票面额的 10% THE TRANSACTION MUST BE 10% OF THE PAYROLL CHECK.
- 用于兑付支票的通用 PRICE PLUS CARD 卡遗失、被盗都应立即向发卡店报告 LOST OR STOLEN UNIVERSIAL PRICE PLUS CARDS AUTHORIZED FOR CHECK CASHING MUST BE REPORTED TO THE STORE WHERE ISSUED.
- 店方保留取消部分或全部支票付款的优惠待遇 WE RESERVE THE RIGHT TO CANCELL ANY OR ALL CHECK CASHING PRIVILEGES.
- 如果顾客兑付的支票被银行退回，店方将加收 30 美元支票手续费。IF YOUR CHECK IS RETURNED FROM THE BANK, SHOPRITE WILL CHARGE YOU A $ 30.00 FOR CHECK FEE.

13.2.2 收费告示

随处可见的 ATM 机给消费者，尤其是海外旅游者取款、持卡消费带来了极大的便利。对跨行用户来说，这些服务不是免费的。按照法律规定，银行对收费项目承担告知义务。因此，每台 ATM 机都清楚地标明服务项目的收费对象与额度。

FEE NOTICE

Non-customers of California National Bank will be charged a transaction fee of $ 3.00 for cash withdrawals in addition to any fee(s) that may be charged by your financial institution.

There is no charge to customers of California National Bank. For information about our accounts and services, please inquire at any of our branch locations.

收费告示

非加州国家银行的客户每次提取现金需要支付3美元手续费，外加您所在银行收取的任何其他费用。

加州国家银行的客户则不需支付手续费。有关开户和服务的详细信息，请咨询本银行的任一网点。

从布局来看，此告示在标题中注明"收费告示"，在正文第一部分对收费对象和额度作了明确说明，在第二部分对无偿使用对象及相关信息作了说明。从文字来看，语气很持重，规范。使用数字，让用户直观地了解收费额度，避免误解。

Fee Notice

There is no fee when using a XXX card in this ATM If you are making a cash withdrawal and are not using a XXX card, XXX will charge a terminal usage fee as indicate on-screen. This fee, which will be added to the withdrawal amount, is in addition to any fees that may be assessed by your financial institution.

在本ATM机使用XXX信用卡不收取任何费用。如果您是提取现金，不使用XXX信用卡，XXX将收取屏幕上显示的终端使用费。此费用将计入您提取的款项。此费用并不包含您的银行可能收取的费用。

这是另外一家金融机构设置的ATM机。在使用与收费条款方面与上面加州国家银行的告示文字内容与文体风格大同小异。这说明特殊语境要求特殊语用形式实现最佳交流和沟通。

13.2.3　存款到账通知

全大写意味着更为正式，更为严谨，更受法律约束。这类通知、公告的翻译很难把"大写"所蕴含的意义转换为汉语。汉语和繁体字形式与英语的大写形式并不是功能对等的符号形式。

A HOLD FOR UNCOLLECTED FUNDS MAY BE PLACED ON FUNDS DEPOSITED BY CHECK OR SIMILAR INSTRUMENTS. THIS COULD DELAY YOUR ABILITY TO WITHDRAW SUCH FUNDS. THE DELAY IF ANY, WOULD NOT EXCEED THE PERIOD OF TIME PERMITTED BY LAW DEPOSITS MADE AFTER 12:00 PM WILL BE POSTED THE NEXT BUSINESS DAY.

由支票或其它类似方式储存的金额可能会延迟进入账户。这样可能导致您暂时无法取出您的这笔存款。延迟时间不超过法律规定的时间。午夜12点以后的存款计入下一个工作日。

13.2.4 吸烟罚款

随着人们健康和环保意识的增强，公共场所禁烟越来越普及。国外的餐馆、宾馆等场所要为公众开辟非吸烟区，对吸烟区范围也作出明确的界定。例如，吸烟者只能在公共场所规定距离外才能吸烟。这体现了社会的进步。

为更加严格地贯彻禁烟法规，旅游者下榻的宾馆对非吸烟客房的吸烟行为也作了严格的限制，通过提高房价的手段来鼓励客户不吸烟，不失为一种很好的尝试。

Please be advised that there will be a $150 smoking fee added to a Guest's bill if the Guest smoked in the Non-Smoking room. Please understand that this is our effort to improve public health and the level of cleanliness to our Guests.

请注意：客人如在非吸烟客房区吸烟，我们将对您加收150美元。我们这样做是为了提高公众健康，改善空气质量，请您予以谅解。

该告示采用了祈使句和虚拟语气，显得很客气，却又很认真。在内容方面，该告示更是清楚地说明了吸烟将导致的危害，以便通过这种特殊的方式禁绝在酒店吸烟的行为。

13.3 停车规定

停车主要分为路边计时停车和停车场停车两大类。无论车主采用哪类方式停车，停车场都有责任公示其收费标准，承担的责任等。

13.3.1 计时停车

国外大城市车流量大，为有效提高城市空间的利用率，同时规范停车，管理部门在繁华街道设立了一些泊车眯表，对泊车时间、费用和相应的处罚作了明确规定。驾车人员停车后应立即投币，并在规定时间内驾车离开。

£1 for 20 minutes（20分钟泊车费为1英镑）
20p for 4 minutes（4分钟泊车费为20便士）
Penalty charge £100（罚款额为100英镑）
Monday to Friday 8:30am to 6:30pm（星期一至星期五早8点30分至晚6点30分）
There is no charge and no maximum stay at all other times, including public holidays.（其它时段不收费，无泊车时间限制，包括节假日）
2 hours maximum stay（最长泊车时间为2个小时）

❙ Translation of Globalized Business >> 全球化商务翻译 ❙

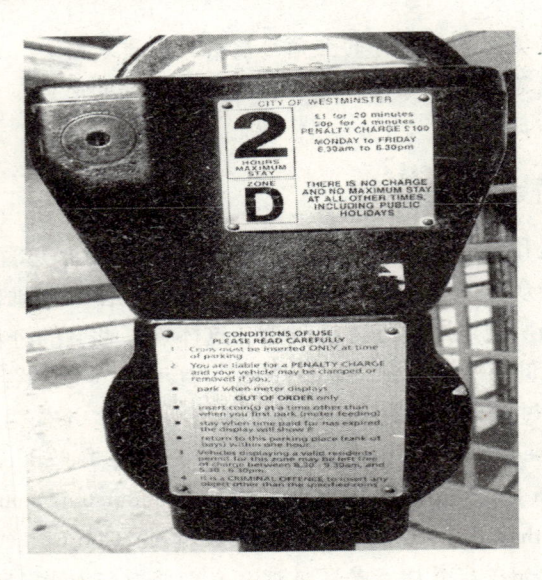

图 13-6

13.3.2 停车场停车

专用停车场都是自行定价，政府部门不干涉，唯一的要求是必须在停车场入口处明码标价。短时间临时停车的收费最高。超过24小时算长时间泊车，价格相对低些。一些停车场还对稳定的老客户出售更便宜的"停车位月票"，总价在平时价格的三分之一到四分之一。下面的停车收费价格表，清楚地列出了不同停车时间的收费标准，并对需要额外收费、办理优惠停车等情况进行了详细的说明。

Showbiz Parking Lot

251-257 West 45th St.

New York, N.Y.

Lic. # 952279

Capacity: 256 Cars

OPEN 24 Hours

Notice

Pursuant to law, operator's liability for loss or damage of vehicles by fire, theft or explosion limited to $25,000 unless additional fee paid when vehicle first parked and receipt issued for same.

The Department of Consumer Affairs of the City of New York, has issued the following license to this business:

第十三章　商务规约翻译

Licensee: Showbiz Parking LLC
License Title: GARAGE
License Number: 952279

The Department of Consumer Affairs is located at 42 Broadway New York, N. Y. 10004

Phone No. (212) 487-4444

ATTENTION
MANHATTAN RESIDENTS

If you garage your car on a monthly basis or longer, you may be eligible for an exemption from the 8% parking tax surcharge. To apply for a certificate of exemption, contact:

N. Y. C. Department of Finance Parking Tax Exemption Section
59 Maiden Lane, 14th Floor
New York, NY 10038
(212) 232-1585 or (212) 232-1642

Up to 1/2	Hour	11.83
Up to 1	Hour	21.12
Up to 1.5	Hours	25.34
Up to 2	Hours	29.57
Up to 10	Hours	37.17
Max 24	Hours	46.46

SUV & other oversize vehicles 181 inches or longer & 70 inches or higher regardless of length are subject to extra charge of 12.67

Monthly Cars   502.64

SUV & other oversize vehicles 181 inches or longer & 70 inches or higher regardless of length are subject to extra charge of 950.00

Monthly Payments not received by the 5th of the month are subject to $ 50.00 late fee.

18.375% NYC parking Tax Extra.

Thank You For Your PATRONAGE

Showbiz 停车场
纽约州纽约市
西 45 大街 251-257 号

Translation of Globalized Business >> 全球化商务翻译

营业执照：952279

车位：256 辆

24 小时营业

公告

依据相关法律规定，停车场管理方对于因火灾、盗窃或爆炸导致的车辆损坏、丢失，负责赔付最高额为 25000 美元，车辆在停车时支付额外费用，保留相应停车收据者另议。

纽约市消费者事务局签发 Showbiz 停车场营业执照：

执照持有者：Showbiz 停车场

营业范围：停车场

执照号码：952279

消费者事务局位于纽约州纽约市百老汇 42 号 邮编 10004

电话号码：(212) 487-4444

注意

曼哈顿居民

如果您按月或更长时间停车，可免交 8% 的停车税附加费。

申请免费证明，请联系：

纽约市财政局停车免税部

Maiden Lane 58 号 14 层

纽约州纽约市 10038

(212) 232-1585 或 (212) 232-1642

半小时内	11.83
1 小时内	21.12
1.5 小时内	25.34
2 小时内	29.57
10 小时内	37.17
最长 24 小时	46.46

SUV 及其他长度超过 181 英寸（含）或高度超过 70 英寸（含、不论长短）的大型车辆，应另付费 12.67

月租停车费　　　502.64

SUV 及其他长度超过 181 英寸（含）或高度超过 70 英寸（含、不论长短）的大型车辆，应另付费 950.00

每月 5 日还没有交付月停车费人员需交 50.00 美金滞纳金

· 204 ·

另付 18.375% 的纽约市停车税

感谢您的惠顾

这个停车场告示首先使用一个长句把停车可能发生的车辆、财产损失、责任与赔付标准开诚布公，依法言明。Pursuant to law, operator's liability for loss or damage of vehicles by fire, theft or explosion limited to $25,000 unless additional fee paid when vehicle first parked and receipt issued for same.

这个长句以 unless 为界，说明"另议"的前提。句子内容的组织依据的是句子具体成分的重要性，主从关系。Pursuant to 用词非常正式，中国入世议定书中此词出现频率相当高。

第二部分是与营业相关的资质信息，采用的仍然是正式语体，The Department of Consumer Affairs of the City of New York, has issued the following license to this business:

第三部分的一开始便是"曼哈顿居民注意"因为这个停车场主要服务对象就是这部分按月付费的常住居民。To be subject to 出现在后面的每一句中，这种重复完全出于这类文本语用需要，语体正规、严谨的需要。

这种短段落和列表式的文字内容组合，条块分割明显，有利突出关键信息，保持文字简洁明确。

13.4 机场安检

人们一般认为机场是公共设施，事实上机场也是商业设施。乘客以直接或间接形式支付机场费，航空公司同样要支付机场费。机场服务的一项重要内容就是要对乘客进行安检，以确保每位乘客和每个航班的安全。

13.4.1 BAA（英国机场集团）安检告示

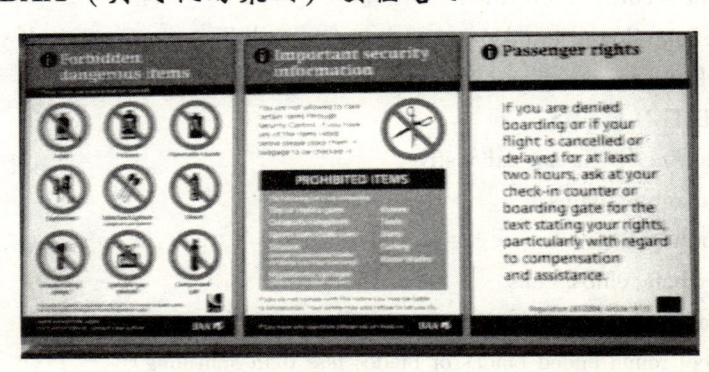

图 13-7

BAA 安检告示分为三部分：

一、明令禁止的物品 Forbidden dangerous items：即为了保障飞行安全，乘客不得携带的易燃、易爆、腐蚀性物品。

二、安检告示 Important security information：乘客登机时不得随身携带的物品，如玩具枪、仿真枪、刀具等。这些物品应放入托运行李。

You are not allowed to take certain items through Security Control. If you have any of the items listed below please place them in baggage to be checked in.

乘客不得随身携带下列物品登机。如果您携带有下列物品，请在安检前放入托运行李。

三、乘客权利 Passenger rights：在出现航班延误和取消等情况时，航空公司有义务向蒙受损失的乘客给予相应赔偿，并安排食宿。

If you are denied boarding or if your flight is cancelled or delayed for at least two hours, ask at your check-in counter or boarding gate for the text stating your rights, particularly with regard to compensation and assistance.

如果您被拒绝登机，如果航班取消或延误达两个小时以上，请您到值机柜台或登机口索取事关赔偿及协助的乘客权利手册。

BAA 在设计告示时，合理使用颜色和图标，可起到事半功倍的效果。在此告示中，严禁携带的物品以红色为主色调，配以各种图标，即使是不懂英语的乘客也能理解其内容。图标下方再配上文字，便于乘客详细了解告示规定。告示的"乘客权利"部分采用黄色，旨在提醒乘客仔细阅读相关内容。

13.4.2 重要安保规定

以下安检规定与 BAA 的规定内容大同小异。

Important security information

You are not allowed to take certain items through Security Control. If you have any of the items listed below, please place them in baggage to be checked in.

PROHIBITED ITEMS

The following list is not exhaustive:

Toy or replica guns	Knives
Catapults/slingshots	Tools
Sports bats/clubs/cues	Darts
Scissors	Cutlery

(Except round ended blades or blades less than 3cm long)

Razor   Hypodermic syringes

（Unless for medical reasons）

If you do not comply with this notice you may be liable to prosecution. Your airline may also refuse to let you fly.

If you have any questions please ask at check-in.

Passenger rights

If you are denied boarding or if your flight is cancelled or delayed for at least two hours, ask at your check-in counter or boarding gate for the text stating your rights, particularly with regard to compensation and assistance.

Regulation 261/2004, Article 14 (1) Forbidden dangerous items:

 Acids   Poisons

 Flammable liquids   Explosives

 Matches/Lighters（except on your person）

 Bleach   Incapacitating sprays

 Ignitable gas devices   Compressed gas

This notice is issued in conjunction with XXX in the interest of public safety.

Air Navigation (Dangerous Goods) regulation apply

Some exceptions apply

For further advice, contact your airline

重要安保规定
乘客不得携带某些物品通过安检。
如果您携带本规定列举的物品，请将其放入托运行李中。
禁止携带物品
以下列举物品并非全部禁带物品：

 玩具和仿真枪   匕首
 弓弩/弹弓   工具
 运动球板/棒   飞标
 剪刀   刀具
 （未开刃和3厘米以下刀具除外）   刀片
 皮下注射器   （医疗需要除外）

如果您不遵守上述规定将有可能被起诉，您将搭乘的航班也可能拒绝您登机。未尽事宜，请在办理登机手续时问询

乘客权利

如果您被拒绝登机，如果航班取消或延误达两个小时以上，请您到值机柜台或登机口索取事关赔偿及协助的乘客权利手册。

261/2004 规定，第 14 条禁止携带危险品包括：

　　腐蚀性物品　　　　　　　剧毒物品
　　易燃液体　　　　　　　　易爆物
　　火柴/打火机　　　　　　 漂白剂
　　压力喷雾罐　　　　　　　压缩气体装置
　　压缩气体

为了乘客安全，英民航局与本机场联合发布本公告

航空有关（危险品限制）规定同样适用。

特殊情况请向乘坐的航空公司咨询

以上安检告示分为三部分，但排列次序与 BAA 有所不同：

一、不得携带通过安检的某些物品：乘客登机时不得随身携带的物品，如玩具枪、仿真枪、刀具等。这些物品应放入行李托运。

二、乘客权利：这点与 BAA 的规定一样采用的是国际标准，在出现航班延误和取消等情况时，航空公司有义务向蒙受损失的乘客给予相应赔偿，并安排食宿。

三、明令禁止携带的物品：即为了保障飞行安全，乘客不得携带，也不得托运的易燃、易爆、腐蚀性物品。

与 BAA 的规定相同的是 PROHIBITED ITEMS 采用了全大写形式，以突出其重要性，吸引乘客注意。另外就是括号的使用，如 Cutlery (Except round ended blades or blades less than 3cm long) 括号中的文字对于 Cutlery 的性质进行了更为具体的界定。

国际机场、国际航班的国际性特点使得这类文告在语言文字、内容布局、文体风格等方面日益趋同。

13.5　客运与行李

13.5.1　客运价格公众检查

PUBLIC INSPECTION OF TARIFFS

All the currently effective passengers tariffs to which this airline is a party and all passenger tariff publications which have been issued but not yet effective are on file in the airline office.

The tariffs may be inspected by any person upon request and without assignment of any reason for such inspection. The employees of this airlines on duty in this office will lend assistance in securing information from tariffs.

In addition, a complete file of all tariffs of this airline, including canceled tariffs, with indexes thereof is maintained and kept available for public inspection at 1200 Algonquin Road, Elk Grove Township, Illinois.

本航空公司所有现行的客运价格及已经颁布但尚未实施的客运价格都在本航空公司存档备查。任何人都有权要求对航空价格进行查验，而无须提供理由。本航空公司当班雇员会为查验航空价格提供协助。

此外，在伊利诺伊州 Elk Grove 镇 Algonquin 路 1200 号存有本航空公司完整的客运价格规定，包括已经取消的客运价格及其索引，以备公众检查。

"客运价格公众检查"公告是提供给"任何人"的信息，所指对象相对宽泛。提供信息和协助查验价格信息的人员与方式、地点是非常具体准确的，任何人查验都不存在人为障碍和阻挠。提供价格信息和查验便利是法律对于不公平竞争和消费者权益保护的约定，为此这个告示的语言行文似乎是与交易发生联系的有关方面签署的合同，航空公司也使用了 this airline is a party，每一句涉及一要点，最后使用 In addition 把另一相关安排引出。四句话平均每句 26 单词，加上 thereof 的使用足以证明这一语篇的正式性。

13.5.2 致乘客——关于赔偿限额

ADVICE TO PASSENGERS ON LIMITATIONS OF LIABILITY

Airline liability for death or personal injury may be limited by the Warsaw Convention and tariff provisions in the case of travel to or from a foreign country.

Liability for loss, delay or damage to baggage is limited as follows unless a higher value is declared and an extra charge is paid. (1) for most international travel (including domestic portions of international journeys) to approximately $9.07 per pound ($20.00 per kilo) for each checked baggage and $400.00 per passenger for unchecked baggage; (2) for travel wholly between U.S points to $1.250 per passenger for most carriers. Special rules may apply to valuable articles.

See the notice with your tickets or consult your airline or travel agent for further information.

航空公司对出入境乘客死亡或人身伤害的赔偿限额按照《华沙公约》和有关赔偿标准的规定执行。

对行李丢失、延误和损坏的赔偿限额规定如下（除非申报了更高价格并支付了额外费用）：（1）国际航程（包括国际航程的国内段），托运行李按每件每磅赔付9.07美元（每公斤20美元），未托运行李按每位乘客赔付400美元。（2）美国国内航程，航空公司大多按每位乘客赔付1250美元，贵重物品另有特殊规定。

如需详细信息，请参见与机票一起提供的相关信息，或咨询您的航空公司或旅行社。

世界各国航空公司在处理有关乘客死亡、人身伤害、行李丢失、延误和损坏的赔偿标准基本都参照国际通行规定，个别国家和地区或有另行规定。ADVICE既有建议、指教意义，也含有忠告、通知的意思。应当说ADVICE属公告的一类，近似于我们常说的"须知"。"须知"意味着航空公司有告知权，乘客有知情权。为此，航空公司都将这个"须知"粘贴在乘客办理登记手续处，以这样的特殊形式让乘客知晓这方面的规定。尽管这份"须知"没有出现大词，句式也比较简单，文体、语气确是庄重、严肃，条件、标准陈述条理、准确。See the notice with your tickets or consult your airline or travel agent for further information. 意味着须知的内容会在机票出售时一起提交乘客，航空公司履行了"告知"的责任，乘客也有必要阅读、了解这些规定，合理合法保障自己的权益。

13.5.3 公告——关于航班超售

NOTICE — OVERBOOKING OF FLIGHTS

Airline flights may be overbooked, and there is a slight chance that a seat will not be available on a flight for which a person has a confirmed reservation. If the flight is overbooked, no one will be denied a seat until airline personnel first ask for volunteers willing to give up their reservation in exchange for a payment of the airline's choosing. If there are not enough volunteers the airline will deny boarding to other persons in accordance with its particular boarding priority. With few exceptions persons denied boarding involuntarily are entitled to compensation. The complete rules of the payment of compensation and each airline's boarding priorities are available at all airport ticket counters and boarding locations.

旅客如果对已订座位进行过确认，发生无座位的可能就极小。然而，航班有时会超售。如果超售，航空公司工作人员不会拒载任何一位乘客，而是先请求旅客自愿放弃座位，并承诺由航空公司给予补偿的金额。如果旅客不愿放弃座位，航空公司会按顺序让旅客登机，被迫放弃登机的旅客一般会得到补偿。乘客可以在机场各售票处及登机处查询有关补偿及各航空公司登机顺序的全部规定。

航班超售是小概率事件。然而，航空客服部门决不应视轻视超售给乘客和航空公司带来的负面影响。为此，航空公司会采取请求旅客自愿放弃座位，航空公司提供一定的补偿；在请求无果的情况下，航空公司不得不依照 particular boarding priority 来安排乘客登机。没有享受 particular boarding priority 的乘客将得到补偿。公告采用最常用语汇和最常用句式清晰、条理、平和介绍航空公司在这一方面的安排，语气也客观、客气。

13.5.4 行李寄存

饭店通常向住店客人提供行李存放服务。住店客人需要了解行李存取的规定，如行李丢失或被盗引起的责任问题、操作步骤等。

NOTICE

公告

- STORING OF LUGGAGE BY GUEST
  住店客人行李存放规定
- Please note that all luggage is stored at the owner's risk. The hotel will not accept liability for any luggage lost or stolen.
  请注意：客人存放行李，不论丢失或被盗，责任自负；店方不承担因此引起的连带责任。
- Please make sure that you collect a ticket for each piece of luggage.
  存放行李时，拿好行李票。
- Please stick the second copy of your tickets on each piece of luggage.
  请把行李票的第二联贴在行李上。
- You will need to bring your copy of the ticket(s) with you when you come to collect your luggage. 提取行李时，必须提交行李票。
- We will not be able to release any luggage left in the luggage storeroom without a valid ticket. 无票不得提取行李。

13.6 公交规定

城市交通网络是城市的命脉。地铁交通是城市公共交通的重要组成，客流量大而集中，但运行准时有序，确保了城市的正常生产、生活。

13.6.1 地铁乘客守则

纽约市交管局公布的地铁乘客行为准则一连串 13 个 NO，似乎很强硬。地铁

| Translation of Globalized Business >> 全球化商务翻译 |

乘客行为准则虽具法律约束力,但是更多的是要靠人们的自觉约束使得运营顺利进行。只要不影响公众利益,不妨碍正常运营,穿什么衣服,戴什么帽子,吃什么东西,带什么物品他人都无权干涉。

● **Rules of conduct**

For the safety and comfort of all customers, everyone must obey the rules. They are the law. Failure to pay the fare or violation of any other rule can result in arrest, fine and/or ejection.

No destroying subway property

No littering or creating unsanitary conditions

No smoking

No drinking alcoholic beverages

No panhandling or begging

No amplification devices on platforms

No more than one seat per person

No blocking free movement

No lying down

No unauthorized commercial activities

No entering tracks, tunnels and non-public areas

No bulky items likely to inconvenience others

No radio playing audible to others

● 乘客行为准则

为了所有乘客的安全和舒适,大家需要共同遵守以下行为准则。以下准则有法律效力。未按规定购票,或违反其他规定将会被拘捕、罚款,和/或驱离。

——严禁损坏地铁财产

——严禁乱扔垃圾或破坏环境卫生

——严禁吸烟

——严禁饮用含酒精类饮料

——严禁乞讨

——严禁在站台使用功放

——严禁占用一个以上座位

——严禁阻塞通道

——严禁躺卧

——严禁未经授权的商业活动

——严禁进入轨道、隧道和非对公众开放区域
——严禁携带妨碍他人的超大件物品
——严禁收音机音量过大

13个以No开头的短语，不是由动名词组成，就是由名词组成。因为使用了No，强制性得以明确和加强。

13.6.2 地铁中携带自行车规定

为鼓励人们骑车出行，交通部门允许人们在非乘车高峰，在指定地铁路线上携带自行车。在地铁站告示中，乘客可在星期一至星期五（除法定假日外）7:30至9:30以及16:00到19:00以外的时段，携带一辆非折叠自行车，搭乘标有绿色标记的地铁线路。

除时间限制外，此告示还规定乘客在携带自行车时，不得使用滚梯，也不得在Victoria线、Waterloo或市区线路上携带自行车。

- 地铁中携带自行车规定

地图中绿色部分允许免费携带一辆非折叠自行车，但周一至周五上午07:30-09:30，下午16:00-19:00时段不允许携带自行车（公共假期除外）。自行车不允许带上自动扶梯，或带入Victoria线及Waterloo & City线车厢中。

- Bicycles on the Underground

You can take an unfolded bicycle with you free of charge only in the sections of the shown in green on the map, but not between 07:30 and 09:30 or between 16:00 and 19:00 Mondays to Fridays (except public holidays). Bicycles may not be taken on moving escalators, or on any part of the Victoria Line or Waterloo & City line.

13.6.3 高速喷气游艇乘坐须知

悉尼湾有很多观光船艇。不少船艇的航行速度快，对于旅游者来说极富刺激性。为确保游客安全，防止发生事故，经营方都采取了各种有效措施，制定了各种规定。

Terms and Conditions 高速喷气游艇乘坐须知

- Children must be a minimum of 1.3 metres tall to ride the jet boat.
  儿童乘坐高速喷气游艇身高必须在1.3米以上。
- All passengers must arrive at least 15 minutes prior to departure or seats will be reassigned.
  所有乘客必须于游艇离岸前15分钟到达，否则座位将另行安排。

Translation of Globalized Business >> 全球化商务翻译

- Cancellations must be received at least 24 hours prior to departure or full payment is due and no refund will be given.
取消预定须在游艇离岸前 24 小时提出，否则不予退款。

- If Oz Jet Boating must cancel a ride due to inclement weather or for any other reason, the ride will be rescheduled. If this is not possible no payment will be due.
一旦由于天气恶劣或其他原因游程必须取消，Oz Jet Boating 将作另行安排；如另行安排难以实现，亦将不再退款。

- Any person who may be pregnant, suffers from back, neck or heart conditions, or has previous injuries that may cause a risk to their health must not ride with Oz Jet Boating Pty Ltd trading as Oz Jet Boating Sydney Harbour Pty Ltd. All passengers board and ride with Oz Jet Boating Pty Ltd trading as Oz Jet Boating Sydney Harbour Pty Ltd at their own risk.
怀孕，后背、颈部疼痛、心脏病，或以前受伤可能影响其身体状态正常的人员不得乘坐 Oz Jet Boating Pty Ltd 经营的 Oz Jet Boating Sydney Harbour Pty Ltd. 高速喷气游艇。所有乘坐 Oz Jet Boating Pty Ltd 经营的 Oz Jet Boating Sydney Harbour Pty Ltd. 高速喷气游艇人员风险自负。

- Passengers may get wet and are advised not to carry valuable property whilst riding the jet boat. Oz Jet Boating Pty Ltd trading as Oz Jet Boating Sydney Harbour Pty Ltd accepts no responsibility for loss or damage of property.
乘客在游览时可能会溅湿衣服，为此建议乘客乘坐高速喷气游艇时不要携带贵重物品。Oz Jet Boating Pty Ltd 经营的 Oz Jet Boating Sydney Harbour Pty Ltd. 对于乘客财物损失不承担任何责任。

- All passengers are required to sign an assumption of risk form prior to departure. A parent or guardian must sign on behalf of all children under the age of 18.
所有乘客在快艇离岸前要签署风险自担表。18 岁以下青少年须由其父母或监护人代签。

- All listed information is correct at the time of printing.
本须知所有内容在付印前真实无误。

- Oz Jet Boating Sydney Harbour Pty LTd reserves the right to alter price, departure time, vessel or departure point as and when required.
Oz Jet Boating Sydney Harbour Pty Ltd 依据实际情况需要保留调整价格、变更离港时间、调换船只或出发地点的权力。

- Oz Jet Boating Sydney Harbour Pty Ltd reserves the right to refuse passage for whatever reason.

Oz Jet Boating Sydney Harbour Pty LTd 无论何因，保留拒绝某些乘客登船的权力。

- Passengers may be filmed/photographed during the ride. Oz Jet Boating Sydney Harbour Pty Ltd reserves the right to reproduce such film/photos for any purpose whatsoever without notification, compensation or payment.

  游览进行中，乘客可能被摄影、拍照。Oz Jet Boating Sydney Harbour Pty Ltd 保留复制这些影片、照片用于任何方面而不必通报乘客本人，也不必支付任何费用的权力。

  预约热线 BOOKINGS （02）9808 3700

由于高速喷气游艇是在水面高速运行，对于乘客健康条件的要求，以及携带贵重物品的免责规约使其略有别于其他商务规约的规定。既然是"合约"，那么细节界定、责任分明就显得十分必要。

"须知"中重复使用类如"MUST"、"RESERVES THE RIGHT"、"Oz Jet Boating Sydney Harbour Pty Ltd"等不会使读者感到乏味，原因是确有必要，不可替代。阅读"须知"者不一定成为 Passengers，所以"甲方"和"乙方"在交易中的责任与义务都是以"客观"口吻约定。

"须知"语气持重，语句单纯简洁，文字规范浅显。

13.7　短规约

13.7.1　查验背包

目前很多商家采取开架方式售货，方便了消费者，但也带来一些麻烦。对此，除了在技术上尽可能减少失窃外就是人工验包。既然是 reserves the right to inspect your bags upon exit，那就意味着查验是随机进行，而且更多的是一种威慑。

In order to continue providing a high level of customer service and competitive pricing, Circuit City reserves the right to inspect your bags upon exit.

为了向顾客提供高水平的服务，有竞争力的价格，本商店保留在您离店时查检背包的权力。

13.7.2　成人游戏、DVD、CD 销售规定

很多国家都依据影视作品的内容对其进行分级。那些充满暴力、色情、凶杀、下流语言的影视作品被确认为 17 周岁以上，或需要在父母指导下观赏，商

家必须依法在店铺明显位置提示并只向 17 周岁以上人员提供这类商品和服务。

The sale of Mature Rated video games, R rated DVD movies and CDs with the Parental Advisory label are limited to customers 17 years of age or older.

＊成人游戏、DVD、CD 销售规定 Mature Rating Policy

＊成人电子游戏、标注有需父母指导观赏的 R 级 DVD 影片和 CD 仅限销售给 17 岁以上人员。

这个提示采用被动语态以便突出 WHAT，然后将消费者年龄限制明确标注。这类句式在商务领域常用，为此内容组织也就有不少范例可参照。

13.7.3　购买香烟规定

CUSTOMERS WHO INTEND TO PURCHASE CIGARETTES PLEASE HAVE YOUR ID READY

需要购买香烟的顾客请准备好身份证件

"需要购买香烟的顾客"放在句首是为了便利那些需要购买香烟的顾客和那些准备购买其他商品使用同一窗口或柜台的顾客。"请准备好身份证件"并不意味着每个购买香烟者都要出示身份证。在美国，食品药品局要求只对 26 岁以下人员进行年龄查验、核实。

13.7.4　售票提示

Please examine day and date of tickets. No mistakes rectified after leaving window. No exchanges or refunds.

请认真核对演出时间。票一经售出，概不退换。

英语的三个短句转换为汉语的两个短句是因为同样语境条件下的表述方式的差异。英语使用先礼"PLEASE"，后兵，接连的两个"NO"来提示购票者，申明票务规定。中文"一经"实际在语势上与两个"NO"是对应的。

13.7.5　购物车使用要求

IT IS UNLAWFUL TO REMOVE SHOPPING CARTS FROM THE PREMISES

购物车限店区使用　拖离店区属违法行为

采用"IT"形式主语实际就是把 UNLAWFUL 一词提前，突出行为的后果，引起人们重视。将购物车拖离本来拥有所有权的店区，不仅给其他顾客带来不便，或许还会造成停车场的交通障碍，联系这些可能说这种行为违法不是夸张。

13.7.6 餐厅提示

ALL FOOD MUST BE CONSUMED ON PREMISES TAKE-OUT WILL BE CHARGED EXTRA!

菜点必须在店内食用 拿出餐厅将额外收费！

"MUST"说明没有意外，"BE CONSUMED"和"ON PREMISES"都是义正词严。

13.8 优惠与有奖促销规约

优惠与有奖促销都是商家推广产品和服务的有效营销策略。商家在利用优惠与奖励进行的促销中都会事前对优惠标准、享受优惠的条件、奖励的原则和标准进行具体约定。

13.8.1 悉尼歌剧院的折扣优惠

图 13-8

SYDNEY OPERA HOUSE　15% off

The only Official Tours of Sydney Opera House with Mandarin-speaking guides. Present this coupon and receive 15% off the Spotlight Tour. Bookings not essential.

MAP: P12

TOG 1090　Valid to 31/05/10

One person per coupon. Subject to availability.

Not valid with any other offer.

| Translation of Globalized Business >> 全球化商务翻译 |

Sydney Opera House,　02 9250 7250
www. sydneyoperahouse. com
15%折扣优惠
唯一拥有国语导游的悉尼歌剧院官方参观团。出示本优惠券,可获精华游(Spotlight Tour)的15%折扣优惠。
TOG 1090　有效期至2010年5月31日
每张优惠券限一人使用。视供应情况而定。不得和其他任何优惠一同使用。
Sydney Opera House, 02 9250 7250
www. sydneyoperahouse. com

因为版面限制,优惠券上的文字要尽可能简洁,服务促销功能需要。这个优惠券首先突出的是SYDNEY OPERA HOUSE 和15% off,以便在众多的竞争对手中脱颖而出。"唯一拥有国语导游的悉尼歌剧院官方参观团"是卖点、亮点。中文优惠券没有体现"不必预约 Bookings not essential",或许是因为中国旅游者是团队观光为主；Subject to availability 原译为"视供应情况而定",实际应为"限量发放,发完为止"。每张优惠券限一人使用。不得和其他任何优惠一同使用。One person per coupon. Not valid with any other offer. 是优惠券使用的前提,也是优惠促销的规约。

中文版是英文版的对应文本,但过于直白,在通顺和达意方面略显欠缺。

13.8.2　悉尼奥运公园的折扣优惠

图 13-9

SYDNEY OLYMPIC PARK
Present this coupon and receive 10% off merchandise from the Visitor Centre or

20% off an ANZ Stadium Explore Tour at Sydney Olympic Park. Redeemable at the Sydney Olympic Park Visitor Centre or ANZ Stadium.

Valid to 31/05/10

Not valid in conjunction with any other offer.

Sydney Olympic Park: 02 9714 7888

悉尼奥运公园（SYDNEY OLYMPIC PARK）10-20%折扣优惠

出示本优惠券，在访客中心购买商品可获 10% 的折扣优惠；或参加悉尼奥运公园的 ANZ 运动场探索观光团，可获 20% 折扣优惠。可在悉尼奥运公园访客中心或 ANZ 运动场使用优惠券。

有效期至 2010 年 5 月 31 日。

不得和其他任何优惠一同使用。

悉尼奥运公园的折扣优惠重点突出标示的 10-20% 折扣优惠究竟在哪里享受 10%，哪里享受 20%。有效期与不得和其他任何优惠一同使用的规约是销售促进通行惯例，只不过悉尼奥运公园的折扣优惠没有"Subject to availability 视供应情况而定"或"发完为止"。这说明悉尼奥运公园所提供的优惠可以惠及到每位参观者。

"Not valid with any other offer"与"Not valid in conjunction with any other offer"都是"不得和其他任何优惠一同使用"的意思，只不过悉尼奥运公园的优惠券在此采用了简洁方式；"一人一券"也不言自明。

13.9　保修服务规定

在商品销售中，商家除了在品牌、质量、价格、销售方面努力满足消费者需求外，还作出各种服务保证确保消费满意度。保修服务属于售后服务，商家往往在约定时间内对所售商品出现的问题以免费维修、更换部件、更换商品等承诺取信于消费者。

保修服务是一种具有法律效力的承诺，消费者可以依据商家的保修承诺要求商家对所购商品进行必要的保修。一旦商家不履行保修承诺，消费者可以依据保修承诺与商家进行交涉、投诉，甚至诉诸法律。

保修服务条款一般包括：保修期限——保修起止时间，以及商家不承担维修责任的条件。负责保修机构——包括客户服务部、厂家、商家等。商家对问题商品保修方式——包括维修、替换、退款等。商家具体保修内容——是否要为工人支付劳务；是否需要将商品送厂维修；是否需要原包装送修等。保修是否承担产品问题导致的损失——一般商家不会承担由于产品问题导致的损失、浪费的时间，花费的开销，如：冰箱故障，导致冰箱中的食物变质，商家将不为此承担赔偿责任。保修条件与限制——包括保修服务对象是个人用户，还是团体用户。

下面是惠普硒鼓的保修服务

一流的保修服务

此 HP 产品保证没有材料和工艺方面的缺陷。此担保不适用于以下产品：(a) 以任何方式对产品进行了重新填充、重新磨光、重新制造或改动；(b) 由于误用、存储不当或未按所印制的打印机产品操作环境说明书的要求进行操作、导致产品出现问题；(c) 或由于日常使用出现了磨损。要获得保修服务，请将产品送回购买地，并提供书面的问题说明及打印样例；也可以与 HP 客户支持联系。HP 自主决定，或是更换业已证明有缺陷的产品，或是退还您的购买费用。

在当地法律允许的范围内，以上担保是唯一的，不存在任何其他担保或条件，而不论是书面的或者口头的，明示的或者隐含的；HP 明确拒绝适销性、满意质量以及特定用途适用性的任何隐含担保或条件。在当地法律允许的范围内，任何情况下，HP 或其供应商都不对直接、特殊、附带、后果性的（包括利润和数据损失）或其他的损失赔偿承担责任，而不论是根据合同、民事侵权行为，还是其他法理。本声明中包含的担保条款，除法律允许的范围外，并不排除、限制或修改适用于本产品的强制性法定权利，而是对这些权利的补充。

Premium Protection Warranty

This HP product is warranted to be free from defects in materials and workmanship. This warranty does not apply to products that (a) have been refilled, refurbished, remanufactured or tampered with in any way, (b) experience problems resulting from misuse, improper storage or operation outside of the published environment specifications for the printer product or (c) exhibit wear from ordinary use. To obtain warranty service, please return the product to place of purchase (with a written description of the problem and print samples) or contact HP customer support. At HP's option, HP will either replace products that prove to be defective or refund your purchase price.

TO THE EXTENT ALLOWED BY LOCAL LAW, THE ABOVE WARRANTY IS EXCLUSIVE AND NO OTHER WARRANTY OR CONDITION, WHETHER WRITTEN OR ORAL, IS EXPRESSED OR IMPLIED AND HP SPECIFICALLY DISCLAIMS ANY IMPLIED WARRANTIES OR CONDITIONS OF MERCHANTABILITY, SATISFACTORY QUALITY, AND FITNESS FOR A PARTICULAR PURPOSE. TO THE EXTENT ALLOWED BY LOCAL LAW, IN NO EVENT WILL HP OR ITS SUPPLIERS BE LIABLE FOR DIRECT, SPECIAL, INCIDENTAL, CONSEQUENTIAL (INCLUDING

第十三章　商务规约翻译

LOST PROFIT OR DATA) OR OTHER DAMAGE, WHETHER BASED IN CONTRACT, TORT, OR OTHERWISE. THE WARRANTY TERMS CONTAINED IN THIS STATEMENT, EXCEPT TO THE EXTENT LAWFULLY PERMITTED, DO NOT EXCLUDE, RESTRICT OR MODIFY AND ARE IN ADDITION TO THE MANDATORY STATUTORY RIGHTS APPLICABLE TO THE SALE OF THIS PRODUCT TO YOU.

　　保修服务规约的翻译关键是要明确 WHO-责权利各方是谁；然后是 WHAT-责任和义务是什么，在何种条件下承担责任或尽义务。惠普硒鼓的保修服务规约分为两节，前面一节大小写常规处理，重点申明的就是 WHO 与 WHAT。词汇选择注意了技术和法律术语的使用，语句结构简单不失严谨；不予保修情况（a）、(b)、(c)逐条分列，要点突出；语气态度礼貌、严肃、坚决。第二节的语体文风发生明显变化，123 个单词分配在两个长句中，全大写处理，语句逻辑严谨；此节中涉及的免责条件完全是依据相关法律提出，明示，词严义正。

　　保修服务条款使用的是法律语言，为了保证条款的严谨性，使商家避免法律纠纷，这部分文字读起来显得有些绕口，甚至给人啰嗦的印象。从某种意义上来讲，这就是这类文本的语言风格。鉴于保修服务规约具有法律效力，译写者应当是这方面的专家，只有如此才可以有效服务消费者，避免因表述不合规范导致的理解差异，文化冲突。

　　商务规约翻译不易是因为目前这方面的研究与实践基本处于初级阶段；商务规约翻译不难是因为很多跨国企业已经把他们的经验带到中国，越来越多的中国商家有机会参与国际竞争，接触世界各国的商务规约，了解世界各国的商业文化环境。商务规约的规范性使得译者，特别是那些有商法基础的译者可以在较短时间内熟悉这一语用形式，深入了解其语言和文体特点，了解国际和特定市场经营环境与文化语境。若得以与目标市场和熟悉国际市场商务传播的外籍专家合作，商务规约翻译便可助"MADE IN CHINA"产品和服务行销世界。

第十四章
商务翻译质量管理

　　质量管理广泛地存在社会经济的各个领域，但对于思维产品，如翻译的管理却比较困难。原因很简单，翻译从本质上讲是一种意思的转述，是不同文化背景下的两种语码的转换，理解与表达方式带有很强的个体色彩，所谓"仁者见仁、智者见智"，更何况从业个体条件各异，知识、技能结构复杂，也不能排除鱼龙混杂的现实，这些都使翻译质量管理难度加大。可是，翻译的职能和对社会的影响又决定了其质量水准的重要性，翻译管理务必予以重视。国际质量管理体系为翻译质量管理提供了重要的框架和体系，翻译质量管理可从过程着手，从各个环节开始，制定和推行符合翻译学特征、能够满足不同社会需求的管理制度和实施措施，以达到忠实（于意思）、得体（于表达）、等效（于功能）的行为目的。

　　国际上翻译企业通常参照 ISO 9001:2000 标准体系进行翻译质量管理。其功能主要为质量管理体系提供一种模型，并具有为翻译服务提供商确立服务目标，向用户证明质量管理能力，为新募译员和在职译员提供重要的参考标准和培训指导，以用户需求和满足这种需求为中心任务而设定的服务标准等，有利于营销，扩大产业化翻译服务。此标准是对业务过程的管理，有利于具体项目提高质量水平。具体的质量标准需要依据此标准体系结合具体需要予以建立，如 ISO 9004:2000 提供改进翻译质量的指南等。

14.1 翻译服务的国家标准和行业标准

　　翻译服务标准一般涉及这样一些内容：人力资源管理，译员、译审和译评人员的职业能力要求，职业发展规划，质量管理，客户——翻译服务提供商管理，翻译服务程序以及增值服务管理等。

　　翻译标准为翻译服务提供商、客户描述翻译过程，界定翻译服务定义。同时，还可以帮助翻译服务供应商制定一套完整的工作操作程序，每项工作要求达到的标准性要求，以提高翻译质量，更好地满足市场需求。

　　中国翻译服务行业在中国翻译协会翻译服务委员会推动下制定了《翻译服务规范 第一部分笔译》，并于 2003 年 11 月 27 日获国家标准化管理委员会批准发布,成为我国历史上第一次对翻译行业制定的国家标准,是服务行业的推荐性国标。《规范》中第一次以国标的形式对翻译服务单位的业务接洽、业务标识、业务流程、译前准备、翻译、审稿、编辑、录入、文稿校对、质量校验、印刷品、质保期限、资料保存、用户反馈和质量跟踪、责任,保密等方面做出明确规定,强调顾客与翻译服务方的沟通,了解双方的需求,从而保证翻译服务工作的完成。该标准是根据翻译服务工作的具体特点,以 2000 版 GB/T 19000/ISO 9000 质量标准体系为指引,参考德国 DIN2345 标准制定,以规范翻译行业行为,提高翻译服务质量,更好地为客户服务。

2005 年 6 月国家技术质量监督检疫总局又正式公布《翻译服务译文质量要求》,这就形成了我国第二部翻译服务国家标准。同时,为了翻译界有序竞争,中国译协翻译服务委员会倡导并制定了《翻译服务行业职业道德规范》和《翻译服务行业诚信经营公约》,为翻译服务提供方的职业道德和竞争提供了约束机制。《翻译服务规范 第二部分 口译》也已经于 2006 年 9 月 4 日发布,2006 年 12 月 1 日正式发行,这是我国翻译服务的第三部国标。这些国标和行业规约的发布和实施,是提高翻译质量的重要举措,将有力规范我国的翻译服务行为,是翻译事业发展的重要里程碑。

14.1.1 翻译服务规范

《翻译服务规范 第一部分》第一次以国标的形式明确了"翻译服务"的定义及内涵,即"为顾客提供两种以上语言转换服务的有偿经营行为",与翻译出版不同,翻译服务必须同时具备三个要素。首先,是能够提供两种语言转换服务,其次必须是有偿的服务,而提供有偿的两种语言转换必须在合法的市场经营范畴中并具有独立承担民事责任的能力。只有同时具备三个要素才能称为"翻译服务"。

《规范》第一次以国标的形式对目前市场上比较混乱的计字办法做出明确规定。规定计字办法有两种,即版面计字和计算机计字,并对此做出详细规定。

《规范》第一次以国标形式对译文的质量保证和相应责任做出规定。规定翻译服务的产品保质期为交付使用后的 6 个月内,翻译服务方必须对自己的产品质量负有责任,不合格产品必须对顾客做出赔偿。

《规范》第一次以国标的形式对保密及法律责任做出规定。规定翻译服务方有为顾客保密的法定义务。

《规范》的制定具有积极的社会意义和现实意义。首先是对翻译服务行业的规范化经营提供了可遵循的技术指标,即顾客有了选择服务方的客观标准,得到优质的服务。对混乱无序的翻译市场环境起到净化作用,从恶性的价格竞争过渡到提高翻译质量,为顾客提供满意的服务。对翻译服务市场的准入提出了可操作的规定，使从业者知道一个规范的翻译公司应该并如何进行管理。《规范》的制定对于我国开放服务贸易领域，翻译服务面向世界，对于规范我国的翻译服务市场起到关键作用。《规范》的英文版也于2004年8月推出，这在我国历史上还是第一次，也是我国第一部英文版的推荐性国标，预示着我国翻译服务的开放态度。

14.1.2 翻译服务译文质量标准要求

《翻译服务译文质量标准要求》（下简称《译文质量要求》或《要求》）是我国翻译服务行业第二部国家标准，该标准提出了"译文质量"的概念，首次给译文质量评定制定了一个量化指标，明确了译文质量的具体要求。

《译文质量要求》中明确了关键句段、关键字词的概念和内容；界定了语义差错、核心语义差错的定义，规定了译文基本要求，要求译文忠实原文、术语统一、行文通顺。《要求》明确了翻译的具体要求，在数字表达、专有名词、职务、头衔、尊称的译法、法规、文件、著作和文献名称的翻译方法；通信地址、符号、计量单位、缩写词的翻译、译文编排等翻译服务涉及的方方面面的内容的处理对待办法。作为翻译从业人员，自觉遵照该标准中的各项指标，使翻译行为从一开始就走向规范化、合格化、标准化，提高自己的翻译质量。

14.1.3 翻译服务规范 第二部分 口译

《翻译服务规范 第二部分 口译》GB/T 19363是专门针对口译而制定的技术规范和要求，于2006年9月4日发布，2006年12月1日正式开始实施的。规范中明确了口译的定义、分类、对译员的资质要求、口译技术要求、计费和如何进行口译服务的过程控制和管理等，要求服务方和顾客之间积极沟通，友好协作，确保高质量的口译服务。该《规范》的发布，为口译服务提供了一个基本的技术规范，为口译市场提供了可供鉴别口译服务资质高低的准则。

14.1.4 翻译服务行业职业道德规范

为规范翻译服务市场，促进翻译服务行业诚信体系建设，还特别制定了《翻译服务行业职业道德规范》（下简称为《道德规范》），对提供翻译服务的机构和个人提出规范性要求。《道德规范》规定：提供翻译服务的机构和个人必须遵纪守法，模范执行有关标准和法规，恪守职业道德，诚信为本。在满足顾客需求方面，要求不断完善质量保证体系，把好质量关。要明确计量标准，杜绝欺诈行为。严守顾客秘密，提供优质服务。要自觉接受顾客监督，认真处理顾客意见和投诉，切实维护顾客利益，以顾客为中心，信守承诺，认真履行合同。对待同行要求互相尊重，真诚合作，互惠互利，共同发展。加强同行之间的交流与合作，共同维护良好的市场秩序，抵制不正当竞争。加强行业自律，接受社会监督，促进行业健康发展。及时向合作方反馈顾客需求信息,协助合作方按顾客要求提供翻译服务。不得利用合作方提供的信息,损害对方利益。遵循公平公正、平等自愿的原则,尊重译者劳动,维护译者权益。

此外,由中国翻译协会翻译服务委员会发起、制定了《翻译服务行业诚信经营公约》,目的是为了规范翻译服务市场,维护顾客权益,推动全行业树立诚信为本、自律为重的经营观念,维护行业的整体形象,要求本公约的签署方对社会做出以诚信作为自己的责任与行为准则,依法经营,信守承诺,维护顾客利益,遵守国家标准,执行标准,促进翻译服务的规范化和标准化,尊重顾客,杜绝欺诈。

三部国家标准和两个规范的颁布和实施,体现出我国对翻译服务的重视,反映出翻译领域统一要求的重要性,也是每一位译员理应遵守的准则和规范。作为一名译员,一定要树立翻译服务质量意识,严格执行各项标准和规范,从自己做起,从现在做起,使自己的翻译服务符合标准要求,具有诚信和公德,使翻译成为真正意义上的集体行为,促进翻译质量的不断提高,使翻译走上规范化的道路。

14.2 翻译的过程管理

翻译过程可以分为两个过程:理解过程和表达过程,或者按照信息论的原则,分为编码——传送——解码三大过程,即将原文的语码进行加工理解,转换成译语语码,根据译语表达规律组织语言进行表达。而事实上每一环节又要涉及到许多因素,如在理解中,需要译者不仅对原语语言有相当高的要求,而且还要了解其社会、历史、文化、专业知识、相关作者的性格特点及成文风格等。在表达环节译者不仅要谙熟译入语的语言、表达特点,而且还要了解译入语所在环境的文化、历史知识,具有较强的语言操纵能力,掌握两种语言的异同点及相互转换的规律、技巧等等。自然,精通翻译所涉及到的所有内容是最好的翻译条件,但是,由于翻译内容包罗万象,翻译本身又需要多方面的知识和技能,而事实上每个人的精力有限,不可能做到样样通,这就决定了翻译是一种集体行为,需要集体的共同努力。翻译服务机构根据翻译内容特点,组织适当的翻译力量,确定正确的翻译方法,通过正确的翻译流程管理来保障服务的质量。在翻译过程中通过科学合理的翻译流程,每一环节制定严格的、并遵照执行的规则和制度,各环节既分工明确又友好协作,只有这样才能确保翻译质量,减少或避免明显的错译、劣质译作产生。

一般翻译质量管理的流程包括一译、二改、三校、四审;而每个环节又包含许多内容,如译前准备、译员调配、进度检查、质量抽查、统一术语、审校制度等等。翻译流程就是将翻译的全过程依照发生的先后顺序做合理的安排和布置,

| Translation of Globalized Business >> 全球化商务翻译 |

要保证每一环节都能准确、高效地完成，按计划交付客户。对于具体的翻译任务，翻译的程序应该是通读全文、领略大意、根据语境全面进行理解，逐段、逐句、逐词地推敲；开始逐段、逐句、逐词地翻译，译完一段后检查该段，包括意思和风格，然后是较大单位的检查，即一章一章地检查，再全文检查。检查的次数和翻译质量成正比，检查次数越多，出现的错误或不准确之处就会越少。合理完善的翻译管理流程，可以减少理解和表达上的偏差、避免产生严重的错误，确保翻译的质量。

桂乾元在《翻译学导论》中将翻译的过程还细分为两大步骤、四个阶段、14个环节，详情请见下图：

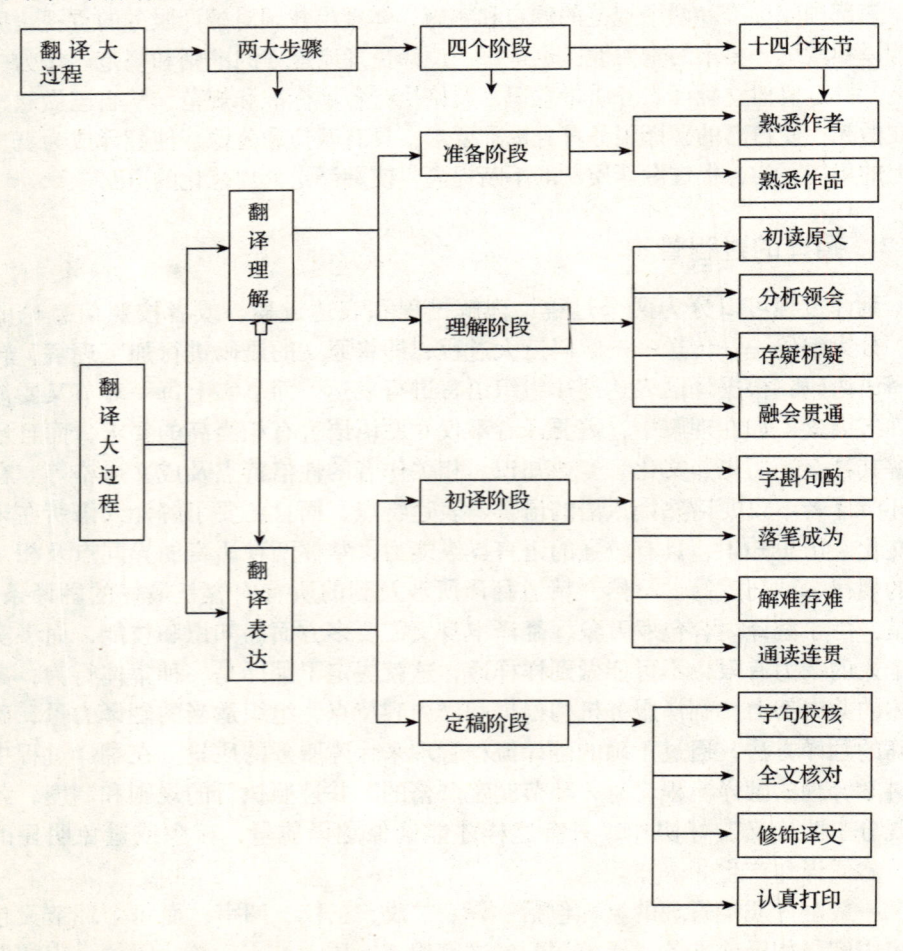

```
翻译大过程 ──► 两大步骤 ──► 四个阶段 ──► 十四个环节

翻译大过程
 ├─ 翻译理解
 │   ├─ 准备阶段
 │   │   ├─ 熟悉作者
 │   │   └─ 熟悉作品
 │   └─ 理解阶段
 │       ├─ 初读原文
 │       ├─ 分析领会
 │       ├─ 存疑析疑
 │       └─ 融会贯通
 └─ 翻译表达
     ├─ 初译阶段
     │   ├─ 字斟句酌
     │   ├─ 落笔成为
     │   ├─ 解难存难
     │   └─ 通读连贯
     └─ 定稿阶段
         ├─ 字句校核
         ├─ 全文核对
         ├─ 修饰译文
         └─ 认真打印
```

翻译过程管理是优质翻译质量产生的摇篮，根据ISO9000质量标准体系和国家标准《翻译服务规范》，高质量的翻译服务需要通过一套完整的严密的翻译程序来给予保证。

14.2.1 文本分类与相应操作标准

翻译服务机构根据自己的规模和资源都有一套相应的翻译流程管理体制，以此作为翻译服务质量的保障，赢得社会的信任，在市场竞争中为自己赢得一席阵地。调查了解国内知名翻译服务机构的翻译流程管理体系，我们可以看到一个科学合理的翻译流程管理所具备的一些共同特征，即：译前，首先要对翻译文本按照性质予以分类，这是非常重要的。因为翻译几乎无所不包，会涉及到各个领域的内容，而每一个译员因精力有限而不可能门门精通、样样拿手，每一个译员只能在一个或几个领域的翻译比较熟悉或能力较高。因此，根据文本性质的不同首先应该对文本进行分类，根据文本类型选择合适的译员，或者针对文本的专业领域首先阅读有关专业书籍掌握该专业基础知识，这是确保翻译质量的前提。试想：一个经常从事文学翻译的人突然接手机械制造方面的翻译，如果对专业两眼一抹黑，对专业技术类科技翻译知识也一无所知，那结果可能是什么样的呢？或者将一份商务合同文本交给一个从未涉足该领域或相关领域的译员去译，那合同的法律效力会不会出现偏差甚至是歪曲，从而导致严重的法律纠纷呢？翻译文本应该交给合适的人员去译，这是确保翻译质量的重要前提。

文本分类可以按照文本体裁进行，如小说、诗歌、应用文体等；也可以根据文本的题材进行，如金融、贸易、文件、说明书、宣传、旅游等。不同体裁和题材的文本要求不同的翻译方法和专业知识，根据文本的性质特点选择适合的译员是保证翻译质量的重要条件。

北京元培世纪翻译有限公司是国内翻译服务领域中较有影响力的翻译公司，他们的资料分类，是根据文本的不同类别进行分类并确定不同的质量标准，具体如下：

一类资料（一类资料指各种技术资料，用于正式出版的资料，法律文件）的质量标准为：

（a）无专业术语错误，无语法错误，错字及标点差错率控制在千分之五以下。

（b）语言内容准确，译文流畅，语言优美。

（c）文字排版达到出版物要求。

（d）图文清晰，制作准确。

二类资料（二类资料指各种参考资料，非出版类资料，各种简要说明）的质量标准为：

（a）无术语错误，无语法错误，错字率控制在千分之五以下。

(b) 译文内容准确，语言通顺。
(c) 文字排版格式整齐，版面统一。
(d) 图文清晰，制作规范。

三类资料（三类资料指客户参阅资料，或客户提出的无严格质量要求的资料）的质量标准为：
(a) 专业术语基本准确，无严重语法错误，错字率控制在千分之十以下。
(b) 译文比较准确，语言通顺。
(c) 进行一般性排版。
(d) 图文稍作处理。

华南地区最大的品牌翻译公司的汇泉翻译服务有限公司曾成功地为国家的大型项目以及5000多家中外大、中型企业、政府机构等提供优质翻译服务，他们将资料分成如下类别：

A. 商务文件：招标投标、用户手册、产品说明、商务合同、公司介绍、科学论文、技术文件、工商管理、会计报告、公司年报、企划文案、培训资料、商业信函、项目招商、财经资料、财经分析、项目报告等；

B. 法律文件：合同章程、法律法规、法律通知、政府公文、管理规定、公证资料、公司规定、证明材料、行业规定、委托书、邀请函、国际证明等；

C. 科技资料：化工、电子、机械、通讯、建筑、医药、石油、环境、能源、电信、地质、环保、食品、纺织、电力、汽车、航空、船舶、冶金、生物、造纸、农牧、渔业、计算机、医疗器械等专业的产品说明、项目报告、实施方案、操作指南及工程建设文件等；

D. 个人简历、入学申请、求职书、成绩单、往来信件、学历证书、户口本、公证书等；

E. 文学及饮食文化：小说、诗歌、散文、古文、菜谱等。

不同体裁文本具有不同的文体特点，需要不同的表现手法和技巧；不同题材要求不同的专业知识、术语以及语言表现方法。作为译者首先应该确定翻译文本的体裁和题材，学习掌握相关的知识和表达技巧，在此基础上再利用双语和翻译方面的实力认真地去翻译，以一个译员应具备的职业道德和业务水平去对待翻译任务，这是确保翻译质量最基本的条件。

14.2.2 必要的调查研究和信息检索

企事业机构和翻译服务机构的翻译人员接触的文本体裁大多是应用文体。这些文本具有体裁多样，精力投入较大，精准度要求高，经济产出丰厚，影响面广，受众特点明确，跨地区甚至全球传播等特点。译者不仅要按常规来考虑文本本身的语言特点，更要认真对待"顾主"的要求、传播的目的、接受者的特点、文本应用的语境、译文传播的媒介特点等要素。为此，实证调研和信息检索是精确确定译本的文体风格、词汇选择、翻译策略、甚至译员选择的必经程序。这个过程理论上可由译员独自完成，实际上更应是由团队中的专业人员进行实证调研和信息检索，甚至聘请专业机构代为执行，以确保译者全面、客观、实时、重点把握与文本翻译相关的宏观与微观因素的特点、性质，确保翻译服务的优质和受众的针对性、目的的明确性。

翻译的信息检索不仅需要传统途径，如图书馆、阅览室、阅读报刊、书籍等，还要从网络、数据库、机构档案等处索取、考证。

从实证调研和信息检索这两个角度来谈翻译实践，不难发现译者还是一位高智商、高技能的探索者，发现者。

翻译业务的 Translation Briefing 形成的主要依据就是调查研究得出的定性与定量的结论，以及客户的特殊要求与安排。

14.2.3 必要的审校保障制度

根据项目类别和性质，确立项目负责人，按照项目翻译流程挑选合适译员，确定校对、审核专家，合理分工，译审层级递进，级级给予严格负责。比如，北京元培世纪翻译有限公司对于质量控制实行三审审核制度，即一审控制为项目经理进行的查漏补缺及术语规范和统一；二审控制为审稿人员的专业审稿和语言审稿；三审控制为排版后进行的综合校对。汇泉专业翻译不仅根据原文的专业范围严格挑选对口专业译员，而且依照 ISO9001 质量管理标准，严格执行翻译项目经理负责制，采取有效的一译——二改——三校——四审的工艺流程以保证质量，分别由 3 名资深翻译分工完成，监督和控制各自项目的质量。通过这样一级一级的校对、检查、审核、综合校对，翻译质量可以得到最大限度地保证。翻译只有在这种情形下才可以体现出自己的本色——集体行为，消除个人行为，可以从根本上改变目前翻译市场混乱的窘境。

14.2.4 完善的业务流程

合理有效的翻译流程表现在其既可以涵盖翻译的每一环节，又可以最大限度地体现出各个环节之间的制约和协作效应，因此，完善的翻译流程既应该体现分工明确，又要体现各环节之间协调互动，翻译质量在动态的平衡中得到最大限度的保证。

在此，我们仍然以北京元培世纪翻译有限公司和汇泉专业翻译为例，来说明一个完整有效的翻译质量控制流程所应具备的环节。

北京元培世纪翻译有限公司对于翻译活动进行五阶段质量控制程序：

第一阶段：资料分类准确，译员安排恰当，译前标准要求统一，术语提前统一。

第二阶段：翻译过程中，项目经理每日集中疑难词汇，请专家释疑。每日抽查译文质量，及时解决译文质量问题。

第三阶段：控制专业审稿人员、语言审稿人员的标准要求。

第四阶段：查错补漏，控制排版及图文制作质量。

第五阶段：收集客户意见，按客户要求二次审改。

这样的翻译审核和过程管理制度，涵盖了翻译过程的每一环节，可谓一套完整的质量控制体系。这些质量控制措施又是通过以下具体流程来予以落实，既体现出宏观上的管理，又确保微观上的质量。在翻译实践中，翻译方或译员可以参照该控制流程，确立自己的翻译质量保证流程，遵循流程从事翻译，提高翻译质量。

以下为北京元培世纪翻译有限公司的翻译流程：

（1）确定项目经理。
（2）分析资料内容，确定资料类别。
（3）确定参译人员培训内容，制订培训计划。
（4）确定译员名单。
（5）制订工作要求和标准。
（6）确定统一的词汇表。
（7）制订计划进度控制一览表。
（8）分配业务。
（9）每日业务进展跟踪，情况综合及难点讨论。
（10）调整译员力量，调整部分译员工作量。
（11）质量抽查。
（12）五个工作阶段衔接、调整与准备。
（13）协调工作进度，确保完成日工作量。
（14）及时与客户沟通，明确客户最新要求。
（15）译员修改译稿。
（16）专业审稿，确保专业内容准确无误。
（17）语言审稿，确保译文语言流畅、优美。
（18）排版制作。
（19）向客户交出一译稿。
（20）收集客户质量反馈意见。

（21）修改一译稿。
（22）二次排版制作。
（23）向客户交终译稿及延伸的服务产品。
（24）质量跟踪。

　　合适的翻译文本分配于合适的译员，制定统一的词汇表，规定明确的进度，时刻抽查翻译质量；修改、审核都有相应的登记和完善手续；还可以与客户顺畅地交流的机制，这样的流程可以避免翻译口径不统一、术语不一致，有什么错误还可以及时得到纠正。译员之间分工协作，群策群力，与客户保持沟通，最大限度地保证翻译质量，长此以往可以提高翻译服务水平和企业形象。

　　汇泉翻译服务有限公司是华南地区最大的品牌翻译公司，是一家集多语种、多元化服务于一体、业务覆盖全国各地、港澳地区及世界各地，拥有强大的专职翻译队伍，凭借先进的技术和完善的管理，获得了社会的高度认可的企业。在2002年度曾被《广州建设报》、《南方都市报》及电视台精选为翻译行业代表，2003年度被选为联合国采购全国重点提名单位，2004年度入选为全国翻译行业质量信誉双保障实施单位、获中国企业联合会"中国优秀企业"称号，成为全国翻译行业权威机构中国翻译协会的会员单位，2005年度被选为广东东莞市服务链一体化翻译特约服务单位。其良好的社会声誉和经济效益来源于采取的严格的质量保证操作流程控制，请看下图：

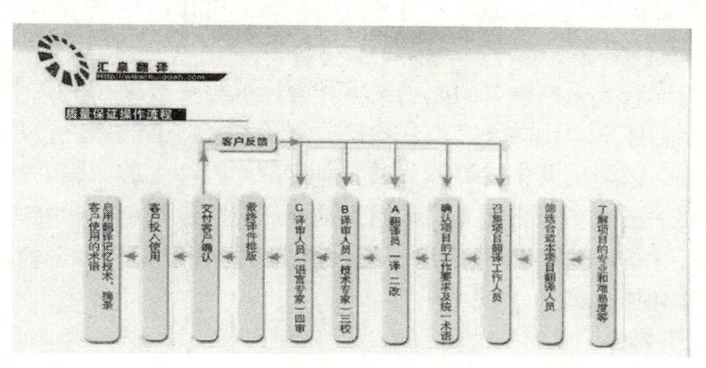

　　依此质量控制流程，配之以严格的译员录用、译员考核、质量保证操作流程、内部管理制度及先进的设备支持，共同构成汇泉专业翻译的质量保证体系。对比于传统翻译公司服务质量水平，汇泉翻译可以保证翻译质量达到如下水准：

（1）不会因译、审员的原因而影响质量，绝对确保同一客户不同时间段的同一专业词汇的前后统一及行文风格的一致；
（2）同一问题，仅需要一次修改绝对保此文体不再重复出现；
（3）随着与客户合作的时间越长，次数越多，数量越大，质量会越好；

（4）无论特大、特急翻译项目，需要组织多少名译、审员，同时，进行翻译工作，绝对确保同一专用词语的统一及行文风格的一致；

（5）绝对保证与客户提供的参考资料保持一致（客户须提供相对充裕的工作时间）；

（6）建立各行各业标准词汇库，可确保译件符合客户行业专业术语习惯；

（7）向客户提供翻译项目行业专用术语的中外对照表（客户要求）；

（8）在保证质量的基础上，比传统翻译提高30%—50%的客户满意度；

（9）由高素质的专职译员队伍及严格的作业流程来保证；

（10）能按照客户制定的格式制作各种高难度文档和文档格式间的转换。

14.2.5 商务翻译语料库

语料库翻译研究是20世纪90年代兴起的一种全新的翻译研究范式。

"语料库是由大量收集的书面语或口语组成并通过计算机储存和处理，为语言教学和研究提供自然出现的真实语料的科学研究方法"（姚剑鹏，2006）。从50年代后期兴起到80年代以来迅猛发展的语料语言学已被运用于二语习得、语言教学、对比语言学、词典编纂、句法学与语义学等各个方面。

（1）翻译语料库类别

运用于翻译研究与实践的主要是平行语料库和可比语料库。

1）平行语料库

平行语料库收集某些语言的原创文本和翻译成另一种文字的文本。研究者可以通过平行语料库来对比两种文本在词汇、句子和文体上的差异，总结语言翻译行为中的特征，归纳出其中的等值关系，研究翻译腔产生的原因和特点等。平行语料库最重要的贡献在于它使人们认识到翻译研究应从规定性研究向描述性研究过渡（Baker，1995：231）平行语料库的最典型应用领域是译者培训、机器翻译、双语词汇教学和词典编纂。

2）可比语料库

可比语料库收集某些语言的原文文本，同时也收集其他语言翻译成该语言的文本。可比语料库现在还处在初创阶段，收集的主要是英语的文本和译本。研究者可以通过比较、分析可比语料库中两种文本，探索在特定历史、文化和社会环境中翻译的规范，发现翻译活动的一些特殊规律，即翻译的普遍性，因此它对翻译研究的意义最为深远。（同上：231）

翻译语料库的典范是著名翻译教育家Mona Baker 1995年建成的世界第一个用于翻译教学研究意图的可比语料库"翻译英语语料库"。利用该语料库，研究者不仅可以进行词汇密度、词频、句子长短，可以通过语料库的特殊信息了解读者对翻译的期望，翻译理论家对文本的态度和设想，以及翻译人员在实践中存在的"作者——译者——读者"三者之间的互动关系，具有广泛的应用前景。

（2）商务翻译语料库

商务翻译语料库既包括平行语料库，也包含可比语料库。由于商务翻译涉及专业广，行业多，语料库内容自然也就丰富多彩。

商务翻译语料库的平行语料库和可比语料库应包括收存以下几大类别语料，并依据发展扩充内容和类别：

国际经贸翻译	广告翻译
网络营销翻译	宣传册翻译/EDM 翻译
专题片翻译	新闻翻译
公关翻译等	合同规约翻译
咨询顾问翻译	商业营销翻译
旅游营销翻译	旅游接待翻译
导游翻译	菜单翻译
景点翻译	休闲翻译
旅游咨询等	文化创意产业翻译
电影翻译	电视翻译
戏剧演出翻译	艺术经纪翻译
会展翻译	民间艺术翻译
美术翻译	工艺美术翻译等
体育产业翻译	城市/地区营销翻译
国家对外传播翻译	

商务翻译语料库建设是个长期过程。初级阶段将在整合营销传播系统整体和篇章的个体，尤其是商务传播、旅游传播、文化创意产业传播方面提供示范和比对；其次是词汇、短语、句子构成的平行语料库。商务翻译研究语料库建设的第二阶段是可比语料库，收集的主要是商务传播、旅游传播、文化创意产业传播方面英语的文本和译本。研究者可以通过比较、分析可比语料库中两种文本，探索在特定历史、文化和社会环境中翻译的规范，发现翻译活动的一些特殊规律，即翻译的普遍性，直接服务于翻译实践、教学、研究。

14.3 翻译人员的资质评定与考核

中国翻译市场的翻译参与者，既有中国对外翻译出版公司这样的译界"航母"，也有大量持有和未获得翻译资格考试和认证证书的自由职业译者。

多年来我国翻译界存在着一个从助理翻译、翻译、副译审到译审的完整的翻译职称评审和晋级制度，它在一定程度上曾确立了翻译行业的职业归属感和对专业独立性的自信，却并没有成为一种有广泛社会认可度与社会适用性的职业资格评价体系。那些没有"单位"的自由译员，那些在其他行业从事翻译实践的译员，那些在新经济体系中存在的中小翻译服务企业译员，都需要"社会的承认"，应运而生的是翻译专业资格认证和全国翻译专业资格考试（China Aptitude Test for Translators and Interpreters——CATTI）。

目前，全国翻译专业资格考试由国家人事部统一规划、中国外文局组织实施。由国家人事部颁发的全国翻译专业资格证书分为笔译证和口译证书。应试者要根据自身的水平和优势来选择考笔译或是口译，也可以自己两种兼选。

口译证和笔译证书都分为四个等级：① 资深翻译，此级别不考试，而是在通过一级考试后，参加评审（相当于正高职称）；② 一级口译、笔译；③ 二级口译、笔译；④ 三级口译、笔译。

通过不同级别测试，获得不同级别资质认证的译员所从事的翻译实践也会因其资质级别不同而有明显区别：

资深翻译：能解决翻译工作中的重大疑难问题，在理论和实践上对翻译事业的发展和人才培养上能做出重大贡献；

一级口译、笔译：能胜任范围较广，难度较大的翻译工作，能够解决翻译工作中疑难问题，能够担任重要国际会议的口译或译文定稿工作；

二级口译、笔译：能胜任一定范围，一定难度的翻译工作；

三级口译、笔译：能完成一般的翻译工作。

翻译专业资格（水平）考试合格，由人事部颁发《中华人民共和国翻译专业资格（水平）证书》，该证书是中国人民共和国境内从事翻译工作的人员必须持有的执业资格证书，已纳入国家职业资格证书制度，与职称挂钩，全国范围内有效；是翻译工作人员必备执业资格证书并在与我国签署了相互认证的国家有效，是目前最具权威的翻译资格证书。此考试没有年龄、学历和资历的限制，是对全社会开放的，凡遵守中华人民共和国宪法和法律、恪守职业道德，具有一定外语水平的人员均可报名参加考试。

14.4　翻译服务的行业、地方和国家管理

翻译作为不同语言之间的交流和不同文化相互沟通的桥梁，不论是生产力、

生产关系原始的远古时期还是科学技术异常发达、信息爆炸的今天，都是一支强大的社会力量。今天的翻译不论从数量上、范围上、深度上都是前所未有的。没有哪一个行业不需要翻译，翻译质量管理日益受到人们的重视。在我国对于翻译服务质量的管理，除了上述国家级翻译规范，许多专业领域也建立了本行业的翻译服务质量标准，主要有：

ISO—9000　国际质量体系认证标准
TSS—101　经贸法律类译文质量标准
TSS—102　工程技术类译文质量标准
TSS—103　IT 网络类译文质量标准
TSS—104　军械军工类译文质量标准
TSS—105　医学医药类译文质量标准
TSS—201　编辑质量标准
TSS—202　电子文本规格
TSS—203　纸质文本规格
TSS—204　印刷件质量标准
TSS—302　现场口译服务质量标准

这些行业性翻译质量标准，体现了国家宏观的翻译标准要求，同时也反映出各专业领域的专业特点，从专业的角度设立翻译质量要求，以确保专业翻译的质量水准。另外，各地根据当地具体情况也有一些地方性的翻译质量标准，如内蒙古地区的蒙汉语之间的翻译、新疆的藏汉之间翻译要求等，翻译的质量标准国家级、行业和地方三维管理体系已经形成，我国的翻译质量管理"浮出水面"，并且已经形成一定影响力，对翻译质量已经产生一定影响。相信随着政府和行业管理工作的普及强化，翻译方和用户翻译质量意识的进一步加强，译员业务素质的不断提高，翻译服务的质量水平会有更大发展。此外，译者认真负责、友好协作的态度和作风也是良好翻译质量的必要前提。

纵观中国目前规模较大、在翻译界拥有重要地位的翻译公司，如中国对外翻译出版公司和上面提到的两个公司，无一没有严格的质量管理体系、人事管理体系，可以说这些公司之所以能享誉大江南北、翻译服务遍及全国甚至全世界，与它们科学合理的质量控制流程、严格的管理体系密不可分。而且，除此之外，公司的每一位译员还具有认真、求实、求精的态度和精神，这对于翻译服务质量也是至关重要的。不管翻译文本是什么体裁、题材，不管难度大还是难度小，没有认真严谨的翻译态度，都会出现这样那样、大大小小的错误或不准确之处，态度认真与否也是决定翻译质量的重要因素。

对于翻译服务公司，即使是一人公司，建立质量管理体系也很有必要。从营销和正规与否的角度考虑，建立健全翻译质量管理体系具有如下好处：

- You have a competitive advantage since you can demonstrate to potential customers that you take quality seriously and have complied procedures, instructions and other documentation to facilitate quality control;

- Your organization could be excluded from bidding for certain work if you do not have a formal quality management system;

If a customer voices a complaint, you will already have considered how you might deal with such an issue. Obviously nobody likes receiving complaints but if you resolve a complaint in a factual, objective and impartial way your customer will see that you have taken the complaint seriously. (Samuelsson-Brown, 2006: 43)

总之，在全球化和信息大爆炸的时代，社会经济发展对翻译的需求异常旺盛，翻译事业呈现勃勃生机。与此同时，翻译质量作为翻译事业发展的主要制约因素关乎翻译事业的发展大计，关系到社会和经济的发展和利益，译界每一位仁人志士均应高度重视。所幸的是，目前我国译界探索如何提高翻译能力、如何提供优质翻译服务的热情如日中天，更值得欢喜的是国家已经正式颁布和实施了翻译服务的国家标准和翻译人员的职业道德准则，这为今后的翻译提供了可信赖的行为准则。部分翻译公司根据过程质量标准制定了各有特色但都体现出翻译功能和特点的质量控制流程体系，已经向社会展示出正确合理的翻译质量管理体系对于提高翻译质量、提高客户对翻译服务质量的满意度的重要作用。某些行业也已经确立了自己的翻译规范。在这种宏观和微观规范体系指引下，对译员的选择以其实际翻译能力、考核评估结果为安排任务的先决条件，对翻译过程执行严格的流程管理，按照翻译质量控制流程要求完成翻译、检查、校对、审核，翻译活动正在走向规范、科学，翻译的质量也因此一步步得到提高。

参考文献

[1] Adab, Beverly & Cristina Valdes. Introduction, Key Debates in the Translation of Advertising Materials [C]. Manchester: St. Jerome Publishing, 2004:171

[2] Anholt, Simon. *Another One Bites the Grass: Making Sense of International Advertising* [M]. New York: J. Wiley, 2000

[3] Baker, M. Corpus in Translation Studies: an overview and some suggestions for future research [J]. Target, 1995

[4] Elbow, Peter. Grading Student Writing: Making It Simpler, Fairer, Clearer [A]. In Mary Deane Sorcinelli & Peter Elbow (eds.). Writing to Learn: Strategies for Assigning and Responding to Writing Across the Disciplines [C]. San Francisco: Jossey-Bass Publishers, 1997:132

[5] Chen, Ning. "Idea Outcome Report for the California Prune Board", Fleishman-Hillard Link, LTD., 1997. "California Prune Board Point of Sale Market Test Proposal", Fleishman-Hillard Link, LTD., 1997

[6] Christiane, Nord. *Translating As A Purposeful Activity: Functionalist Approaches Explained* [M]. 上海:上海外语教育出版社,2001

[7] Ho, George. Translating advertising across heterogeneous cultures [A]. Key Debates in the Translation of Advertising Materials [C]. Manchester: St. Jerome Publishing, 2004:233-237

[8] Munday, Jeremy. Introducing Translation Studies: Theories and Application [M]. London and New York: Routledge, 2001:74

[9] Newmark, Peter. *A Textbook of Translation* [M]. New York: Prentice Hall, 1988: 90

[10] Newsom, Doug and Jim Haynes. *Public Relations Writing: Form and Style* (*Seventh Revised Edition*) [M]. Wadsworth, 2005

[11] Samuelsson-Brown, Geoffrey. *Managing Translation Services* [M]. Multilingual Matters, 2006. 43

[12] Severn, W. J. & Tankard J. W., Jr. *Communication Theories: Origins, Methods, and Uses in the Mass Media* (4th ed.) [M]. Longman Publishers USA, a division of Addision Wesley Longman, Inc., 1997: 181,298.

[13] Snell-Hornby, Mary. *Translation Studies: An Integrated Approach* [M]. Shanghai Foreign Education Press, 2001: 47
[14] Susan, Bassnett-McQuire. *Translation Studies* [M]. London: Methuen & Co. Ltd., 1980: 28-29
[15] http://www.china-autoshow.com/2010bjx/CH/
[16] http://www.cnicif.com/
[17] http://www.gasgoo.com/
[18] http://www.londonasiaexpo.com/EN/
[19] http://www.thefreedictionary.com, livelihood,
[20] http://www.thefreedictionary.com
[21] http://www.tj-summerdavos.cn/
[22] http://www.weforum.org/en/index.htm
[23] 百度. 休闲的定义 [OL]. http://baike.baidu.com/view/6495.htm)
[24] 百度. （世界旅游组织和联合国统计委员会）旅游定义 [OL]. http://baike.baidu.com/view/9103.htm
[25] 百度百科. 企业文化的概念 [OL]. 2008
[26] 包惠南. 语境与语言翻译 [M]. 北京：中国对外翻译出版公司，2001
[27] 北京市市民讲外语活动组织委员会. 公共场所标识英文译法实施指南 [OL]. 2009: http://www.bjenglish.gov.cn/
[28] 北京市政府外事办公室. 公共场所双语标识英文译法第3部分商业服务业 [OL]. http://www.bjenglish.gov.cn/
[29] 北京元培世纪翻译有限公司. 质量控制 [OL]. http://www.pkuyy.com/index.php?id=170
[30] 陈小慰. 新编实用翻译教程 [M]. 北京：经济科学出版社，2006
[31] 陈准民，陈建平. 商务英语翻译（汉译英）[M]. 北京：高等教育出版社，2007
[32] 程尽能，吕和发. 旅游翻译理论与实务 [M]. 北京：清华大学出版社，2008
[33] 道格·纽瑟姆. 全球化带来的公共关系实践与研究的变化 [J]. 国际公关，2006（2）
[34] 多伦多星报. 中国拟投450亿创立CNN式电视台提升国际形象 [N]. 2009-01-23
[35] 范勇. 中国高校英文网页存在问题研究 [J]. 高等教育与学术研究，2008（1）.
[36] 方梦之. 达旨·循规·喻人——应用翻译三原则 [A]. 首届全国旅游暨文化创意产业（多语种）翻译研讨会论文集 [C]. 北京：知识产权出版社，2008

[37] 方梦之. 达旨·循规·喻人——应用翻译三原则 [Z]. 首届全国旅游暨文化创意产业翻译研讨会上的主题发言, 2007-10-20
[38] 方梦之. 实用翻译 [M]. 杭州: 浙江大学出版社, 2002
[39] 方梦之. 英汉-汉英应用翻译综合教程 [M]. 上海: 上海外语教育出版社, 2008
[40] 菲利普·科特勒. 东方时空 "世界" 栏目专访 [Z]. 中央电视台, 2002-12-24
[41] 桂乾元. 翻译学导论 [M]. 上海: 上海外语教育出版社; 2004: 52.
[42] 国家技术质量监督检疫总局. 翻译服务规范 第二部分 口译 [OL] http://www.ata.com.cn/standard/2007-5-31/kouyiguifan_0.html2006-9-4.
[43] 国家技术质量监督检疫总局. 翻译服务规范 第一部分笔译, [OL] http://www.tac-online.org.cn 2005
[44] 国家技术质量监督检疫总局. 翻译服务译文质量要求 [OL] http://www.tac-online.org.cn 2005
[45] 黄友义. 旅游暨文化创意翻译任重道远 [A]. 首届全国旅游暨文化创意产业（多语种）翻译研讨会论文集 [C]. 知识产权出版社, 2008
[46] 汇泉翻译服务有限公司. 汇泉翻译服务有限公司的质量保障体系 [OL] http://www.huiquan.com/zyfy/zyfy.htm, 2007
[47] 贾文波. 应用翻译: 多元交际互动中的整体复杂行为 [J]. 上海翻译, 2007 (2)
[48] 姜秋霞, 杨平. 翻译研究实证方法评析——翻译学方法论之二 [J]. 中国翻译, 2005 (1)
[49] 朗卡尔. 旅游与旅行社会学 [M]. 蔡若明译. 北京: 旅游教育出版社, 1989
[50] 李·斯科特 [OL]. http://wiki.mbalib.com/wiki/Lee_Scott, 2009
[51] 李柏彦, 程谟思. 给津城英文标识纠错 5 名大学生暑期走访公园机场等公共场所 [N]. 每日新报, http://www.tianjindaily.com.cn/docroot/200608/07/xb01/07020203.htm
[52] 李海玲, 李海丽. 高校网页简介英文翻译策略初探. 中国科技信息, 2009 (12)
[53] 李建立. 广告文化学 [M]. 北京: 北京广播学院出版社, 1998
[54] 李彦春. 杜大卫给英文标识挑错 "上瘾" [Z]. 北青网——北京青年报. http://bjyouth.ynet.com/article.jsp?oid=17318054&pageno=2 (06/11/19)
[55] 刘全福. 出口商标译名探微 [J]. 北京: 中国科技翻译, 1996 (2): 15-19.
[56] 吕广言. 品牌的翻译及品牌的国际化与本土化 [J]. 北京第二外国语学院学报, 1999 (2)
[57] 吕俊. 英汉翻译教程 [M]. 上海: 上海外语教育出版社, 2001

[58] 马建青. 现代广告心理学 [M]. 杭州: 浙江大学出版社, 1997
[59] 毛晓刚. 管好城市细节 [N]. 北京日报, 2005-10-26
[60] 宁海霖, 许建忠. 知"异"方可"译"———谈企业简介的汉译英 [J]. 中国科技翻译, 2008 (4)
[61] 彭萍. 实用商务文体翻译 [M]. 北京: 中央编译出版社, 2009
[62] 戚利萍. 广告翻译中"不信"现象的描述性研究 [J]. 重庆交通大学学报社科版, 2007 (1).
[63] 乔治·斯坦纳. 巴别塔之后 [M]. 第 3 版, 纽约牛津大学出版社, 1998.
[64] 司显柱, 曾剑平等. 汉译英教程 [M]. 上海: 东华大学出版社, 2006
[65] 田文. 调查显示: 美国民众对中国认知程度低 [N]. 21st Century 英语教育周刊, 2008
[66] 王军元. 广告语言 [M]. 上海: 汉语大词典出版社, 2005
[67] 王颖、吕和发. 公示语汉英翻译 [M]. 北京: 中国对外翻译出版公司, 2007
[68] 王月. 体验广告英语 [M]. 北京: 中国水利水电出版社, 2008.
[69] 韦璐, 陈小珍. 汉英广告的语言相似性与社会文化差异性 [J]. 景德镇高专学报., 2006 (4).
[70] 文化创意产业是大审美经济 [OL]. http://pku.edu.cn/zd/m/2008-01/content_119877.htm, 2010
[71] 文化及相关产业分类 [OL]. http://www.sdpc.gov.cn/cyfz/zcfg/t2005/020-45735.htm, 2010
[72] 翁凤翔. 当代国际商务英语翻译 [M]. 上海交大出版社, 2007
[73] 我爱我家. Aggressive hospitality: Going out of one's way to exceed Customers expectations by giving excellent Customer Service [OL]. http://24884797.qzone.qq.com
[74] 沃尔玛百店庆祝活动启动 [OL]. www.wal-martchina.com
[75] 沃尔玛中国第 94 家店开业 第 100 家店获批 [OL]. http://www.kesum.cn/sq/kglsqy/walmart/200712/40509.html
[76] 沃尔玛中国公司网站. www.wal-martchina.com
[77] 沃尔玛重登 <财富> 500 强榜首 [OL]. www.wal-martchina.com
[78] 吴文安. 对外翻译的问题和策略 [Z]. 首届全国旅游暨文化创意产业翻译研讨会上的主题发言, 2007-10-21
[79] 新加坡联合早报. 胡锦涛"不折腾"难倒外媒 或将成英语专属名词 [N]. 2009-01-2

[80] 姚剑鹏. 语料库研究与语言教学语料库研究［OL］http://www.etc.edu.cn/articledigest37/yuliao.htm

[81] 印象刘三姐［OL］. http://www.yxlsj.com, 2010

[82] 张美芳. 翻译研究的功能途径［M］. 上海外语教育出版社, 2005: 16-23, 70-93

[83] 中国日报网. 规范语言环境迎奥运［Z］. http://language.chinadaily.com.cn/herewego

[84] 中国社会科学院语言研究所词典编辑室. 现代汉语词典（第5版）［Z］. 北京: 商务印书馆, 2005

[85] 中国外文局翻译专业资格考评中心. 翻译专业资格（水平）考试（China Aptitude Test for Translators and Interpreters — CATTI）［OL］http://www.catti.net.cn/

[86] 中国网. 翻译定义［OL］. http://www.china.com.cn/education/zhuanti/fanyi/node_7022518.htm, 2008

[87] 中国译协翻译服务委员会. 翻译服务行业诚信经营公约［OL］. http://www.tac-online.org.cn, 2005

[88] 中国译协翻译服务委员会. 翻译服务行业职业道德规范［OL］. http://www.tac-online.org.cn, 2005

[89] 庄升乾. 论品牌［J］. 中国国际公共关系协会通讯, 1999